# 高校英语课程结构优化论

## ENGLISH COURSE

白　蓝　著

人民出版社

责任编辑:李椒元
装帧设计:中联学林
责任校对:张明明

**图书在版编目(CIP)数据**

高校英语课程结构优化论／白蓝 著．—北京：
人民出版社,2020.6
ISBN 978－7－01－021856－4

Ⅰ.①高…　Ⅱ.①白…　Ⅲ.①英语—课程设计—高等学校
Ⅳ.①H319.3

中国版本图书馆 CIP 数据核字(2020)第 010895 号

# 高校英语课程结构优化论
GAOXIAO YINGYU KECHENG JIEGOU YOUHUALUN

白　蓝　著

人民出版社 出版发行

(100706　北京市东城区隆福寺街 99 号)
三河市华东印刷有限公司印刷　新华书店经销
2020 年 6 月第 1 版　2020 年 6 月北京第 1 次印刷
开本:710 毫米×1000 毫米　1/16　印张:16.5
字数:240 千字　印数:0,001－3,000 册
ISBN 978－7－01－021856－4　定价:42.00 元

邮购地址:100706　北京市东城区隆福寺街 99 号
人民东方图书销售中心　电话:(010)65250042　65289539
版权所有·侵权必究

# 序

蒋洪新

课程是高校人才培养的核心环节，大到可以塑造民族的性格，小到关乎人才培养的质量。我们说大学的内涵建设，其实抓好课程改革就是找到了最佳突破口。中外一流大学莫不重视课程改革，例如，哈佛大学在 20 世纪 70 年代成立以罗索夫斯基为首的委员会研究课程设计，他们集十年之功研制哈佛大学本科生核心课程。课程改革以课程结构优化为其重中之重，这也是长期以来困扰教育工作者的关键难题。究竟应该以什么理念为指导、坚持怎样的原则、设计什么样的路径等来推进课程结构优化均有待进一步深入探讨。在国家全面振兴本科教育，加快推进"双一流"建设的背景下，白蓝博士的《高校英语课程结构优化论》一书问世，可谓恰逢其时。

首先，本书从高校新课程结构出发，对课程结构内涵、特征以及我国现行课程结构主要问题进行导入分析，指出国际高校课程结构改革已走向划分学习领域、增加可选择性、时间课时限制、新课程结构分层次的趋势，在高校英语学科模块上，由必修课程和选修课程两大模块构成。纵观国内英语课程的发展，经历了 20 世纪 80 年代第一代教科书、20 世纪 90 年代第二代教科书以及 21 世纪初第三代教科书三个阶段，作者以"课程观"角度切入，从学术理性、社会经济效益论和学习者中心理论来梳理国内英语课程发展，在回顾了基础教育阶段英语课程发展历程后，以新东方英语课程为案例，对基础英语课程发展做了启示分享。

其次，作者根据国内高校英语课程改革的现状，针对教材、教学法转型、教师知识结构、评价学生手段、教学组织结构等问题，提出高校英语课程改革要从多方面着手：一是要借鉴国外英语课程改革的成功经验，与时俱进，开拓创新；二是要着力注重学生交际能力的提升，高度重视学习策略能力的培养；三是要充分应用现代化科技，强化教师在课程编制中的参与度，促进学生评价多元化，以构建"学习型"大学英语课程教学组织。作者认为，高校英语课程结构从1985年至今，经历了三个演变阶段，由于教育系统外部因素和内部因素的影响，目前的课程结构发展现状呈现出基本阶段逐步弱化、提高阶段课程加大的特点，出现了课程结构设置没有落到实处、对中国文化课程结构缺乏重视等问题。

最后，对于新时期高校英语课程结构优化发展的道路该如何走，作者于本书第五部分给予了大篇幅的论述。在跨文化背景下，以教师为引导者，课程内容、学习活动方式优化的原则，以全面发展为理念进行课程结构优化。在课程目标优化上，要完整呈现人的基本发展面，尊重人与社会经济等之间的本来关系，合理界定发展底线。在课程内容优化上，应完整承载"全面发展"所需内容，以多种整合机制来配合，强化个性发展课程的呈现。在学习活动方式优化上，应明确学习活动主题及对象，完整呈现多种学习活动方式，并且层次匹配整合。针对地方高校的英语课程结构优化，应强调以学生为中心，优化课堂教学结构内容，构建素质教育课堂教学结构，使英语课程教学得到层次性优化。对于应用型本科英语课程结构优化而言，在课程管理制度优化、课程资源、经费支持、校园文化保障、构建活动式英语课程等方面显得更重要。

全面发展理念是引导高校课程改革的方向标，我国宪法规定："国家培养青年、少年、儿童在品德、智力、体质等方面全面发展。"①这个教育目标生动地体现和落实了马克思主义关于人的全面发展的学说。课程结构优化则是保障这种全面发展理念全面落实的重要方式和手段。与此同时，只有通过课程结构优化才能解决当前人才培养过度专业化和同质化的问题，促进学生全面成长、多样成才。

总的来说，在高等教育"以本为本，推动四个回归"的大背景下，聚焦课程结构优化，破解课程建设中存在的核心问题、关键问题和瓶颈问题，是推动高校各学科专业全面提高人才培养质量的重要抓手，是推动形成有中国特色的课程理论和人才培养理论的主要着力点。《高校英语课程结构优化论》的出版一定程度上对我国高校课程结构改革发展起到了重要的推动作用，丰富了我国高校课程结构理论的研究与实践。

中国晚唐诗人李商隐看了韩冬郎为他即兴所作的诗之后赋诗赞其才华，其中诗云："桐花万里丹山路，雏凤清于老凤声。"收到白蓝博士为其新著《高校英语课程结构优化论》作序的邀请，我欣然应允并由衷地为她感到高兴。作为青年学人，这种将主要精力投身教育教学、聚焦课程建设、坚持"以本为本"的精神和取向值得广大教育工作者学习和赞许。

谨此序之，与同人共勉。

---

① 《中华人民共和国宪法》，载《人民日报海外版》，2018年3月22日。

# 目　录

Contents

# 导论　高校英语课程结构优化概述

　　1843年11月27日，上海开埠后，外商船舶蜂拥上海，中国进出口贸易的中心很快由广东转移到上海。大批善于经商的宁波人随即渡过杭州湾赴上海经商谋生。这时，与外商的语言沟通问题再次地摆到宁波人的面前。据记载，当时上海滩上英语翻译奇缺，懂英语的人非常吃香。

　　面对这种情况，一个目光敏锐的宁波慈溪人默默地行动起来，他要破解这个长期困扰宁波商人的语言难题。他参照广东人曾经注解英语的做法，组织了几位粗通英语的宁波人编写出一本名叫《英话注解》的书，将英文单词、句子和音标都做了注解，所不同的是注音不是广东话，而是用宁波话。这个人便是在上海金融界颇有名望的冯泽夫。

　　冯泽夫，是慈城望族冯氏三大宗祠之一——统宗祠福聚匠支宗二房裔，族名冯祖宪。他曾担任上海北市钱业会董。1860年，太平天国忠王李秀成率大军在相继攻克青浦、松江两城之后，开始围攻驻有英法联军的上海县城。上海顿时陷入了一片兵荒马乱之中，官员纠集兵力抵抗，商人紧急转移财产，居民纷纷扶老携幼逃生避难。在这枪炮声中，《英话注解》却在上海印制发行了。

　　在这本厚仅61页的《英话注解》中，冯泽夫作了序言，介绍了编印此书的前因后果。全书英文释义汉字均是从右至左读，英文单词、句子及注音则从左至右读，以汉字注音。比如：会馆 club house（哭六泼好胡司），学堂 school（司苦而），茶馆 tee shop（帝沙铺），小屋 small house（司马而好胡司）。这些注音很有趣，就像小时候我们刚学英语时用汉字注音一样，如果用当时的宁波话来念，非常接近。

当年，宁波人在上海是一个庞大的群体，在上海的商界又是主流群体，《英话注解》作为在上海刻印的第一本英语读本，不仅为宁波和与外国人经商提供了方便，还对后来的"洋泾浜英语"起了重要的作用。所以有人说，上海的"洋泾浜"英语必须用宁波方言来念才更准确，是有一定道理的。

据说，标价银洋两元一本的《英话注解》在上海发行后很受欢迎，以至要多次印刷。《英话注解》最终印数多少，谁也没有统计过，谁也无法统计。但是，一百多年后的今天，《英话注解》却已存世不多，目前成为稀有藏品，曾经，温岭市有位收藏爱好者向社会展示了其收藏的清代《英话注解》，立即便成为一个新闻。

商人往往是以经商赚钱为重，能动手写书的人不多，而去做编著英语词典一类的事就更少，在人们关注和收藏《英话注解》的时候，可能也会感到，宁波慈城商人冯泽夫编著《英话注解》所获得成效同样也是一个新闻。

同治十三年（1874 年）出版的《英字入门》，比《华英初阶》整整早了 25 年。《英字入门》序言写道："我国人之研究西学者，往往有所撰述，如粤东唐景星先生之英语集全，邝容阶先生之字典集成浙宁冯泽夫先生之英话注解等——"

现在发现的《英话注解》，初版于咸丰十年（1860 年），由《华英初阶》，到《英字入门》，再到《英话注解》，一路上朔推来，传承有序，也是现有资料中有记载已知且存世的最早的英语课本。

　　刚开始接触英语的时候，可能很多人都是用汉字注解英语的方式来学习英语的，实际上这样的方法早在清朝的时候就已经有了。

　　清朝的时候，四川成都的尧先生展示了自己收藏的一本英文教材，这本英文教材上印着"咸丰十年"的字样，教材上出现的英文句子明确地写着："tomorrow i give you answer"（明天我会给你答复）、"to my friend"（给我的朋友），后来经过文献修复专家的考量和推断，认为尧先生自己所收藏的这本英语教材应该是属于晚清时期的。单从教材印刷痕迹和字体上就可以看出晚清的"成色"，当然由于没有具体的实物作为考量，所以具体的年代也无法推断。一些近代历史研究领域的专家提出，利用汉字注音的方式来学习英语是近代一种非常普遍的方式。

　　这本书的开篇目录中标注了主要的内容门类，如"英语门""君臣门""师友门""宫署门""五金门"。书中包含 12 个小格子，每一个格子中都对应一句英语，格子下面则对应的是这句英语的汉语句式，也就是用汉字方式做出的注音解释，中间则是对应英语句子，各自最上方则是英语的汉语解释，例如，"to my friend"这一句英语位于格子中间，在格子上方则是对这句英语的解释，即"给我的朋友"，下方则是用汉语注音的方式来解释这句话的读音，尽管英语中没有声调这个概念，但是这本书中所使用的汉语注音有音标和声调①。

　　当然上面所提到的这种注释方法主要是为了初学者更好地理解和学习英语语句，当时在正规的英语教材中不会出现这样的注释方法，即使是在当时的正规英语教材中也没有出现过这样的方式，所以对于这种汉字注音的方式只会出现在不太正规的英语教材中，而负责教英语的人同样会在注音和声调上做出指导。但不论是教材中出现的汉字，还是不正

---

① 马毅、刘永兵：《中国英语课堂话语研究——综述与展望》，载《外语教学理论与实践》，2013 年第 2 期。

规教材中出现的汉语注音，都是为了方便初学者。晚清时期也有当时的普通话，只不过当时并不叫"普通话"，而是叫"雅言"或者"国音"，后来由于定都京城的缘故，所以当时的标准"普通话"应当更加接近北京话，这一点可以从清朝末代皇帝溥仪的讲话影像资料中看出，溥仪的读音实际上与现在的普通话差别并不大，也就是说如果电视剧中的"穿越"现象发生在现实生活中，现在的人穿越到晚清时期，同样也是能够听得懂当时北京人说话的。

孙广平博士是我国研究中西文化交流史的著名代表，他曾在一篇关于晚清时期我国英语教材发展中提到，晚清时期我国的英语教材发展主要经历了三个阶段，而最开始出现则主要停留在 1807—1840 年间，英语教科书最早出现在通商口岸，但是当时最为流行英语教材并不是直接传入中国的国外教材，而是国内人根据国外教材所编写的英语教材，因为就如尧先生所收藏的那本英语教材来说，在早期那种传统的记忆方式和教学方法也是最适合英语学习的，所以国人自己编写的英语教材在当时是最流行的，最具代表性的则是洋泾浜英语教材，对于当时中外贸易的发展起到了很大的推动作用，当然国人所编写的在社会上比较流行的英语教材基本上都是用汉语注音，既方便国人学习，同时也满足了当时中外贸易的语言交流需求。

实际上当时这种教材中所出现的用汉语注音来学习英语的方法，用在现在的眼光来看有的非常可笑，甚至有的内容现在看起来都会让人觉得很幼稚。例如，将一些英语过于口语化的用汉语的形式表达，如"Less one half of your price"用非常口语话的汉语来标注，在一些教材中甚至出现有"减一半就是了"的翻译文本，尽管大致的意思就是如此，但是用现在的眼光来看，这样的解释既不符合英语语法的准确性，同时也太过随意。而这些都不是最为可笑的，最滑稽的当属英语词语的读音注释。例如，同样是这"Less one half of your price"一句话，当时的教材中对于这句话的语音注释为"莱斯万哈负亚服有普瑞艾斯"，这样的解释也就只有当时的中国人能够听懂，如果用这样的语音去跟外国人交流肯定是行不通的。

中国通商口岸最初的外贸往来更多的是借助当时的葡萄牙人来实现的。当时的葡萄牙人有一部分会说简单的广东话，而当时也有一部分中国人会说葡萄牙语，所以双方之间的贸易往来就靠这些人来进行沟通交流。当时的广州地区出现了一本叫作《鬼话》的册子，这本小册子中也有很多英语发音是用汉语来代替的，例如，这本册子中用"土地"来代替"today"等很多"英译汉"的形式。

其实在鸦片战争爆发之前，广州市就已经是当时中国对外开发的港口城市，当时广州也出现了很多使用英语作为主要交流语言的外贸活动，只不过当时的外贸都是用最简单的英语来进行沟通，如多少钱、多少量等简单的英语和汉语表达方式。鸦片战争爆发之后，清朝和西方列强先后签订了一系列不平等的条约，在这些不平等条约的"帮助下"中国开始于西方列强出现大量的政治交涉，而这些交涉也成为英语正式传入的开端，至此英语教育也正式拉开了"进驻中原大地"的序幕，当时的京师同文馆、广州同文馆的成立都为英语以及英语教育在国内的发展提供了很大帮助①。

新中国成立之后，尤其是1978年改革开放之后，中国与世界各国之间的联系越来越密切，而作为世界沟通交流的主要工具，英语逐渐开始被国内所重视，也正是由于改革开放的出现，使得英语逐渐开始在国内普及开来。短短几年的时间，国内很多著名的高校都开始设立英语学

---

① 白晓晶：《浅析 E – learning 课程结构的模式构建》，载《中国远程教育》，2012 年第 10 期。

科教学。截至目前，中国已然成为世界上英语学习者最多的国家。

英语作为世界通用语言，在不同国家、地区及人们的交流与沟通中都发挥着重要的作用，社会生活的信息化和经济的全球化，使英语的重要性日益突出。现在就从以下几方面简单谈谈加强英语教育的重要性。

英语是国际交往的公用语言，它也是联合国的正式工作语言中的其中一种。在信息技术领域，英语的使用非常普遍，国际互联网80%以上的网页用英语制作，80%的计算机信息靠英语存储；在国际经济、政治、文化中等领域中，英语扮演着重要的角色。在中国，英语从小学阶段便被纳入课程教学中，与语文数学地位相当，是求学者永远离不开必学的一门课程。英语已经不仅仅代表一种简单的语言，它还是一种与世界各国交流沟通的渠道和桥梁。近几十年，中国在各方面都发展得很快，但是，总体来说还是落后于西方一些先进国家。所以，掌握世界通用技术交流语言——英语是在较短的时间内实现发展和进步的必要前提。

改革开放以来，我们更加注重解放生产力、发展生产力，如果不懂英语，便无法与合作方沟通交流，这不利于让中国经济走出去。只有熟练掌握英语，才能与世界各国展开各种技术上和经济上的合作。比如，某企业研发了产品，如果不仅局限于国内市场，而是拓展到国际市场，前途将一片光明。而在与国外客户谈合作时，必须要懂英语以便与国外客户进行很好的沟通，将产品的性能优势展示出来，才能增加成功的概率，否则，再好的产品，如果语言交流上存在障碍那么很有可能令企业错失良机。

对于学生来说，学好英语这门语言课程，有很多益处：加强英语教育可以让学生了解其他国家的民俗和文化，扩大学生的视野，实现跨文化人才的培养；加强英语教育可以开发孩子的右脑，使孩子反应更灵敏、沟通能力更强，走上社会后，会更有竞争优势；英语作为中考、高考必考的三大主要科目之一，其成绩的高低直接影响到总分的多少，关乎考取的大学；掌握熟练的英语知识，在口语、翻译等方面有一技之长，可以增加就业率；等等。科技在进步，时代在进步，掌握一定水平的英语知识是社会进步的要求。我们应重视和加强对英语方面的教育，它可以让我们的眼界更开阔，让我们的知识储备更丰富，让我们的人生格局得到更大的提升。

# 第一章　高校新课程结构

2001 年 6 月 8 日，《中国教育报》第一版刊登了这样一篇简短的文章，文章主要是讲述上海市晋元中学"走班制"教学模式的具体情况，文章内容如下：

### 让每个学生都有一张适合自己发展的课程表

有着百年历史的晋元高级中学是上海市 11 所现代化寄宿制高中之一。走进校园，绿色的植被和宽敞大气的建筑群浑然一体，使人置身其间，顿有一种愉悦释然的感受。而唤起我们极大兴趣的，还是学生的"走班制"上课方式。

每天上课铃一响，晋元中学各个班的学生便会根据自己各科的学习能力和兴趣去相应不同层次的班级上课，而原有的行政班则保持不变。这就是所谓的"走班制"教学。

原来，晋元中学对每年初进校门的高中生都要举办学习方法、学校课程、自主选择方法、研究性学习等内容的讲座，并在拓展型、研究型、社会实践课程中正式开设走班教学。在学生逐步熟悉、适应高中学习环境的基础上，在期中考试后，对数、理、化、英语、计算机、体育六门基础型课程进行选择走班教学。根据学生的选择，学校将 4 至 5 个班级的学生看成一个"班级"，分成 ABC 层，几个班同时开展同一科目的教学活动，其余教育教学活动则在原行政班进行。各学习层次和教学班级动态组合，一个学期微调一两次，保证学生在一个较适合自己的层面学习。

这一表面看似简单的操作形式后面深含着的是现代教育的深刻理念。按校长赵凤飞的话来说，过去，由于学校"批量生产"的是"标准件"，扼制了学生的个性发展，培养出来的人才也不能适应社会需要。而知识经济时代最鲜明的特征就是个性化。高中是一个人个性形成的黄金时期，要发展个性，必须承认学生发展的不平衡性和差异性，承认学生有选择和发展权，承认学生有选择课程的权利。在此思想指导下，晋元构建了学生在全面发展基础上实现个性发展和充分学习的"套餐式"学校课程结构，让每个学生都有一张适合自己发展的课程表。

在晋元，每个学生的课程套餐分三个部分：按要求弹性完成国家规定的基础型课程，对学生基础、发展趋向等分化较大的学科，分层教学并设立部分学科专用教室；有校本特色、满足学生个性发展的拓展型、研究型课程，则在学校、同学和导师提供的丰富多彩的课程菜单中，选择研究课题；另外，还包括以自理、自立、自主管理、自我教育为主要内容的生活经验课程。学生在师长指导下，依据自己的兴趣、特长、潜能和国家需要，按照学校"套餐式"课程的目标和教学方式，选择走班，从而形成一张张富有个性特色、符合自己发展的课程表。

"套餐式课程、走班制运作"的设置与实施，为晋元中学在探索和实现素质教育个性化方面迈出了关键的一步。

创建个性化课程，是实现个体独特发展的重要前提。课程表，也许是学校最为重要的文件课程，它决定着个体行走在怎样的"发展历程"之中，决定着学校主要遭遇什么样的经验。该学校通过探索个性化的课程，旨在促进学生全面发展，实现个性化的发展。"走班制"教学突破了原有的行政班级的规限，让各个班的学生根据自己各科的学习能力和兴趣到相应的不同层次的班级上课，为满足不同学生个体的发展需要提供了条件。要发展学生的个性，就必须承认和科学对待学生发展的不平衡性和差异性，保证学生的选择和发展权，承认学生有选择课程的权利。"套餐式"学校课程结构的构建，旨在让每位学生拥有一张适合自己发展的课程表，帮助学生实现个性化发展。新课程理念要求，学生发展要实现个性化，因此在课程的设置与实施上，在教学手段的选择上，要尊重学生的人格与个性，尊重学生的学习兴趣，践行尊重具体个体发展需要的教育。

以上所有的课程套餐要求学生在教师和家长的指导下，同时结合自己的学习兴趣、优势特长、潜能以及国家人才培养方面的需求，按照学校提出的"套餐式"课程目标和教学方式选择走班学习。所谓"套餐式"课程从意义上来讲，承认了学生发展的不平衡性和差异性，同时给予学生一定的学科选择权和知识结构发展权，学校通过为学生提供有层次、可选择的课程来帮助学生个性化成长。上海晋元中学的课程教学模式改革可以说开创了国内改革的先河，在一定程度上也拉开了我国新课程改革的序幕。

从1950年的第一次课程改革到如今，我国已经经历了八次课程改革。一旦谈论起课程改革，用当代的眼光来看，对于教师群体来讲，多数情况下都会浮现出学生对面坐、整个教室被黑板包围、老师不讲让学生讲等诸如此类的与传统教学模式有天壤之别的教学形式。但凡听说哪个省市的名校出现了一种敢于打破传统教学模式的"翻转课堂""杜郎口模式"，马上就会一窝蜂地组织教学模式参观活动，参观结束之后，不管三七二十一直接推行，甚至都不会考虑学生和老师的接收能力。久而久之我们的课程改革就出现了这样一个规律：今天让老师按照这样的方式授课，明天让老师按照那样的方式授课，今天让老师讲，明天让学生讲。甚至前几年我们还听过这样一个奇怪的改革规定，即教师每一节课讲授新知识点的时间不能超过15分钟，以往的课标式教学沦为历史，学校领导层成为左右教师课堂教学模式的主要因素，老师甚至不知道该怎样讲，不知道该不该讲。所以有很多教师在网上说："自从开始了课程改革，发现自己讲课的技能消失了，甚至我现在都怀疑自己到底是否适合从事教师行业。"①

然后我们再来看一下英美等国的课程改革。以英国为例，英国政府对于新课程改革充满了资本主义教育的色彩，他们认为课程改革并不是要教会教师如何去教育学生，而是要他们将学生看作课程改革的核心，所以英国政府认为课程改革就是要让每一个学生都能够掌握一定的核心技能和知识结构，所以在他们课程改革的努力下，教师可以根据学生的需求自由充分地重塑课程，例如，教师可以全权决定使用什么样的教学形式，并根据教学形式来自主设计学习课程。英国的这种课程改革方式和我们所倡导的"手把手"教学方式形成了鲜明的对比，英国倡导学生想如何学、学什么，教师就如何教、教什么，我们则倡导"手把手"式的如何教。可见，英国将学生看作课改的主体，将更多的自主权下放给教师②。

---

① 任庆梅：《大学英语有效课堂环境构建及评价的理论框架》，载《外语教学与研究》，2013年第9期。
② 黄国君、夏纪梅：《大学英语课堂危机引发的思考及对策研究》，载《外语教学理论与实践》，2013年第3期。

不论是从我们课程改革的弊端，还是从英国课程改革的成功，都可以看出，并不是成功的课程模式就会适合所有的教师和学生，但课程改革不能过于束缚教师的手脚，正所谓"教无定法"，想要制定更加适合的课程结构，就必须对课程结构有清楚的认知，只要是教师的教学手段能够真正帮助学生提升创造力和成绩，能够真正引导学生成为对社会有用的人才和合格的公民，那么教育体制就不能强迫教师去改变这种教学方式。

## 第一节　课程结构的内涵

2018 年 6 月 21 日，在新时代全国高校本科教育工作会议上，教育部党组书记、部长陈宝生做了"坚持以本为本，推进四个回归，建设中国特色、世界水平的一流本科教育"的重要讲话，陈宝生部长在这次讲话中所说的推进"四个回归"主要指的是回归常识、回归本分、回归初心、回归梦想，并以此作为高等教育根本使命的强基固本，强调我们的本科教育必须要注重构建一流学科，一流学科建设也必须要反哺人才培养，建设一流的专业，而建设一流的专业、培养一流的人才最终都需要从学科和课程入手，转变我们现有的课程结构，从课程结构的内涵出发，找到适合我们的本科教育发展道路。

### 一、课程结构

对于教师、学校，甚至是一个国家来讲，想要通过课程教育的方式来提升自己的教学质量和教育水平，就必须重视课程设置和结构体系的构建，而这样一个过程最初则是从"如何做好一门课程"开始的。

想要做好一门课程，正如古话所说的"知之非难，行之不易"，也就是说，做好任何一件事都不是容易的，需要考虑多个方面的条件，做好一门课程更是如此。需要从课程主体的选择开始，然后到课程对象调查、课程结构设计、教学方案规划，再到课程的推广营销，任何一个环节都需要不断地尝试、总结，最后还需要不断地调整。然而这个过程中，始终都离不开一个内容，即"教学目标"。任何事情都需要有一定的目的性，脱离了目的性的事情从一开始就已失去了原有的意义。教学目标是贯穿整个课程的核心所在，教学目标对于课程而言就如"灯塔"之于夜航中的迷船，教学目标对于每一个环节的开展都起到了灯塔的作用。而教学目标的设置也是需要以课程结构为依据的①。

什么是课程结构呢？通俗来讲，可以将课程结构看作是课程计划、课程标准、教科书，如果上升到概念层次，所谓课程结构就是课程实施活动进行的依据，课程目标转化为教育成果的桥梁。

对于课程结构的研究也是课程论中至关重要的环节，课程结构的研究内容非常丰富。课程结构是一个课程不同环节的配合和组织，是一个课程整体体系的骨架所在，课程结构的存在规定了构成这门课程体系的学科门类，当然也规定了不同学科的内容比例关系、选修课与必修课分配、综合合成与分科课程的比例搭配等问题。所以说课程结构所体现的是一种课程理念和课程设置的价值取向。

课程结构是"课程组织结构"的简称，课程结构并不是针对某一个学科角度来讲的，而是针对整个课程体系而言的，课程结构的核心问题在于这门课程的知识体系，课程的形态结构是课程结构的骨架所在。在课程发展过程中，"结构"一词首先指的是课程相关内容中的逻辑关

---

① 周梅：《论研究生学术英语课程建设的重要性——来自英国高校的启示》，载《研究生教育研究》，2014年第1期。

系以及心理学领域的关系，一句话来说，课程结构指的是课程每一个部分的组织和配合，也就是将课程内容有机地融合在一起的一种组织方式。

当然，对于课程结构内涵的见解不同的学者也有不同的看法。

（一）布鲁纳：结构课程论

美国教育心理学家杰罗姆·布鲁纳（Jerome Seymour Bruner）在学科结构课程论中提出的课程思想一直被后人所重视，而学科结构课程论也成为布鲁纳课程思想的主要理念。布鲁纳在学科结构课程论中也对课程结构做了很多研究。其中，他更多是从课程微观结构的角度来进行分析，更加关注课程内部学科结构①。在他看来，学科结构的重要性超越了很多事物，尤其是对学科发展而言，它是支撑整个学科的基本概念、学科发展原则、学科知识规则以及有学科所体现出的内部逻辑关系的重要对象，而这种逻辑关系就如英语课程中的结构规则和句型关系、生物课程中的"向性"关系、代数学中的交换律、分配律和结合律。

布鲁纳作为"结构课程论"的开创者，他的主要思想是在科技革命促使知识增加的基础上，要按照结构主义理念开展课程改革，更好地帮助学生掌握科学知识。所以布鲁纳的"结构课程论"同样也是一种教育理念②。布鲁纳认为，学生得到的知识概念越基础，这种概念和知识对于新问题的解决力度和适用面也就越广泛。他认为判定课程结构是否科学额标准应当是"既要教育出成绩突出的学生，同时还要能够帮助每一个学生获得智力等方面的提升"，而想要实现这样的过渡，就必须逐步地抛弃传统的复现法，取而代之的则是能够有助于学生智力开发

---

① 邵华：《通识教育视野下的大学英语课程体系改革研究》，载《现代教育科学》，2014 年第 1 期。
② 沈骑：《转型期大学英语课程的价值追问》，载《外语电化教学》，2014 年第 2 期。

的发现法。所谓"发现法"，就是要发展学生直觉思维能力，培养学生对于课程材料的兴趣，相较于传统的复现法来讲，"发现法"更加强调学生用发现的手段来学习课程基本结构，尤其重视学生对于最佳动机，即兴趣的培养。

布鲁纳结构主义课程论认为，不论选择什么样的学科，都要让学生能够理解这门学科的基本结构。而基本结构中的"基本"强调的就是普通而强有力的适用性，"结构"则指的是能够反映事物本质的概念、原理或者规则等内容，结合在一起，"基本结构"就是基本的概念、原理或者规则通过构建学科基本结构来更好地帮助学生理解和记忆知识。

所以布鲁纳的"结构课程论"，一方面体现着自然科学以及学术上的新成就，另一方面也体现了布鲁纳本人对于教育经验本质的大胆猜想，尽管他的《教育过程》《教学论》《教育过程再探》已经过去了近半个世纪，但是现代社会对于这个20世纪的"产物"并没有用"传统的眼光"来看待，甚至在当今知识爆炸的时代背景下，布鲁纳的结构课程思想同样可以成为应对知识爆炸时代新形势发展的对策，他的思想有着很强的时代精神和科学价值。尤其是在这样一个知识爆炸的知识经济时代，知识、技术已然成为推动经济社会发展的核心要素，知识的生产、知识的传播和知识技术的应用成为推动经济增长的关键要素，当下我国口中的知识经济的"知识"概念至少不会撇去关于事实、原理、规律、操作能力、管理能力等方面的知识。

（二）施瓦布：实践性课程开发

美国著名课程理论家、教育学家施瓦布（Schwab, J. J）在"实践性课程开发理论"中同样对课程结构做了详细研究。施瓦布所提出的课程结构理念与布鲁纳的思想非常相似。在施瓦布看来，任何课程的存在都离不开四个重要因素，即学生、教师、教材和环境，而他所提出的

"实践性课程开发理论"也正是强调这四个课程构成要素之间的相互作用关系。施瓦布与布鲁纳的课程结构思想都强调学科结构的重要性，而且是极端重要性，他们都更加专注于从微观角度来分析课程结构。与布鲁纳不同的是，施瓦布对于学科结构本质以及学科结构的内在层次做了深入的研究，在此基础上提出了"课程就是教学科目"的观点，也许是心理学思想的"作祟"，也或许是因为施瓦布是更专注于课程理论研究，所以相较于布鲁纳而言，他对于课程结构的认识更加的深入和广泛。而之所以下这样的定论，是因为施瓦布对于学科结构的研究已经上升到了学科间关系的研究，他更加看重学科之间的关系对于课程结构的重要性①。

施瓦布强调课程的开发应当以"审议"为基本方法，同时这种方法也是开展"实践性课程"的本质要求。施瓦布强调的"审议"指的是课程开发的主体对于具体的教育实践情境中出现的问题通过反复的论证权衡之后来获得一致性的理解和解释，最终做出恰当的、一致性的课程变革的决定以及相应的对策。所以他强调的课程审议实际上是在课程开发主体之间开展的，而在"实践性课程理论"下，课程开发和课程审议的主体都是"课程集体"，这个集体的构成对象包括教师、学生、学校领导、社区代表、课程专家、教材专家以及社会学家等。

施瓦布的实践性课程开发强调的是以具体实践性情境下的特殊需求为核心来开展课程开发，所以他的理论观点是根植于具体的实践情境的，在他的理论下，课程开发、课程结构设置的主体不再是学科专家或者是课程专家，而转变为"审议集体"或者是"课程集体"，课程开发的主体核心应当是学生和教师，学生和教师应当是课程结构的合法主体。施瓦布认为是学生和教师创造了课程。首先教师是课程的主要设计者，并且在编制课程结构过程中起着主导作用①，同时教师在实施课程实践过程中完全有权按照具体的特定情境发挥自己的创造性思维，来对课程相关内容做出合理的取舍、批判和更改；其次学生也是课程集体中的重要主体，尽管学生不能像教师那样设计和开发课程，但是作为课程的重要主体，学生同样有权对教师所提供的课程做出选择，还可以对课程设置相关内容向教师提出一定的质疑，如学习什么样的课程、教师设置课程的价值、如何更好地完成课程要求的学习内容等，教师也必须根据学生的要求做出对应解答。实践性课程通过这两个过程的过渡来让学生将所有的生活经验融入课程改造中，进而将创造课程和接收课程融为一体，通过一个过程实现两个目的②。

施瓦布的"实践性课程开发"理论非常重视课程的实践价值和动态过程，尤其强调要追求课程的实践性价值，重视课程开发过程中开发目的和开发手段的统一，通过这个过程让教师能够真正从传统的课程理论中得以解脱，甚至开始逐步地反省自己以往的教学实践。这样的理论成果对于课程理论的发展以及教师素质的综合提升都有很大的帮助。另外，施瓦布的理论非常重视追求课程的实践性价值。他提倡课程设置应当对具体的实践情境有充分的理解，而课程理论也必须经过课程实践实现过程改造，以此将课程实践和课程理论融合在一起，让课程变得更加灵活，更加趋近于生活，这也是对教育所提倡的人本思想的很好的诠释。

---

① 唐光洁、朱德全：《偏失与重塑：专业学位研究生英语群集模块式课程设计》，载《西南大学学报（社会科学版）》，2014 年第 6 期。

② 祝珣、马文静：《课程设置的学习者需求分析——基于大学公共英语课程的研究》，载《外语界》，2014 年第 6 期。

当然，施瓦布的"实践性课程开发"理论也是不完美无缺的，尽管他的理论极力提倡借助集体审议的课程决策形式，课程集体中各个领域的代表都能够发表自己对于课程设置的观点和看法，但是考虑到这些主体，如不同的教师、学生在文化水平、价值取向、社会地位、利益需求等，存在一定的差异，所以对于课程问题的取舍也很难达成一致的观点。归根结底，施瓦布的理论所强调"集体审议"中的完全一致性原则是一种过于理想的状态，在现实生活中是很难实现的。

### 二、课程结构种类

在中国，有这样的一个现象，每一年的六月初有近千万的人将会面临人生的第一次重要转折，即高考。十几年的努力将在这年中的两天见分晓。每一年的六月底和七月初，又会有几百万的人同样面临艰难地抉择和人生的转折，即填报志愿。填报志愿无非涉及两个重要因素，报哪一所高校？选什么样的专业？因为这涉及你进入到大学之后会学习什么样的知识，涉及今后几年将接触到什么样的学科课程。所以当我们提到课程类型的时候，很多人的第一反应就是学科专业，例如大学的课程。那么大学的课程分类有哪些呢？

大学的课程分类会根据每一个学校的性质、类别、办学理念不同存在一定的差异，但是总的来讲课程分类主要有三个模块。即社会科学公共基础、自然科学公共基础、实践环节公共基础。课程的分类也会根据这三个模块来进行划分。当时我们下面所介绍的课程类型并不是以此为标准的，而是从课程的横向结构和纵向结构入手来划分的。

首先，课程的横向结构所强调的是在一定的课程结构内部各种学科、各种类型的课程所占的比例以及他们之间的相互关系。现阶段，我们对于课程结构的论述，更多的是知识类、工具类、技艺类学科比例的关系问题，同时还包括必须课、选修课、实践活动课程之间的关系问题。

从基础教育的角度来讲，工具类的学科即义务教育最初阶段的三大类：语文、数学和英语。随着社会的进步和科学技术的发展，信息技术课程也逐渐开始被纳入工具类学科中，并开始受到越来越多的重视，基础教育中，工具类学科的比例占到了学校课程总量的一半左右①。知识类的学科目前主要分为社会学科和自然学科。技艺类学科则指的是体育、艺术、技能等方面的课程。这些课程重点培养和训练学生的体能、艺术修养等素质，技能类的课程更多的是培养学生某一领域的技巧和能力。

从中华人民共和国成立之初到现在，我国的基础教育尤其是九年义务教育始终都对必修课加以青睐，必修课始终受到重视。所以在这种课程结构下，我们所培养出来的人才如果单从知识结构体系来看，过于单一。上升到人才的角度，基础教育培养的人才类型过于整齐，缺乏个性。我们现阶段的课程结构调整和课改方向是增设更多受学生青睐的选修课，但是前提是要保证必修课的课时和内容，将选修课的比例控制在一定的范围内。活动类课程主要指的是班组活动、课外辅导、社会实践等。

其次，课程的纵向结构分类就比较简单，即直线型课程和螺旋式课程。

直线型课程主要指的是将课程的内容根据难易程度，按照由浅及深、由易到难的原则，同时在逻辑思路上前后联系直线推进、不重复地进行排列。

---

① 蔡基刚：《再论我国大学英语教学发展方向：通用英语和学术英语》，载《浙江大学学报（人文社会科学版）》，2015 年第 1 期。

螺旋式课程结构就是在巩固性原理基础之上，在相邻的学习单元中或者年级所安排的大致相同的但在广度和深度上不同的内容①。

当然如果细分的话，课程类型有很多，如分科课程与活动课程、核心课程和外围课程、国外课程、地方课程、校本课程等。

（一）分科课程和活动课程

1. 分科课程

分科课程也可以称作文化课程，这种课程主张将学科作为核心来设置课程，分科课程强调课程必须要分科进行设置，从不同的科学领域中选择有用的知识，然后根据教育教学需求分科编排课程。实际上，国外很多关于学科课程的相关理论都或多或少的强调要分科设置课程，从20世纪60年代开始，在学科课程方面对当代课程设置有较大影响的理论主要有三个，分别是美国教学心理学家布鲁纳、德国教育学家瓦根舍因（Wagenschein，M.）和苏联教育学家赞科夫（Bahkob，J. B.），他们在课程结构方面的理论观点分别是"结构主义课程论""范例课程论"和"发展主义课程论"。

（1）布鲁纳：结构主义课程论

有关布鲁纳的结构主义课程论我们在讲述课程结构内容的时候已经谈论过，布鲁纳结构主义课程论的主要观点有三个方面：其一，他主张课程的内容设置应当以不同学科的结构为核心，学科的基本由科学知识所涉及的概念原理所构成；其二，学校应当根据学生智力发展过程、不同阶段的智力发展特点设计课程结构；其三，主张通过发现法来开展课程学习。

---

① 和学新、鹿星南：《我国基础教育课程结构变革的问题反思与改进》，载《天津师范大学学报（基础教育版）》，2016 年第 1 期。

布鲁纳不愧是心理学领域的教育学家，他能够从人的内心深处出发来找寻人们对于某一事物的真实想法，所以以结构主义课程论为代表，布鲁纳的很多思想都有很强的时代精神，尤其是结构课程论对于当时的教育发展，甚至是当下的学校教育发展都产生了推动作用，尽管是20世纪60年代的教育论点，但放在信息爆炸的当下也是有很强的现实意义。当然，结构课程论也存在一定的偏颇之处，例如，它过于强调课程内容的学术性，以至于以"结构主义课程论"为基础所设置的教学内容过于抽象化，并且其将学生放在过高的位置，定位太高。可以说，布鲁纳的思想是将每一个学生都培养成对社会有突出贡献的学科专家，他的理论在处理知识、技能以及智力三者关系上存在矛盾。

（2）瓦根舍因：范例课程论

瓦根舍因是范例课程论的代表，他的范例式教学模式强调从个别到一般，从具体到抽象，他主张学校应当给学生传授基本的知识点、学科概念和科学规律，课程教学内容应当根据学生的智力发展水平制定，同时教材选择要有代表性、范例性。

范例课程论体现的是知识教学和德育教学的统一，是问题教学和系统教学的统一，是知识掌握和能力发展的统一，同时更是课程学习主体和客体的统一。范例课程论教学模式将教学过程划分为四个阶段：第一，明确阐明"个"的阶段，也就是要用典型的事实和真实的现象来说明特定对象的本质特征；第二，阐明"类型"与"类"的阶段，借助大量在本质上和"个案"相一致的事实和现象来阐明某一个对象的本质特征；第三，理解规律性阶段，借助对"个案"和"类型"的分析和认知，让学生的认知从知识上升到规律认知；第四，掌握有关世界经验和生活经验。

瓦根舍因范例课程论的主要特点在于，课程论的内容和范例式知识结构都很具体，且非常精炼，尤其能够帮助学生实现举一反三、触类旁通。范例课程论借助范例来讲理论上升到知识实践的高度，所以这种模式下理论来源于实践，可以解决综合性问题，所以，这种课程理论通过实践与理论的结合能够更有效地培养学生分析问题和解决问题的能力。

（3）赞科夫：发展主义课程论

赞科夫是苏联教育科学院院士，他与同事经过多年的实验研究，提出了发展主义课程论，主张构建一种新的教学体系，以此来获得最大限度的教学效果，促进学生一般发展。所以，发展主义课程论是将"一般发展"作为课程论的出发点和归宿。这里所强调的"一般发展"指的是学生的智力、性格、品质、情感等因素，简单来说，"一般发展"注重强调的学生个性发展。

发展主义课程论的主要观点：第一，强调课程内容的设置必须要有一定的难度；第二，课程设置必须要重视理论知识的作用；第三，教材内容的讲解速度要适当；第四，课程教材的组织有利于学生理解学习内容；第五，因材施教，注重学生差异化发展，缩小学生间的差距。

2. 活动课程

与分科课程相比，活动课程可谓是有颠覆性的转变，它是与分科课程相对的课程类型。活动课程以学生为中心，打破原有知识界限，借助学生自己所组织的相关活动而实施的课程，如我们常说的"儿童中心课程""经验课程"等，实际上都是活动课程。

19世纪末20世纪初欧美地区兴起了声势浩大的"新教育运动"和"进步教育运动"，正是由于这些运动的兴起让活动课程开始逐渐出现在人们的视野中。约翰·杜威（John Dewey）是美国著名的哲学家和教育家，也是世界教育史上伟大的实用主义集大成者，他是活动课程观的代表人物。杜威的活动课程观理论基础有四个：教育即成长；教育即生活，生活即发展；教育即经验的改造或重组；学校即社会。

（1）教育即成长

杜威认为，成长是生活最显著的特征，所以教育也是成长，除此之外教育没有别的目的。在杜威的观点中，我们可以看出，他非常强调实用主义，他认为教育就是一个自然的过程，任何人都离不开成长，儿童如此，成年人同样如此，只是不同的群体、不同的对象、不同的事物生长的方式有所不同。所以教育不能也不需要用承认的标准来规定儿童，儿童的生长本身就是教育存在的目的。在杜威的观点中，我们经常会看到他对于儿童的重视，他认为儿童的未成熟状态必须要得到尊重，学校的教学也必须以儿童为中心，并且他认为儿童的这种未成熟状态和阶段并不说是处于这个阶段的儿童就一无所有，反之这种阶段的儿童具有生长的可能性，尽管处于未成熟阶段，但是未来的发展空间十分巨大，并且始终有发展的趋势，所以不论儿童年龄大小，不论是否成熟，教育都可以成为能够为儿童提供保证其生长或者充分生长条件的事业。我们对未成熟阶段的儿童，首先会产生不耐烦的情绪，但这种情绪之后会逐渐消失，而用这种情绪过渡的方法教育出来的成人，当回顾儿童期和青年期的时候，会感到巨大的遗憾，甚至只会看到丢失机会和能力浪费的现象。

（2）教育即生活，生活即发展

杜威认为教育就是生活的过程，并不是要为将来生活做准备的。所以他认为教育不只是单纯地为学生提供单方面的知识传授，而是强调教育既是一种生活，更是一种发展。杜威对于生活和发展的关系也有一定的见解，他认为生活就是发展，正是由于不断地发展和生长，所以才称之为生活。从儿童生活的特征到成人生活的特征可以看出，我们所说的发展实际上就是将能力引申到特殊的渠道中，如帮助儿童养成各种良好的习惯，这些习惯可以是学习的习惯，也可以是执行的技能、个人的兴趣、特定的思维方式等。既然说除了更多的生长，不会再出现有其他东西和生长相关，那么除了更多的教育，也就不会再有别的东西是教育所从属的。

"一个人，一旦离开了学校，并不是说之后的路就不会再有教育'插足'，虽然离开了校园，但是教育始终不能停止"这句话最主要的意思是告诉我们，学校教育的目的并不是要让学生掌握一定的知识，而是要让学生保持一种继续生长的力量，更好地保证教育能够继续进行下去。要让学生更加乐于从生活中学习，同时也乐于将生活中的各种条件过成一种境界，让人们在生活中学习，而这正是学好教育最好的产物。

（3）教育即经验的改造或重组

杜威认为，教育的发展就是经验的积累、改造或重组，通过不断地积累、改造或重组能够让经验的意义更加负有价值，还能够提升后来经验进程的能力。在这一点上，杜威尤其看重"直接经验"的价值，他认为任何教育都会有一个当下的目标，他将这个目标看作是比短期目标更大、比长期目标稍小的教育目标，但凡是具有教育意义的活动达到一定的教育目标，就是直接转变为经验的过程。人的不同生长时期所接触的教育作用都处于相同的水平，换句话说，在任何阶段，经验所真正学到的东西都可以构成经验的价值。简单来讲，人在任何阶段的生活的主要任务，就是要让这一阶段的生活变得更加丰富，让生活自身也同样能够感受到它的价值和意义。

（4）学校即社会

"学校就是一个小社会"这句话出自现在的人口中多少有一点贬义的内涵，而这里被比作小社会的学校，在我们的口中通常指的是大学。大学生活我们难免会面临更多的事情，但是当我们毕业之后，我们会发现，这样一个有点贬义的"小社会"相较于现在的环境而言，仍然是一个比较干净的社会。但是杜威所提出的"学校就是社会"并不像我们所说的社会，他所说的社会是一个过程。

杜威认为，既然将教育看作是一种社会过程，那么学校必然是社会生活的一种特殊形式。所以说学校必然也是一种社会生活，学校具备了社会生活的所有含义，学校并不是单纯的学习场所。但是学校作为教育的场所，又与社会有一定的区别，用"WORD"语言来说，学校并不是对现实社会的"复制粘贴"，而是"选择性粘贴"，意思就是学校并不是全部的照搬现实社会。

杜威认为学校必须是一种简化的社会，可以看成是社会的缩影，但不能使全部的社会，学校是经过一定组织，有条理化地经过优选出来的。所以说学校也可以看作一种社会环境的雏形，重要的作用是暗示和控制，帮助学生不断地改造经验，达到增长经验的目的。

作为活动课程论的代表，杜威非常强调学生和社会的联系，他认为学生和社会两者之间存在一种联结的共同要求，这种共同要求就是活动。在他看来，不论是从经验论的角度入手，还是考虑到心理学的范畴，活动都是儿童更好地认知万千世界的最主要途径。学校的教学必须从学生的能力水平和生活经验开始，学生在校期间所使用的游戏、学习、工作活动方式，需要和校外所开展的这一类活动方式现类似。

杜威在倡导活动课程论的过程中，也对传统的课程教学做了一定的批判，尤其是对传统教学忽视学生活动这一问题上，杜威表现得尤为明显，他不带一丝缓转地指出传统教育的机械式教学：传统教学活动消极地对待学生，机械地将学生融合在一起，课程设置和教学过程严重脱节；特别是学校将重心放在教师身上，而忽视了儿童。正是在对传统课程观的批判基础上，杜威提出了活动在课程中的作用和地位，从经验主义哲学的角度出发提出活动课程理论。当然，他并没有在自己的著作或者言论中明确地提到过"活动课程"的概念，只是后人基于他对于"活动"的重视而归纳总结出来的一种概念，而现在我国所说的杜威活动课程的基本形式即主动作业①。

（二）核心课程与外围课程

1. 核心课程

核心课程不提倡将各个门类的学科进行切分，提倡从不同科目中选择多个重要的学科领域拼凑在一起构成一个新的范围更加广阔的科目，而这样的学科对于每一个学生而言都是必修课，其他学科最大限度地与之相协调。

核心课程理论在很大程度上是"儿童中心课程"的对立面，两种课程是相互对立的。核心课程最早出现的时候极力地反对"只针对学生兴趣爱好、需求动机来设置课程"的做法②。

核心课程理论认为，真正的课程教育体系下，学生并不是生活在真空状态里的，而是在一个特定的时间、地点配合特定的社会生活环境逐渐成长起来的，课程的设置必须要体现出学生对于生长所依赖的社会生活的需求。所以说，核心课程理论在诞生之初就体现出了以"注重社会需求以及社会生活为中心"的特点。随着社会经济的发展，核心课程理论体系和立场也发生过一定的变化，开始吸收其他理论的内容，如接纳活动课程理论的一些内容。

1880 年前后，国外兴起了一场学科综合化发展的浪潮，在这场学

---

① 姜言霞、王磊、苏伶俐：《国际高中化学课程结构的比较研究》，载《比较教育研究》，2016 年第 2 期。

② 王蓓蕾、安琳：《大学英语课堂教学评价标准探微——从"外教社杯"全国大学英语教学大赛评分标准说起》，载《外语界》，2012 年第 3 期。

科发展浪潮的影响下，核心课程开始逐渐登上历史舞台。但核心课程的真正出现要归功于 20 世纪 30 年代左右的社会动荡，这一时期，改造主义盛行。当时的改造主义派称自己为"危机时代的哲学思潮"，他们肆意宣称社会文明已经开始出现毁灭的迹象，为了人类的文明和发展必须要尽快改造社会，让人们能够实现共同生活，这种改造实际上不仅仅是借助政治行动来实现，而是通过对社会成员的一系列教育来实现共同生活的目标。所以在这种思潮的影响下，人们都认为教育必须专注于构造一种新的社会秩序，通过教育在人们的内心深处引发一场对社会文明进步有深远意义的变革，于是"以未来为中心"的教育纲领成为当时的号召，他们希望通过说服而不是强制性的措施来真正地实现社会改造，并以此为核心来构建核心课程，打破传统的分科课程界限[①]。

在这样一个动荡的时代，核心课程开始出现，但是在很多人看来，核心课程的真正特征则是注重社会需求和生活，并以此为中心。

核心课程强调学科间的综合，通过学科融合来构成一个统一的"核心"，这是核心课程的主要观点，当然除此之外，核心课程还有另外一个显著的特点，即强调每一个学生都需要掌握，所有的课程都要求学生共同学习，而想要实现这个目标必然就会衍生出一系列的问题，例如，社会发展的需要是多种多样的，从社会发展的角度来考虑，到底哪些课程应当列入"核心课程"中呢?[②] 另外，社会是不断进步的，社会需求也是不断变化的，随之而来的是新学科的出现，而这些学科的拥护者都非常希望能够将新学科纳入课程中，当然这其中也不乏有一些学科

---

[①] 王守仁:《在构建大学英语课程体系过程中建设教师队伍》，载《外语界》，2012 年第 4 期。

[②] 白晓晶:《浅析 E - learning 课程结构的模式构建》，载《中国远程教育》，2012 年第 10 期。

的确需要体现在核心课程中，这样就回到了一个古老的问题，即时间和可利用资源选择和设计。面对这样的问题轮回，就正如分科课程本身的缺失造就了活动课程相同，而正是由于这样的轮回使得外围课程应运而生。

2. 外围课程

外围课程和核心课程相对，指核心课程之外的课程，抛开核心课程，外围课程是针对不同学科对象而言的，所以它不会照顾大多数的学生，也不会面向所有的学生，它是以学生存在的差异为出发点所设置的课程。如果说核心课程是必修课，那么外围课程更多的是选修课程，当然并不是说外围课程都是选修课程，也有一部分是必修课程。它并不会像核心课程那样稳定，因为它是以学生存在的差异为出发点的，而学生存在的差异会不断地发生变化，所以它同样会随着环境的变化、年代的不同或者其他方面的差异变动做出相应的调整。为了更好地对外围课程有深入的了解和认知，我们通过以下一个案例来了解一下外围课程：

### 写在我们的集体舞开课伊始

很长一段时间以来，我都为了外围课程的开设以及具体的课程设置绞尽脑汁，尤其是最近一段时间，外围课程的开设甚至成为我生活的主旋律。

在我的潜意识里，始终都希望能够出现一个这样的课堂，不论课堂内容如何，不论他所处的环境如何，它都是向每一个人敞开大门，这样的课堂会让家长积极走进来，同时也会让社会上有志于教育的或者非教育的教育人士积极地参与进来，让每一个孩子都能够跟随着家长的"走进来"而"走出去"，不会因为教师的知识水平陷入封闭。

而这样的想法在很多人看来都是痴心妄想，所以我一直都在思考这样一个问题："我潜意识里的这个愿望和诉求是否会有人支持我，会有多少人支持我？"一直以来我对是否有人会支持我这样的想法始终产生怀疑，并不是对自己没有信心，而是对于这个社会的理念没有太多的信心。这样的想法和愿望如果真的实施，到底能够为学生带来怎样的受益，甚至是否会对学生有利始终都是我所顾虑的。

我深深地意识到，在当今这个信息爆炸、知识满天飞的时代，"学习革命"这条道路始终是必须走下去的。单一的教学模式始终无法适应飞速发展的当今社会，甚至这样故步自封的单一教学模式会给孩子造成巨大的影响，因为在这样的教学模式下，孩子对于知识的获取往往都是被动的。但是现代化的教育所强调的是并不是这样的教学模式，而是要能够为学生获取知识创造更好的条件，让孩子能够自己来筑造属于自己的世界观，对这个五彩缤纷的世界充满期待和关注度。所有的教育目标都应当将"培养有思想的鲜活的人"为目标，而不是培养一个只会学习知识而不会运用知识的人。

自古以来，人都是一种群居性的动物，所以，人的成长最终必须在人群中学会自己行走的方式，邯郸学步即便是能够学到皮毛，但是最终必然会丢失了自我。我们所需要的是一种班队精神，但是这样的精神必须是在活动中对于"集体合作"方式的真实体验，而不仅仅是放在口头上的噱头，集体舞就是让学生通过"集体性合作"来真正地感知和舞伴肌肤接触的动作要领。

人既是群居性的动物，同时也是需要灵性的，而艺术的出现就是要催发人的灵性。诸如音乐、美术、歌曲等，所有的艺术方式都可以作为孩子学习的课程内容。所以我在教授集体舞的时候会穿插不同的艺术内容，例如，我会将音乐看得十分重。正是基于此，有很多认识我的人都对我说"你教授的语文太复杂了，内容太多了"，但是我并不赞同这样的观点，尽管他们所说的表象是对的，我确实在我的课程中穿插了很多的其他内容，可我不认为这是在浪费学生的实践，我只能肯定地说"我就是一个语文教师，我就是教语文的"，因为语文本身既是一门课程，同时它更是人生。

人的一生会遇到千奇百怪的事情，人的情绪也是不断波动的，但是人始终是需要快乐的，不论什么样的人，不论处于人生的哪一个阶段，快乐都是人生中不可或缺的元素。所以上升到教学中，我宁愿选择更多的方式来教学，也不想让任何一门课程变得枯燥无味。无论什么学科，既然作为一门课程来开设，它必然有存在的价值，而有价值的课程更应该用更加快乐的方式来教学。同时我也坚信，快乐并不是与生俱来的，尤其是对课程教学而言，是需要培养的。当然我也坚信，只有对生命这个伟大的存在充满了敬畏之情，人才会更加尊重其他的事物，所以我们在教学的过程中，不论是哪一种课程都要善于将科学引入到学生的视野中。我相信，人都是喜欢清澈的，因此，初中阶段学的《陋室铭》《爱莲说》也适合六七岁的孩子读。每次我看到孩子们渴望知识的眼睛时，我对母语的信心便又增强了一份。

这个案例中的"集体舞"就是一个外围课程，也是舞蹈课程的一种，而舞蹈课程可以看作是核心课程。从案例中我们可以看到，通过"集体舞"这样一个外围课程，主人翁让更多的孩子参与到了舞蹈课程中，并且让舞蹈这门学科知识变得更加有趣。它能够根据学生的差异，从学生的差异出发，为不同的学生准备不同的能够满足自身差异的需求，所以说如果从为了学生需求的满足这个角度来看，作为"集体舞"的外围课程也可以看作是舞蹈学习的必修课程。

（三）国家课程、地方课程与校本课程

2001 年，教育部印发了《基础教育课程改革纲要（试行）》文件，这份试行文件中明确的规定，我们要逐步改变课程管理过中存在的问题，实行三级课程管理体制。这一次的课程改革成为我国课程改革领域的重大转折。以"课程开发主体"为依据，课程可以分为国家课程、地方课程和校本课程。我国教师资格考试，尤其是小学教师资格考试，课程的分类一直以来都是考试的重点和难点。严格来讲，国家课程、地方课程和校本课程实际上都应当属于课程管理领域的内容，所以这三者的划分和内容与我国三级课程管理体制不可分割。

国家课程顾名思义指的是国家统一性的课程，有广义和狭义之分。从广义的角度来看，广义的国家课程有政策和制度的意思，如教育部制定的课程管理政策，课程开发方案，教材编写、审查以及选用等；从狭义的角度来看，国家课程则有标准和大纲的意思，指的是国家委托相关部门或者是社会机构所制定的基础教育必修课程或者核心课程标准或大纲。从广义和狭义角度来看，国家课程的理解还是有一定差别的，但是不论是哪一种理解，都是对国家意志的集中体现，都表明了国家课程是能够决定一个国家基础教育整体质量的主要因素。

2015 年上半年全国教师资格考试中出现过这样一道试题：

我国小学目前所开设的综合实践类活动课程属于（　　　）

A. 国家课程　　　　　　　　　　B. 地方课程

C. 必修课程　　　　　　　　　　D. 选修课程

此题正确答案应当是 A 和 C，也就是说综合实践活动课程既是必修课程，同时也是国家课程。因为《基础教育课程改革纲要（试行）》文件中明确指出，我国从小学到高中所设置的所有综合实践活动课程都是必修课程，如劳动与技术教育、社会实践、研究性学习等，而综合实践活动也是教育部统一规定的课程，所以必然属于国家课程。

国家课程是由国家统一开发、统一管理的课程，所以它体现的是国家的意志，更是国家专门为未来公民接受基础教育之后所要达到的共同素质所开发的课程种类。如果上升到官方课程文件中，就可以用课程标准、教学大纲或者教科书等来表示。

地方课程指的是由地方教育行政部门依据当地的政治、经济、文化、民族等发展需要而开发和管理、在地方范围内推行的课程。国家课程和地方课程可以互相补充，满足不同学生的需要。

"校本课程"的概念实际上是一个"舶来品"。校本课程开发是20世纪70年代以来英国、澳大利亚等国家流行的一种与国家课程开发相对应的课程开发策略，90年代以来逐渐被引入我国。在一些西方国家眼中，"校本课程"就是学校自主研发的一些课程结构。我国对于"校本课程"的理解有两种，第一是为了满足学校发展需求以及学生学习需求，最大限度利用地区以及学校的课程资源开发出来的具有多样性的、可以为学生提供多种选择的课程，这些课程不包括在国家课程之内，是学校自主开发的课程；第二，指的是按照校本化实施的国家课程，简单说就是学校和教师通过多种方式，使之更加趋近本校发展和学生学习需求。无论哪种方式，校本课程都是由校长和学校教师根据学生的需求而在具体教育情境中开发或改编的课程。校本课程的本质是学校拥有课程自主权，教师是课程开发的主导，学生是主体。我国的校本课程开发是在实践的积累中得出的。校本课程具有多样性，要满足学生多样化的需求。国家课程和地方课程都面向数量庞大的学习者群体，难以关注每一个学习者个体，而校本课程恰恰是基于学校发展学习者个性化的学习需求而开发的。

## 第二节　课程结构的特征

不论是从学生自身的发展来看，还是从整个社会和国家的发展来看，我国现阶段普通高中阶段的教育事业，不论是基础课程教育、艺术教育，还是技术教育，始终都是教育事业不可或缺的重要的一部分。随着新课程改革的进行，新课程结构也有了一定的变化，了解新课程结构的特征首先要对新课程体系的主要内容有全新的认识。现阶段我国的新课程主要内容有以下四个方面：

第一，依照九年义务教育课程体系，小学阶段主要以综合课程为主，如语文、数学、英语等，初中阶段的课程设置按照综合课程和分科课程结合的模式设置；

第二，高中阶段学生课程学习以分科课程为主，同时根据不同的学习阶段设置技术类课程，并逐步推行学分制管理；

第三，小学到高中阶段将综合实践活动课程融入必修课程中；

第四，农村地区的中学阶段的所有课程设置都需要考虑到当地的经济发展，因为区域性的教育很多情况下都是为服务当地经济发展所开展的，所以需要从服务农村地区社会经济发展出发，在此基础上逐渐地深化科教融合等教学改革措施，同时逐渐地试行并通过"绿色证书"的教育方式，再结合其他形式的技术培训，通过这两种方式获得双证的方法，而城市很多普通中学也开始逐渐地效仿这种模式开设职业技术课程。

我们现在所说的新课程结构最大的特点就是根据对应课程内容的变化来适度地调整具体的教学方式，而所有的课程改革内容都是按照这样的标准进行提炼的①。

首先，新课程结构提出了课程结构"综合性"的概念。这里所说的课程结构综合性最终的目的就是逐步打破长期以来传统教育体制下的学科本位思想，学科本位思想是我国教育所独有的特点，这样的思想一方面是与我国历史的发展有直接的关系，另一方面，作为现代化教育发展改革的客观需求，学科本位思想势必要做出调整。

其次，新课程结构提出了课程结构"选择性"的概念，所谓课程结构选择性，不同的区域、不同的学校以及不同的学生都可以具备这样的选择性，当然这也需要根据区域以及学生的差异来明确"选择性"的具体实施方法。

再者，新课程结构提出了课程结构"均衡性"发展的概念，所谓"均衡性"就是在教育全面发展理念的支持下，同时结合我国素质教育理念所提出的一种课程改革理念，具体来讲就是要求我们所培养的学生必须是德智体美劳各方面全面协调和均衡发展的人。课程结构"均衡性"可以从三个方面得以体现：第一是对不同课程学习内容和具体领域的规划和设计，通过有针对性的规划设计达到学科学习和活动规划的均衡发展；第二是针对不同的学习领域或者学科活动，按照课程课时结构安排实现均衡设置；第三是在前两个层面的基础上，保证内容规划设计的均衡性②。

有关课程内容的均衡定位，所有课程的内容定位都需要从区域发展的角度出发，这里需要引申"区域英语"的概念，区域英语实际上是

---

① 郭晓明：《整体性课程结构观与优化课程结构的新思路》，载《教育理论与实践》，2001 年第 5 期。

② 王后雄：《从普通高中课程结构变革看高考改革》，载《中国教育学刊》，2008 年第 4 期。

英语学领域的概念，早期的英语学发展核心就是所谓的区域英语，甚至到了现在，区域英语仍然是英语学中至关重要的一个学科，作为英语学的一个分支学科，它的存在丰富了英语学的理论。同时作为至关重要的一个学科，这个概念和学科的学习非常符合学生认知心理和年龄特点，将这个学科作为主要的学习方向，也更加贴合学生的实际生活。源于生活中的英语知识更加具备应用价值和可塑性，学生学习的兴趣也会非常高。

当然我们现在所强调的新课程结构改革中，实际上并没有过多强调课程内容排序的设置，任何一门课程都没有对这一方面做出硬性规定。新课程改革并不是要追求一种非常完整的学科体系，而是要通过课程结构改革能够真正体现出这门课程的教学目的，所以诸如英语课程改革，借助英语要素的学习能够让学生更好了解英语课程内容，同时也能够丰富学生学习的方式和知识的呈现方式。初中阶段的英语课程被划分在文科类别中，但是到了高中、大学，英语课程就逐渐被纳入理科类别中，所以作为这样一个具备文理科变化过渡期的课程来讲，如果过分追求相对完整的学科体系，长此以往不论是对教学还是学生的学习都会产生不良的影响，例如，过于追求学科体系的完整性，会让课程内容越来越多，课时短缺的情况下教学质量势必受到影响，同时给学生留出的自主学习空间也会缩减。

新课程改革在强调课程体系、内容改革的同时，同样对于教师群体也提出了更高的要求。同样以英语课程为例，新课程改革下，英语教师想要更好的"生存"，更好地适应新课程改革的要求，就必须要有"底气"，所谓"底气"就是要对专业知识非常精通，当然英语课程实践能力也是必不可少的。另一方面，"底气"之上，还需要有"灵气"，所谓"灵气"就是善于利用周边的一切条件来开展英语教学，如根据所在地区的条件、学生状况等，按照课程标准所规定的教学内容、教学目标等，开展二次创作。所以说，新课程改革之下的教师已经不单单是教授课程那样简单，而是要真正地学会使用教科书，不仅学生要学会学以致用，教师更应当学会学以致用。

## 第三节　我国现行课程结构的主要问题

2016 年 8 月 23 日，中国教育新闻网《中国教育报》专栏发表了这样一篇文章，文章的标题为：《结构问题是课程开发的关键》。这是我国教育部职业技术教育中心研究所高等职业教育研究中心主任、教育部学校规划建设发展中心课程建设研究员院院长——姜大源院长发表的一篇文章，这篇文章主要讲了三个方面的内容：其一是"问题的提出：内容还是结构"；其二是"破题的思路：存储还是应用"；其三是"解题的方案：复制还是迁移"。

"供给侧改革"是近些年来比较流行的一个名词，当然这主要是针对经济发展方面而言，而对于教育而言，同样可以用到供给侧的概念。姜大源认为，教育始终都是人力资源的供给侧，教育的存在就是要为社会经济发展提供所需要的人才力量，所以作为社会人力资源的主要方式和供给侧，教育所需要提供两个主要的供给侧"产品"：首先为社会经济发展提供所需要的人力资源，这种人力资源必须是合格的人才，简单来讲就是社会经济发展所需要的合格的毕业生；其次为了能够真正成为符合人力资源标准要求的学生而提供相对应的合格课程。所以结合这两点，可以看出人才培养的核心始终都是课程，而建立在课程教学之上的教师、学校以及其他的配套设施都是课程发展的基本要素，而学校和教师的课程开发的能力，既是一个学校的生存之本、一个教师的立身之本，同时更是一个国家教育事业发展的核心竞争力所在。基于此，姜大源从三方面进行论述，强调结构问题始终是课程开发的关键所在。

（一）问题的提出：内容还是结构

一提到课程开发，很多人会自然地想到课程内容的改革和突破性转变，作为大多数人的第一意识，这样的想法并没有错，但课程开发同样也需要解决好课程内容的设置的问题，即如何更好地选择课程内容，以及针对不同的课程内容做出排序，而这样一个过程就是我们所说的课程结构化问题①。

那么，课程开发的执行，到底应当重视内容选择，还是重视课程结构选择？实际上，国内学术界很长一段时间并没有对这个问题进行过多的研究，这样的疏忽则是不能"容忍"的。当然，课程内容的选择或者课程内容结构改革相对比较容易理解，首先任何课程的内容都是根据教育本身的培养目标来进行制定的，例如，教育的目标是要为社会发展培养科学家，那么课程内容的设置自然要从培养科学家的角度出发来进行。如果说课程内容设置只是简单的学习基本而理论知识，那自然无法达到培养科学家教学目的，所以说教育培养目标的不同所对应的课程内容也有所差异②。对于普通教育来说，通常课程内容的设置是相对静态的学科体系演变的结果，但是对于高等教育，尤其是职业性的现代化教育以及应用型高等教育而言，课程内容设置通常都是直接瞄准社会需求以及未来职场对于人才的需求来设置的，并且课程内容也会随着外部市

---

① 赖招仁：《复合型小学英语教师的培养研究》，载《集美大学学报（教育科学版）》，2007 年第 1 期。

② 沈骑：《通识教育与大学英语课程整合模式探析》，载《江苏社会科学》，2006 年第 S1 期。

场对于职场人才需求的变动而做出一定的调整，所以高等教育的课程内容设置往往具有很强的动态性和可变动性。

课程内容的排序实际上就是课程结构的规划和设计，这个问题显然并不像课程开发的执行那样容易理解。首先课程内容本身必须要序化，或者是只可以在结构化的条件下才可以得以传递，而教育本身就是一种结构化传递内容的动态性活动，所以对于课程内容排序即课程结构的理解核心在于：一旦课程结构的内容选择正确，后续的排序如何开展？简单来讲就是课程结构的内容确定后如何开展后续的课程结构化的问题。

很长一段时间以来，教育始终都没有逃出发展的一个怪圈。教育的发展始终都认为知识只能通过结构化的方式来组织，也就是根据不同学科的体系设置和课程排序方式来规划和设计课程内容，所以往往是从学科知识结构的角度出发来实现只是排序，而这样的过程实际上就是对知识内容、知识结构、知识方法、知识理论等发展的有序性。在这样一个怪圈中，我们的教育从小学阶段开始，到初中阶段，再到高等教育阶段，所有的课程基本上都是按照这种知识排序方法进行的，而这种做法导致课程从本质上发生了变化，课程的设置始终是从知识储备的角度出发，并没有真正从培养对口型人才的角度出发。但是，教育的发展警醒我们的是，我们必须明白知识存储的最终目的和诉求到底是什么。当然，这种目的并不会是考试，而是为了应用知识，将知识变为己有，而现实的情况却遗憾地给我们一个错误的答案。所以我们就要思考：为何我们就不可以用应用知识的结构来开发对应课程？

（二）解题的思路：存储还是应用

一直以来，国际社会都有这样一种教育定义，即行动导向型教育。所谓行动导向型就是强调应用知识的重要性，重视应用知识在教育发展中的作用，将应用知识和教育教学体系融合在一起。这样的模式也称作是教育心动体系，即教育工作体系。这种工作体系是以行动体系课程内容设置排序为主，也是真正意义上的应用知识课程结构形式。

那么到底什么是应用知识课程结构形式呢？这里需要谈到另一个课程结构，即堆栈式结构。堆栈式的课程结构更多的是从主观认识角度出发，进行知识结构化存储的课程体系。1996 年，当我们还没有迎来新时期的课程结构调整的时候，欧洲的德国悄无声息地开始异常教育研究活动。这里的教育理论研究主要强调知识的应用，在这种教育理论下，教育工作的流程变成了在企业中为了完成对应工作任务同时获取工作成果而开展的一个相对完整的工作流程，他们的教育体系就是一种综合性的，始终处于运动变化状态下，但是整体结构是相对固定的教育系统。德国教育理论强调，社会上任何一个职业之所以能够存在，与其特殊的工作流程密不可分，而职业的存在和发展就是在工作方式、工作组织、工作内容以及工作工具发展领域所具备的独特之处。这样的教育理论以及课程结构概念是对教条主义知识存储结构论的摒弃和反驳，也是彰显创新型的一种应用知识结构论。

实际上我国教育领域同样也有这样的研究结论和观点，如 1918 年作为当时的伟大教育学家陶行知先生就形象的运用"种豆"的过程为例，对当时的职业教育课程做出了抽象描述，他认为职业教育的课程设置应当是"以一事之始终为一课"，虽然他并没有明确用到德国教育论中的"工作过程"概念，但是他的观点中仍然出现了工作过程必备的三个要素，即工作起点、工作手续和工作终点，和德国教育论所提出的工作过程三要素异曲同工，这样的教育理念即便是用现代的眼光来看都是非常超前的。

实际上，从适度够用的原则上来讲，知识在总量上是不会发生变化的，但是知识排序方式即课程结构排序方式是会发生变化的。随着社会的发展，课程的设置已经不再过多的关注建筑在静态学科体系中的显性理论再现，而是更多地将重点放在动态行动体系中的隐性只适合实践性知识构建上。

（三）解体的方案：复制还是迁移？

工作过程具备三个特征：其一，工作过程非常注重追求整体性，它强调综合体系，在此基础上包括了对专业、方法、社会三个能力维度的学习，通过综合体系和三个能力维度的学习将技术、知识等集中应用在工作过程中；其二，工作过程始终都处于运动状态下，既然是过程，必然是不断发展变化的，同一个时期，不同的职业特性，或者同一个职业在不同的时期，两种方式的差异就在于工作要素之间存在明显的不同，即工作对象、工作内容、工作方法、工作环境等要素；其三，工作过程的结构比较完整和固定，虽然上面提到工作过程是处于不断发展变化之中的，但是完成对应工作过程的行为以及思维方式都是相同的，如工作决策、工作规划、工作还是等环节都是一致的。所以多数情况下，我们都会基于以上三点，从工作过程的角度出发来开发课程，而并不是以客观存在为依据来强调简单的过程复制，而是根据职业成长规律以及认知学习规律来对课程做出系统化教学处理，真正地让教学过程变为知识应用的过程。

从工作过程的角度出发理论强调课程结构系统化开发涉及三个方面：一是强调课程结构的整体性，即专业课程体系的开发，也可以看作是课程门类的开发；二是课程结构单元性开发，即我们常说的课程结构开发；再者是课程教学结构开发，教学结构开发主要涉及课程的具体实施。

课程结构整体化的设计需要先明确职场或者相对应的应用领域工作内容和典型的工作任务，实际上就是明确课程的整体性内容，其次对工作内容进行整合处理，归纳出具体的工作领域，再将具体的行动领域转化为多个学习领域，而这些不同的学习领域最终构成一个完整的课程体系。

课程单元结构的规划和设计需要根据具体的职业特性，同时用整体性的思维来考虑，将每一个门课程划分为不同的学习情境，即主体性的学习单元，每一个学习单元都是一个相对独立并且完整的工作流程，具体的操作流程同样与课程结构系统化开发的三个领域相同：首先强调课程结构的整体性，即专业课程体系的开发，也可以看作是课程门类的开发；其次是单元性课程结构开发，即我们常说的课程结构开发；再者是课程教学结构开发，教学结构开发主要涉及课程的具体实施。简单来说就是确定课程过程，梳理对应环节，选择一个参照物开展教学处理，并且根据参照物的工作流行设计学习情境。

课程教学结构的设计就是将实际的教学过程，也可以是工作流程，按照完整性的思维，分别实施决策、规划、执行、检验和评价等环节，按照课程思维过程的方法设计教学流程。另外，因为工作过程本身是客观存在的，并不受人的主观意识影响，但教学过程却会受到主观意识的影响，通过教学原理加工处理而受到主观因素的影响，也就是在课程单元规划设计三个领域的基础上，设计出逻辑关系较强的工作流程。在此过程中，课程结构设计非常注重比较学习方式的应用，通过比较学习来实现结构内化发展，以此来培养学生独立思考的能力，真正学会独立的分析和解决实际问题。

另外，开展系统化的工作过程教学活动必须要有相对应的载体，简单来说，就是把相对抽象的课程教学内容具象化，同时教学活动所对应的载体必须要具备解构之后的学科体系。

以上就是姜大源在《中国教育新闻网》所刊登的文章的主要内容，

总的来说，他的主要观点就是强调结构在课程开发中的作用。姜大源非常注重课程结构问题的研究，他的这篇文章的主旨是课程开发的关键在于结构问题，这里的结构问题就是课程结构问题，他认为课程内容选择理解相对比较容易，而且任何学科的课程内容都是相对容易理解的，但是课程结构问题的考量则是需要长期研究的一个方向。

## 二、理论阐述

从中华人民共和国成立，到改革开放之初，再到如今，我国中小学课程结构改革始终没有停止前进的步伐，但一路以来，所有的课程结构改革都忽视了一个重要的问题。也就是，我们过于重视解决学生上学的问题，我们所做的努力如今最大的成就就是让更多的孩子有学可上，但是却忽视了优质教学资源的培养，而正是由于优质教学资源的缺失，不仅无法满足社会以及家长的需求，同时也阻碍了我国教育事业的良性发展。所以结合这一点，再看姜大源的课程结构理论，未来我们的教育事业发展应当在"让学生有学上"的基础上，朝着"让学生上好学"的方向转变，因为前者已经是我们实现了愿景，而后者则是我们今后需要努力的重要方向，也是现代化教育必须重视的问题，要让学生上好学，为学生提供更高质量的教育环境和学习环境。

《国家中长期教育改革和发展规划纲要（2010—2020年）》明确地提出，未来我们要为整个社会提供更加优质的教育，而这也是未来几年我国教育改革发展的重要战略目标之一。习近平总书记强调，始终把教育摆在优先发展的战略位置①。我们必须要从教育发展的现实需求出发，将提升教学质量和教学环境作为未来我国教育体制改革的重要方向

---

① 教育部课题组：《深入学习习近平关于教育的重要论述》，人民出版社 2019 年版，第 18 页。

和核心要务，而从这一点出发，中小学的课程结构改革也必须做出调整，要设置更加适合学生全面发展的高质量课程结构，真正推动学生全面个性化发展。正所谓，改革是一项伟大的革命，课程结构改革这场革命的主攻点应当是借助构建符合学习情境的课程体系为每一个学生提供高质量的课程，只有这样，这场新时期的"战争"才能够取得胜利。

马克思从社会关系的历史发展与人类社会的发展的内在联系角度出发，将人的生存和发展归纳为以下几个阶段。第一，开始阶段。最初的社会形态中人存在很强的依赖性，也正是这种依赖关系使得人与人之间的联系越来越密切，不论是宗亲关系、血缘关系，还是封建社会的君臣统治关系，最初阶段的人是不存在独立性的，而在这样的环境下，人的生产能力也只能是在孤立的区域或者更加狭窄的范围内活动。第二，过程阶段。这一阶段是人生存发展的第二阶段，这一阶段的人类逐渐开始摆脱没有独立性的束缚和限制，并且对于人的依赖性也开始过渡到对于物的依赖性，人类也直接进入独立阶段，这种环境下，社会物质交换开始出现，而这样的物质交换表象则是全面的生产关系以及多领域的需求实现。第三，发展阶段。这一阶段是人生存发展的第三阶段，经历了过程阶段之后，人类的独立性阶段开始出现升华，自由个性也开始崭露头角，人类更加注重个人的全面发展和群体性的生产能力体现，发展阶段的人类逐渐地开始摆脱对人和物的依赖性，并逐渐地开始成为主导自然的真正主人，每一个人都开始显露出自己的能力和价值，个性也由此产生。

马克思的人的发展理论强调人在不同阶段发展的基础上，逐渐地开始出现个性化的价值体现，而人的个性的出现与社会历史的变迁和进步密不可分，所谓经济基础决定上层建筑，马克思主义辩证论也强调社会历史的发展是始终存在的，正是由于这样的客观存在才有了人的个性的出现。而我国的教育体制改革和发展纲要中也明确提出，教育工作的根本要求是实现教书育人，而教育工作的根本目的是要为社会经济发展提供全方位的人力资源，将人力资源转变为推动经济社会发展进步的核心资源，而人力资源开发的根本途径也只能是教育本身。教育工作必须要做到以人为本，即以学生为本，教师是教学工作的重要构成，是必不可少的因素，但是相较于学生这个主体来讲，教师只是起到主导性的作用，对于人才的培养必须要考虑到社会的需求。当今社会，人才的重要性不言而喻，而对于高校学科建设来讲，人才的作用更是不可替代，人才培养一直都是高校的重要职能，同时也是一所大学能够生存、发展、壮大的基础所在，任何一所大学都不能忽视人才培养的职能，即便是世界知名高校也是如此。大学学科建设的主要目的也是为了培养人才，使之能够成为真正符合社会需求的人才。没有一流的学科就不会有一流的学校，只有具备一流的学科才能够培养出一流的人才，高校的学科建设同样也是高校人才培养的依托，然而不同的人才也会给高校科研提供不同的帮助，例如，高校在人才培养的过程中不可能只培养单一型的人才，研究性的人才通常会成为未来学科科学研究的主力军，可以为学术科研产出以及科研能力提升提供巨大的帮助，学科和人才培养也同样是在这种相辅相成的关系中持续发展的。

从人才的培养来看如今的高校建设如何开展是一个国家需要考虑的重要问题。贵州大学原校长陈叔平说过，"办学要办出水平、特色、效益。没有特色就很难讲水平，没有水平就很难讲优势，没有优势就很难讲效益，没有效益学校则难以维持下去。"① 地方高校的发展就是这样，学科建设是地方高校建设以及发展的一种方法，对于地方高校的发展和

---

① 唐景莉，黄文，杨桂青. 大学要科学定位各安其位 [N]. 中国教育报，2004 – 8 – 11（2）.

壮大起着基础性和全局性的作用。地方高校的发展方向必然是要走特色化和优势化道路，而这种特色和优势则必然要体现在学科上，通过培育特色学科来展现地方高校的优势。

优势学科建设主要的内容在于提升人才培养质量。从地方高校自身角度来看，优势学科建设的主要内容就是人才培养质量以及科研水平，同时这也是地方高校自身发展的核心所在，而这两方面同样会影响到区域企业的发展，地方高校发展中，优势的意义非常重要，一方面能够体现出高校自身资源和优势，另一方面还体现了地方高校的发展方向和社会声誉，优势学科建设承载了地方高校的发展，是地方高校提升自身竞争力的关键所在。我国地方高校的办学经费基本上都来自地方政府的财政拨款。以河南为例，根据当前河南地方高校银行贷款规模相对较大，包括河南理工大学在内地五所地方高校 2009 年全年银行借款余额约 30 亿，① 河南审计厅 2010 年的统计报告数据显示资金、人才、政策等方面的问题在一定程度上也影响了地方高校优势学科培育效果。

从目前国际高等教育的发展状况来看，世界范围内的一流大学主要集中在发达国家，从目前发达国家一流大学的整体学科结构形成的特点可以将其划分为三种类型：首先是以传统文理学院为基础逐渐发展壮大的大学，如哈佛大学、耶鲁大学、牛津大学、斯坦福大学以及剑桥大学等，这些大学基本上都是传统综合性大学的有力代表；其次是以单科性技术类学院为发展基础的大学，如美国加州理工学院、佐治亚理工学院以及麻省理工学院，这些高校学院都是偏重理工科的大学；再者如东京大学、康乃尔大学等都是全科型的大学代表。这三种类型的世界一流大学，不论是从发展历史和学科结构等方面在世界范围内都有着明显的优

---

① 张高峰，宋洁. 河南出台多项措施帮高校还债［N］. 河南商报，2011 – 11 – 12（A10）.

势，其发展历史比较悠久，很长一段时间在世界范围内都处于领先地位，有的甚至超过了上百年，长时间以来成为世界各国高等教育基地建设效仿的对象。一流的大学基本上从出现到发展成熟都会经历一个单科性到多科性再到综合性的发展过程，但是从这些大学的整体现状来看，并不是所有的大学都是学科类型十分齐全，只有像东京大学以及康奈尔大学这些全科型的一流大学实现综合性的路径以及程度都有所不同。哈佛大学、牛津大学以及耶鲁大学这些都是偏文科性的，斯坦福大学、剑桥等都是偏理工类型的，这些综合性大学的发展历史都比较长远。

我们以哈佛大学为例，1636年美国的第一所高等大学哈佛学院正式成立，该校成立之初几乎都是按照当时英国大学的创办经验进行的，最开始的主要目的是培养教会人员，到了1650年之后学校才正式开始出现有比较实用的学科类型，1780年哈佛学院正式转型，将原有的学院改成了大学，到了19世纪初，为了更好地适应当时工业革命的发展需求，原本以文理科为主的哈佛大学，逐渐在大学内部成立文理学院、法学院、设计学院以及神学院等，在原有的单一学院基础上增加了一些适合社会需求的学科学院，真正开始出现学院到大学的转变，后来20世纪又相继创建了商业管理学院、教育学院以及公共卫生学院等，在不断地发展过程中，学院细化分类以及学科培育机制为其处于世界顶尖大学行列提供了巨大的支持。

我国地方高校基本上都是面向地方，和地方经济社会发展有着密切联系的。地方高校优势学科建设的主要目的是为地方经济发展培育应用型人才，为地方经济发展提供更多服务支持。创建于1958年的浙江海洋学院也是地方高校优势学科的典型代表。该学院位于浙江舟山，此地区有着丰富的海洋资源，学院主要是以海洋资源为特色，先后设立了12个与海洋资源研究相关的二级学院和1个独立学院；以海洋学科为主，追求所学科均衡发展，如农学、文学、工学、理学、医药学、管理学、教育学、经济学等，追求所学科协调融合发展。学校拥有浙江省 7 个重点学科，其中，海洋科学、水产、船舶与海洋工程 3 个学科是国家一节学科。浙江海洋学院结合区域海洋资源优势和经济发展需求，相继建设了国家海洋设施养殖工程技术研究中心、农业部渔业环境与水产品质量检验测试中心、中国海洋文化研究中心、省级海洋养殖装备与工程技术重点实验室等多个学科研究平台，开设有浙江省远洋渔业培训中心等 20 多个科研培训机构，始终致力于推动区域经济发展。学校开创凭借区域特色优势的优势学科，不断挖掘优势学科特色优势，主持了一批国家"863 计划"研究项目、国家科技支撑加护以及重大科研专项研究，为舟山市乃至整个浙江省经济发展提供了巨大支持。

另外，说到办学特色、教学方式的借鉴和学习，不得不提到日本，尽管这个坐落于亚洲东部、太平洋上的小国家从地图上看非常的狭小，但其经济发展与自身教育体制的改革和创新密不可分。不论是从明治维新时期开始，还是从现代化的教学体制改革，日本的成功甚至可以作为很多国家的典范。20 世纪末，日本悄无声息地进行了一场革命性的教育事业改革，提出了全新的学习指导要领。日本的教育体制改革注重统一性和个性化相结合的原则，强调整个国家的教育工作，其学习指导要领都要有统一的标准，同时要注重突出地方特色，并且与学校的课程结构相结合，充分的尊重区域自主权，当然这种自主权是针对课程设置而言的。日本政府积极地鼓励不同地区、不同学校根据自身的需求以及区域经济发展需求来设计更具创新性的课程体系，积极地引导学校为学生教育开设更加合适的课程。为了让学校的课程结构设置更富于弹性，日本政府给予了学校充分的教育活动创新支持，所有的学校都可以根据自己的实际状况开设有特色的、创新型的课程和教学活动，并以此来完善课程结构，在统一的标准基础上，可以有充分的自主权，包括课程内容的设置、课时的安排都可以体现出地方学校的特色等。

总之，教育作为现代化文明发展的基石，对于现代城市的发展有着重要的推动作用，尤其是在高等教育竞争日益激烈的当下，地方高校想要在这种竞争中崭露头角就必须要具备超强的实力，而这种实力的培养则需要结合区域优势，将优势学科培育作为地方高校发展的切入点，以优势求发展。

# 第二章　国内英语课程发展

学科作为大学的重要构成，同时也是一种知识体系，所以必然具备一定的学科结构，按照国务院学位委员会公布的《授予博士、硕士学位和培养研究生的学位、专业目录》可以将学科体系结构分为学科门类、一级学科、二级学科、学科方向等诸如此类的从大到小的次序，地方高校在规划学科战略的同时，因为本身学科基础比较薄弱，所以整体的建设思路通常要以一级学科为主，加大力度建设一级学科之下的二级学科，每一个二级学科建设过程中一方面能够发挥地方高校本身的优势，另一方面还可以凸显出自身的特色学科发展方向。但是如果按照这样的战略规划走向，从地方高校特定学科建设边界设定的角度来看，必须要考虑学科内在的发展，并且还要兼顾学科发展的外在逻辑，而不能仅仅按照学科自身维度来考虑地方高校现有的学科基础、未来的发展目标。

习近平总书记强调，任何事物的发展都必须有适合其生长的环境和土壤。教育也是一样。任何一个国家的教育发展都是建立在其自身历史土壤之上的。[①] 对于地方高校而言，我认为也有其特殊的办学条件。所

---

[①]　教育部课题组：《深入学习习近平关于教育的重要论述》，人民出版社 2019 年版，第 24 页。

以地方高校必须要明确自身学科发展边界和基点，也就是说，整体的规划必须要从区域发展需求出发，回应地方经济发展对本学科建设的现实需求。同时，要兼顾优势学科发展内在逻辑。一方面，地方高校从现有的学科出发，制定发展目标，考量两者之间的差距，合理地设定学科建设内容，同时制定阶段性发展目标；另一方面，以外部经济社会发展需求为依据，寻求学科发展内、外在逻辑交汇点。如浙江海洋学院以海洋资源为特色，结合外在区域海洋资源优势和经济发展需求构建优势学科科研培训机构，就是找准了薛尔康发展内外在逻辑交汇点，并且先后设立的 12 个海洋资源研究二级学院同样也是看准外部发展需求。所以地方高校优势学科培育必须要有方向性，从外部经济发展需求出发，以此来凝练学科方向、特色以及比较优势，找到优势学科发展的"新增长点"，增强学科竞争力。在此过程中，要把握好地方高校优势学科建设首要战略问题，即通过科学学科治理来规划学科发展决策，形成合理的学科建设顶层设计，为优势学科培养提供方向指引。

英语学科发展同样如此，英语最早出现在中国开始于清朝时期。1727 年，俄罗斯文馆正式"落户"我国的管辖范围，最早的俄罗斯文馆主要教授俄语，俄罗斯文馆的成功"落户"也拉开了我国现代外语教学的序幕。闭关锁国的清王朝在经历了一个多世纪之后并没有意识到自己的强大正在被西方列强虎视眈眈地盯着，一系列的不平等条约陆续签订，或许是为了更好地与这些列强沟通。1862 年，以俄罗斯文馆为模板，我国又创办了京师同文馆，当时的京师同文馆主要教授的外语有英语、法语、日语等，只要是西方列强的语言基本上都多少会涉及，而这也拉开了我国英语教学的序幕。

# 第一节　英语学科特点及其发展趋势

## 一、英语学科特点

一直以来，英语都是一个相对特殊的学科，尤其是相对于语文、数学这样的传统基础类学科，作为外来之物，英语的出现改变了很多课程教学。英语和语文同样都是语言教学范畴，两者有相同点，当然，也有较大的差异。首先英语作为一种外来学科，一方面可以看作是一种技艺，另一方面，英语学科是一门与实践性紧密相连的学科，同时也是一门包含众多内容的文学学科体系。其次，从形式上来看，英语学科与语文学科都属于语言类学科，但是他与语文所教授的汉语最大的区别在于，学习英语能够帮助我们更好地了解外国，我们的教育强调语文学科学习需要逐步地渗透德育的成分，以此来更好地培养学生正确的价值观和人生观，同时也能够让学生了解中华文化的博大精深和汉语的魅力所在。当然，英语学科同样需要渗透德育教育，只不过英语学科渗透德育教育的目的是为了让学生养成跨文化的意识，培养学生良好的交际能力。所以英语课程教学过程中，教师要先让学生在学习英语的同时保持自己独有的民族自尊心，在此基础上，又注重培养学生善于接受和尊重他国的文化和语言，尤其是在经济全球化深入发展的当下，要注重培养会英语、善交际、尊重文化的合格公民。

作为英语学科发展德育渗透的重要内容之一，学生跨文化意识和交际能力的培养并不是一朝一夕的事情，因为尽管英语的结构体系构成相较于汉语相对简单，但是学生跨文化意识和交际能力的培养涉及多方面的因素：

第一，学生英语语言知识的培养，包括英语词汇量的积累、语法的掌握、英语语音的掌握、英语话题的灵活应用等；

第二，英语语言技能的学习和培养，这里所说的语言技能就是前文所讲述的四个维度，即听、说、读、写四个技能培养；

第三，英语学习策略的应用和掌握，包括英语学科认知策略、学习方法调控策略、英语交际能力培养策略、英语资源获取策略等；

第四，英语学习的情感态度培养，包括英语学习的原始动机、学习兴趣、学科学习自信、英语学习意志、合作精神培养以及国际化的视野等；

第五，英语学习的文化交际能力，文化自信心、文化知识获取以及对英语文化的理解。

从以上这些因素来看，英语课程的德育渗透就是语言知识的学习和交流过程中，英语教师通过不同方式的示范来激发学生英语学习的兴趣，帮助学生逐步形成自主学习的能力，并且在积累和学习英语学科知识的过程中，强调民族自尊和爱国意识，不断拓宽学生的国际化视野，逐步培养自己的跨文化交际能力。

作为一门语言类学科，英语与汉语最大的相同点在于需要记忆大量的内容。就如语文教学所强调的"出口成章"，英语内容的记忆也是为了达到"出口成章"的效果，学生通过英语学习要在脑中有一定的知识积累，而这种知识积累必须从英语单词记忆开始，因为英语句子、语法、文章等都是建立在单词的基础上，学生记忆英语单词不仅要熟练掌握单词的拼写，还需要牢记英语语法规则、英语时态、语篇等，通过熟能生巧的过度达到灵活应用知识点的效果。

不过，英语和汉语之间的差异还是比较明显的，尤其是两者所体现的文化差异是有目共睹的，而两者所负载的文化差异也让英语具备了新异性。

很长一段时间以来，英语都是作为实际上通用的交际语言，国际间的多数沟通交流都是以英语为主，英语本身的应用性和交流性也比较突出。学会了英语才能使用英语，而会使用英语才能够从众获益。英语并不像语文，语文更多的是记忆，而英语更多的是一种交易工具。当然汉语也可以作为一种交际工具。近些年来，随着我国综合国力的不断上升，一些国家甚至将汉语作为自己的第二大语言，但是这也并没有妨碍当下英语作为国际间交流最频繁的语种这一局面。作为一种国际间的交流工具，掌握了英语这门技巧就相当于多了一种交流思想，增添了一种获取信息的途径。随着经济全球化的不断深化发展，国际社会中英语的使用愈加广泛，英语学习人群也越来越多，而在此过程中很多真实信息都以英语为载体，尤其是在当前这个信息泛滥的社会，电脑技术飞速发展，网络元素满天飞，能够熟练地掌握英语对于很多人来说都会有所收益。所以也可以说，在当今这个知识经济飞速发展的时代，英语已经不单单是一种交流工具，而更多的是现代人都应该具备的一项技能，并且作为一种重要语言，在语言学习的过程中不单单是语言知识的学习，还包括英语语音的掌握、词汇量的积累、句型的学习以及口语化的了解等，而这些内容多少都会带有一丝国外人文内涵，而建立在这些元素基础之上的英语课程更是一个包罗万象的综合体，通过英语课程的学习和语篇的阅读，可以多渠道地了解国外的风土人情、传统习俗、文化英语知识、社会生活习惯等丰富多彩的外部世界。

**二、英语学科发展趋势**

从 21 世纪开始，到现在，20 年的时间过去，我国英语课程教学发展有了较大的进展。以中小学为例，英语课程教学仍然处于稳步前进的阶段，所表现出来的进展主要体现在以下几个方面。

首先国家在英语教学发展创新领域制定了一系列的政策，专门针对中小学英语教学开展外语教育政策改革，如加大外语课程在普通教育课程中的比重，明确各种外语教育的人才培养目标，对外语领域的职称评定、职位晋升以及出国深造进修等方面都做出了相应调整①。对国内英语教学大纲进行统一，在全国编制统一的英语教材。正在此基础上，近两年来，国内英语教材的编制开始逐渐采用中外合作的方式进行，这种教材的使用还附带有大量的教学参考书籍、学生英语补充读物以及音像资料等。另外，国内很多著名的师范类高校也为我国中学外语教学发展培养了大量的教师人才，这些教师人才在充实国内英语教学领域的人才空缺以及推动国内英语教学水平提升起到了巨大的作用。随着全球化的深入，近两年来国内社会开始广泛的关注英语学习，整个社会对于英语学习都产生了较大的关注度，这也为英语学科的发展以及英语语种的学习提供了良好的外部环境氛围。中学生参与英语学习、英语竞赛以及英语阅读的积极性也越来越高，在学校和教师的帮助和熏陶下，中学生学习英语的方式也得到了不断地改进。2018 年是我国改革开放的第 40 个年头，谁能想到 40 年前的一个开放政策能够让中国的未来发生巨大的转变，而随着改革开放政策买入新的十年，我国和国际社会的交流合作逐渐加深，国际间交流合作的逐渐扩大也给外语教学工作提供了广阔的市场，国内对于外语教育的学习要求也变得越来越高。面对当前的形势，我们仍然需要在改革开放政策引领下，加快发展步伐，努力地优化影响我国英语教学方式转变的各种不利因素，如完善现有的英语教育政

①　段林远：《多元化大学英语课程构建》，载《高教学刊》，2018 年第 1 期。

策、完善课程体系大纲、创新英语教材、提供多样化的教学用具、提升英语教师综合素质、创新英语课程教学方法、制定合理化的考试方式等，推动我国英语教学深入化发展，进而为我国赶超世纪先进水平，也为最终实现国家现代化发展做出应有的贡献。

当前阶段，面对世界各国教育发展大思潮高度融合发展的外部环境背景，再加上外语教学理论界的反作用，同时考虑到我国国情正发生变化的情况下，国内的英语教育同样也开始出现新的发展趋势，具体表现为以下几个方面。

一是英语教育的应试化发展。实际上这样的现象并不是当下表现出来的。很长一段时间以来，国内初中、高中阶段的教育都是应试性教育，尽管学生、家长以及这个社会都对这样的教育方式投注反对的目光，但是这样的教育方式始终没有得到改变，因为从我国国情出发，同时考虑到教育事业发展的历史，我国的应试教育实际上有某种不可抗拒的现实需求和历史性，当然应试教育既然存在了这么长时间，说明应试教育并没有社会大众所说的那么可怕，毕竟在这种教育方式下，中国教育事业所取得的成绩还是有目共睹的，中国教育近些年来始终都处于稳步前进的发展过程中。当然，英语教学在国内采用这样的发展模式也与中国特色社会主义现实有一定的关联，在特定的历史时期也必须选择这样的发展模式。现实作为客观存在的事物是无法回避的，中国的教育体制，从小学到中学、中学到大学、大学高研究生、研究生到博士等不同阶段，所接触的英语学习也有所差异。从小学英语到中学英语、从中学英语到高中英语、从高中英语到大学英语、从大学英语再到全国统一的四六级英语，再加上现在国内比较热门的雅思国际英语考试、GRE 英语考试、托福考试等，甚至是一些各种类型的英语竞赛考试，都已经成为应试化环境中学生、家长、学校无法回避的现实。各种各样的无法避免的英语考试逐渐成为学生英语学习道路上的一个个门槛，这个门槛甚至是必须踏过去的，例如，一些高校学位证、毕业证的发放标准甚至将四六级囊括在内，更不用说英语专业的学生，各种各样的开始似乎成为学生时代的一个个必须经历的过程。客观来讲，应试化教育也有自身的负面作用，但是除此之外，它毕竟对中国教育事业发展起到了一定的推动作用，我们强调教学体制的改革，并不是以偏概全的摒弃应试化教育，而是要直面应试教育的消极方面，而这也是摆在中国英语教育体制发展面前的重要课题。

二是英语教育的多元化发展，多元化不仅是对于英语教育事业发展而言，甚至对于当今这个社会来讲，都是一个主流的发展趋势主义。只有顺应多元化的发展趋势，中国的英语教育事业发展也才会出现多元化的趋势。英语教育多元化发展趋势主要体现在英语教学需求、教育机构以及教学主体的多元化发展。如今国内图书市场上，外语图书种类越来越多，而与英语课程教学相配套的教材也呈现多元化趋势，英语教材市场已经逐渐由以往的以一般性英语为主转向朝着各种专业、各个行业发展和延伸，而与之相关的英语教学材料品牌也逐渐从几个大品牌垄断发展向多品牌竞争发展的良性局面过渡。

三是英语教育的社会化发展。英语作为一种语言工具，最终的教学目的是让学生掌握一种语言交流方式，而并不是让学生简单地记忆一些单词和文章，当然英语教育的社会化发展并不是强调语言工具的社会化发展，而是强调社会机构的作用。如今国内英语教学发展的整体格局是，各种类型的国立学校、民办学校以及各种性质的社办机构、民间资本兴建的各种类型的培训机构同时存在，这些机构之间相互竞争、相互补充。同时各种机构之间的资源也能够实现共享，如教师资源、教学场地资源、教材资源等，一些无形或者有形的资源都能够在社会英语教育体系中发挥应有的作用，而这样局面也是英语教育社会化发展所期望的。

## 第二节 国内英语教科书

### 一、国内第一批学习英语的人

明清时期，中国封建社会长达几百年的闭关锁国政策开始逐渐动摇，当然这种动摇是建立在外力推动作用下的，我国最早接触到英语以及英语课程的人也出现在这一时期，但是我们无法现象，中国最早接触英语的人所使用的教材中并没有一个英文字母。

明清时期，很多宗教人士来华传教，基督教、天主教等宗教传教士都非常看重中原这片沃土，后来随着闭关锁国政策的逐渐破裂，中外通商贸易往来也逐渐加深，以英国、法国、葡萄牙等国为代表的商人纷纷从中国广州登陆，开始了与中国的商贸往来，在此过程中也加深了西方各国与中国的交流往来。

1637 年的一天，广州的海上飘来了一条印着大不列颠的商船，这也是英国商船第一次不远万里到达中国，随后的十多年间，大西洋东侧的这个国家开始逐渐获得国际海上的霸权，然后凭借着自身的实力和海上霸权的优势快速地成为当时的世纪贸易的中心，而英语也随着英国实力的提升成为当时国际间外交的主流语言。实际上在英语发展之前，欧洲的主流语言是拉丁文，当时的拉丁文甚至是欧洲很多国家必用的语言，但是这样的局面在 1807 年戛然而止。这一年英国传教士马利逊不远万里来到中国广州，推动了中国英语的出现。

那么在英语最早传入中国的时候，当时第一批学习英语的人是怎样来记忆和学习英语呢？因为英语最早传入中国是通过广州进入的，所以当时的英语也被称作广东英语，美国人马士也在后来的《东印度公司对华贸易编年史》中对这样的现象进行了记载，当时的广东英语是广州沿海地区对外通商的主流外语。1715年，英国的东印度公司为了更好地发展对外贸易，在广州地区设立商馆，后来的广东英语也基本上都是从这个商馆中流传出去的。整个18世纪，一直延续到鸦片战争爆发之前，广东英语一直都是作为中国对外交流的主要外语，同时也是当时中西方文化、经济等各个领域交流的主流语言。当时，广东民间非常流行的一本读物是《红毛番话》，其中，"红毛"指的就是外来的欧洲人（当然主要指的是荷兰人），"番"就是外番即外来人的意思，"番话"就是英语。《红毛番话》是当时广东地区比较流行的一种英语学习方法。

但是谁能想到，作为一本教授英语学习方法的读物，《红毛番话》通篇并没有出现过一个英文，甚至连一个英文字母都没有，里面所有的内容都是由汉字和粤语构成的。只是《红毛番话》中的汉字加粤语的标准并不是简单地对英语读音的注释，还包括对应单词和语篇的意思注释。英语字音的标准使用的是广州的方言粤语，在英语词条分类上，基本上分为四个主要门类，即生意类、俗语类、通用言语类和食物杂类。

目前我们能够考究到的中国最早的英语课本中，大多全篇都设有英文的影子，基本上都是用汉字或者当地语言结合在一起所形成的一种特殊课程。当然，这种独特的记忆方法也是一个时代的记忆，也代表了这个时代人们学习英语的经历和过程。

## 二、新中国成立后国内英语教材

1949年新中国成立，天安门城楼上的那一句"中国人民从此站立起来了"宣告了中国现代化发展正式拉开序幕，从这一年开始到 1956 年，"苏联老大哥"成为我国各个方面发展效仿学习的对象。当时的中国不论是经济建设模式，还是经济体制改革都是效仿苏联的发展模式，上至中央、下到地方，牵起了一场培养和造就俄语人才和干部群体的浪潮。之所以要重视培养俄语人才，主要是为了效仿苏联的发展模式，同时也适应国内社会、经济、科学、军事以及外交等方面的发展需求，一时间国内刮起了一场轰轰烈烈的"俄语热风"，虽然这一时期人们并没有意识到英语的重要性，这一时期的英语课程和英语教学也没有受到应有的重视，但是这一时期的英语教材实践和摸索却没有停滞不前。这一时期国内在教学方面涉及英语教材的主要有以下几个：

1950 年，教育部颁发了《中学暂行教学计划草案》；

1952 年，教育部颁发了《中学暂行规程草案》；

1956—1957 年，教育部先后制定和颁发了《高级中学英语教学大纲草案和初级中学英语教学大纲草案》。

这些教学计划草案和规程草案的颁发规定国内所有的初中、高中阶段都需要设置一种外语课程，当然具体设置哪一种外语还需要根据具体的条件和地方需求来选择，主要是从英语和俄语两种外语中选择一种，而外语课程教学教材则由各地自行决定使用哪一种为准。所以当时出现了很多英语教材，如林汉达根据中华人民共和国成立之前国内出版的英语课本所编著的《初中标准英语读本》以及李儒勉编著的《标准高级英文选集》等，当然也有一些地方根据自己的实际需求编写对应教材，如 1951 年上海市编写的《新编初中英语》教材，1952 年北京编写的《高中英语读本》等教材。

1956 年开始，教育部在《高级中学英语教学大纲草案和初级中学英语教学大纲草案》的基础上，开始逐渐地强化中学外语教学力度，从 1957 年开始，初中阶段开始逐渐的恢复外语教学，而这两年所形成的《高级中学英语教学大纲草案和初级中学英语教学大纲草案》也成为英语教学大纲编著的主要参考依据。

新中国成立后的十年时间，是我国经济发展复苏的十年，也是社会主义事业加快发展和赶超式发展的十年。经过十年，20 世纪 60 年代开始，英语已经成为国际通用的交流语言，而英语的发展也开始逐步渗透航空、旅游、国际贸易等各个领域中，开始逐渐在这些领域中发挥重要的作用，并且随着广播、电视、电影等行业的发展和技术的进步，英语的使用范围也得到了扩展。当时的英美等国，来自加拿大、法国、澳大利亚等国家的移民、外来学生以及难民数量不断增多，这些人群的增多也为英语的普及和发展提供了重要机遇。与此同时，伴随着欧洲共同体的成立，这些人群和英语学习需求也显得日益突出，并且欧洲共同体在成立之初同样也遇到了语言交流的困惑，因为当时的英语还不是主流语言，欧洲共同体中所有的国家都有各自的语言，相互之间的交流困难阻碍了国家间的交流与合作。到了 70 年代中后期，欧洲国家开始注重语言教育的发展，对本国的语言教育政策进行了重新定位和评价。当时的欧洲委员会强烈地意识到，语言政策的制定必须要考虑现实的社会需求以及学习者的个人需求，只有这样才能够满足社会经济发展的需求以及欧洲各国交流合作的需求。同时欧洲委员会还指出，英语学习必须强调实用性，之所以学习英语就是为了更好地促进交流实践，而不仅仅是让英语作为一门课程存在。

由于从 20 世纪 60 年代末期开始的社会语言学，逐渐兴起并开始发展，而当时的国际社会对于语言交流发展尤为重视，当时的国际社会对于语言的研究开始将社会因素考虑在内，通过对社会因素的考量来研究其对语言使用的影响，同时还关注语言在社会某些事件发展以及社会结构发展中的作用。这种发展趋势也对我国产生了一定的影响，尤其是在英语课程领域。受此影响，到 20 世纪 80 年代左右，新中国第一代的英语教材正式问世。

1978 年 1 月，教育部发布了《全日制中小学教学计划试行草案》，这份草案中明确规定我国的小学以及中学阶段都为五年的学制分配，对于一些经济发展较快的地区，条件允许的情况下，外语课程的开设可以从三年级开始，同时这份草案还明确地规定了中小学在八年的学制期间，外语课程每一周的学时设置条件不充分的地区和学校，可以从初中阶段开始增设外语课程，同时也对中学五年学制时间内每一周的外语课时量进行了明确划分。

改革开放政策以十一届三中全会为界限，这也是中国现代化发展的历史转折点。这次会议之后，经过国务院的批准，我国教育部在北京召开了一场声势浩大的外语教育座谈会，本次座谈会是针对全国所开设的，座谈会的主要目的是对新中国成立以来国内外语教育领域的经验教训进行总结，同时结合当时国内外语教育事业现状讨论如何更好地强化外语教育事业发展，尽快地提升国内外语教育水平，同时因为实现党和国家所提出的"四个现代化"建设培养外语人才出谋划策。本次座谈会对于当时国内英语教育事业的发展产生了巨大的影响。到了 1979 年，教育部先后向国内各个地区印发了《强化国内外语教育事业发展的几点意见》的通知，这份通知更进一步地明确了我国外语教育事业的发展道路，同时也着重强调外语教育的重要作用，外语课程的设置和教育体制的改革是改革开放政策执行的重要推动因素，同时以中小学外语教学为主，提出了相关的改革意见，包括中小学外语教学质量的提升、外语语种选择和规划、师资力量培养、教材的编制以及教学科研工作的开展等方面。

　　由此，从 1982 年秋天开始，我国中小学开始正式使用新编著的英语/俄语教材，这份教材对中小学的教材数量进行了明确划分，小学教材分为 1—4 册，中学分为 1—6 册，高中分为 1—6 册（后来到了 1984 年高中阶段的英语教材开始使用 1—3 册），而这样的教材编著和设置方案一直延续到 80 年代末，也是截至目前，从中华人民共和国成立之初到现在我国教育事业中使用时间最长的一套外语教材。当然在此期间，这本英语教材也做出过相应调整，但是调整的方向只是针对教材大纲进行的，教材本身的内容并没有发生太大的变化，所以这一时期国内所使用的英语教材基本上都是以这一套教材为主要参考依据的。

　　1986 年 11 月，教育部按照教学标准要求，从适当降低教学难度的角度出发，对当时的英语教材大纲进行了严格审核，并于同年通过了《全日制中学英语教学大纲》。大纲中明确规定了中学英语学科教学发展的两个起点，首先是从初一阶段开始，其次是从高一阶段开始，这两个阶段都是学生经历学业水平变化的关键之年。大纲中明确提出，教学大纲的设置要最大限度地接近初中一年级所开设的外语课程的要求。当时，人民出版社严格按照这份大纲中的指示精神，同时在考量广大师生群体意见的同时，对当时的英语教材做出了适当的调整和修改，调整的主要方向是降低课程的难度，也就是后来所沿用的初中、高中阶段英语教材，全部教材一共 6 册，高中阶段和初中阶段分别有 3 册。

　　实际上从 1978 年开始到 1992 年，我国的中小学校基本上都是使用统一的一套英语教材，也就是后来所说的中小学外语"统编教材"，这份教材的编著受到了当时结构主义语言教学理论的很多影响，也就是美国教育心理学家杰罗姆·布鲁纳所提出的学科结构论。

　　布鲁纳更多是从课程微观结构的角度来分析课程结构，也就是更加关注课程学科内部的结构。在他看来，学科结构的重要性超越了很多事物，尤其是对学科发展而言，它是支撑整个学科的基本概念、学科发展原则、学科知识规则以及有学科所体现出的内部逻辑关系的重要对象，而这种逻辑关系就如英语课程中的结构规则和句型关系、生物课程中的"向性"关系、代数学中的交换律、分配律和结合律。他的主要思想是强调在科技革命以及知识不断增加的基础上，必须按照结构主义理念开展课程改革，以此来更好地帮助学生掌握科学知识的基本结构，所以布鲁纳的"结构课程论"同样也是一种教育理念。他认为学生得到的知识概念越基础，这种概念和知识对于新问题的解决力度和适用面也就越广泛。他认为判定课程结构是否科学额标准应当是"既要教育出成绩突出的学生，同时还要能够帮助每一个学生获得智力等方面的提升"，而想要实现这样的过渡，就必须逐步地抛弃传统的复现法，取而代之的则是能够有助于学生智力开发的发现法。所谓"发现法"就是要发展学生直觉思维能力，培养学生对于课程材料的兴趣，相较于传统的复现法来讲，"发现法"更加强调学生用发现的手段来学习课程基本结构，尤其重视学生对于最佳动机，即兴趣的培养。结构主义课程论认为，不论选择什么样的学科，都要让学生能够理解这门学科的基本结构，而基本结构中的"基本"强调的就是普通而强有力的适用性，而"结构"则指的是能够反映事物本质的概念、原理或者规则等内容，结合在一起，"基本结构"就是基本的概念、原理或者规则，通过构建学科基本结构来更好地帮助学生理解和记忆知识。

布鲁纳的"结构课程论"，一方面体现着自然科学以及学术上的新成就，另一方面也体现了布鲁纳本人对于教育经验本质的大胆猜想，尽管他的《教育过程》《教学论》《教育过程再探》已经过去了近半个世纪，但是现代社会对于这个 20 世纪的"产物"并没有用"传统的眼光"来看待，甚至在当今知识爆炸的时代背景下，布鲁纳的结构课程思想同样可以成为应对知识爆炸时代新形势发展的对策，他的思想有着很强的时代精神和科学价值。尤其是在这样一个知识爆炸的知识经济时代，知识、技术已然成为推动经济社会发展的核心要素，知识的生产、知识的传播和知识技术的而应用成为推动经济增长的关键要素，而当下我国口中的知识经济的"知识"概念至少不会撇去关于事实、原理、规律、操作能力、管理能力等方面的知识。

正是在这种理论的影响下，我国先后引进了莱昂的国外英语教材，这些教材除了英语教科书之外，还有一些是外国的英语教材，对于当时国内英语课程教学模式的创新发展以及课程教材的丰富起到了很大的影响，如《捷径英语》《情景英语》等都是当时引入到中国的一些外语教材，而这些教材基本上都是当时年代所出版的，如《捷径英语》和《情景英语》都是20世纪70年代初期所出版的，而这些外语课程教材基本上都是建立在课程结构论基础之上的。总的来讲，我国英语课程教科书基本上都是最原始的外语教材，甚至是新中国成立以来使用时间最长的英语教材，这一阶段的英语教材在编排一些基本而语言知识的同时，还尤其注重培养学生的英语学习技能，如重视学生语言能力的培养和提升等。

## 第三节　我国基础英语课程发展回顾和启示

英语不仅是九年义务阶段的必修课程，同时也是我国基础教育阶段的重要学科，作为一门能够与语文、数学并驾齐驱的课程，英语课程在促进基础教育阶段学生的综合素质发展等方面都起到了关键作用。英语学科的学习内容不言而喻，主要是学习外国语言，这样一门学科与语文、数学等传统必修课程相比也有自身的特殊性。国内外学者在"英语学习对于学生个人、社会以及国家的价值"这个问题的认识上还存在一定的分歧，而正是由于这些分歧的存在使得国内外学者以及一线教师群体对于英语学科核心素质构成研究产生了浓厚的兴趣，这些群体对于这个问题的研究是为了更好地通过英语学科研究来促进学生核心素养的发展。

《中国学生发展核心素质》对学生的发展核心素质做了明确概述，它指出发展核心素质是学生必备的基本素质，包括能够对学生终身发展有所帮助的能力和技能。从这一点来看，学生核心素质所包含的内容有很多，是对学生整体知识水平、技能、情感以及价值观等素质的综合体现。所以，培养学生的核心素质并不是一朝一夕的事情，而是需要长期的培养和提升，并且核心素质的培养方式和渠道也是多种多样的，当然主要是依靠基础教育阶段不同学科的教育教学来实现的。所以说基础教育阶段的所有课程和学科设置都需要考虑学生核心素质的培养和提升，结合学生的具体特点来帮助学生提升核心素质，成为能够满足社会经济发展需求的人才。

英语学科与其他的基础教育学科不同之处更多的是源于其工具性和人文性的特点，而想要更好地体现这两个属性，必须充分地吸收和借鉴国内外现阶段在核心素养方面的研究理论，在此基础上结合我国的实际国情，尤其是基础教育发展实情和英语课程教学现状、社会需求以及国内学生发展核心素养框架。

英语学习相较于数学、物理等理科性的内容来讲，更加强调学生语言能力的培养，所谓语言能力指的是学生在一定的社会情境中，通过听、说、读、写等方式来表达一定的情感和意图的一种能力水平，所以语言能力在很大程度上决定了学生英语学习的效果，对于英语课程来讲，语言能力的是构成一个学生英语核心素养的基础所在，也是学生发展文化品格、提升思维品质的重要依托。良好的英语语言能力可以丰富学生的思维方式，拓宽文化事业，尤其是在全球化不断发展融合的背景下，英语语言能力的提升能够帮助学生开展跨文化交流，帮助其逐渐成为适应这个社会发展的人才。

### 一、我国基础教育阶段英语课程发展

"听""说""读""写"是英语课程教学的四个基本方式，通过这四个基本方式的过渡来培养学生英语基本技能、更好地掌握英语语法、提高学生的英语词汇量，这也是国内英语教学过程中所非常注重的环节。但是，注重并不代表认知实践的落实，尤其是英语课程教学实践的认知、情感的变化以及发展目标的迁移，我国基础英语课程发展经历了很长的发展时期。其中，语言目标的设置可以说经历了从单纯的语言只是到重视知识技能培养和情感认知的多重目标迁移的过程。

实际上早在20世纪初，我国在英语课程教学方法的阐述就已经开始出现较大的转变。这种转变首先表现在英语用词上，英语教学过程中的用词开始逐渐从"教学方法"转变为"教学建议"，学校和教师在英语教学的过程中，开始注重教授学生具体的学习建议，当然这种建议是在掌握英语学习方法的基础上，给学生一些更好的英语学习建议；其次是在英语学习的内容表述上，更多地体现出以听说读写四项基本技能。然而，认知、情感和迁移目标则经历了不同的发展历程。以1951年的课程为分界线，在此之前，语言目标从单纯的语言知识水平目标逐步发展到建立在知识技能、情感、认知和迁移并重的多维目标。

从20世纪开始，中国在英语教学方面就开始做出一些调整，最明显的表现就是开始转变英语课程教学方法的阐述。首先，对于教学方法

的阐述表现在英语用词上的转变，从最初的"英语教学方法"开始转变为"英语课程教学建议"；其次，在英语课程教学内容的表述上也开始做出一些调整，起初我们的英语课程教学非常注重规定教学语言、教学内容、教学顺序，最开始的英语教学甚至详细地对这些内容做出规定，但后来我国英语课程教学开始注重从宏观层面进行原则性指导；最后，从硬性规定到概括性建议转变，英语课程教学内容经历了从繁到简的过程，实质上这种转变也是为了充分地鼓励教师和学生从教学目标出发，根据自身学习情况更加灵活地进行英语教学和学习。当时的英语教学方法也因为这种转变出现了很大的调整，起初是从教材出发，将英语教材作为唯一的教学载体，所有教学活动的开展都固化地依赖教材，但是当时的英语教材基本上都是直接"挪用"国外的，所以教学效果也可想而知，之后由于开始重视教学建议的作用，所以英语教学也开始出现不同的方法，教学手段逐渐丰富。

从 20 世纪上半叶开始，国内的英语课程教材基本上使用的都是国外的教材，当时还没有一套真正适合国内教学的英语教材，甚至在 1929 年到 1948 年中间，国内在英语教材选择和应用上都非常的自由，但是高中阶段教材的选择和使用基本上都是采用"文选"的方式，所谓"文选"方式就是教材内容基本上都是按照欧美的一些名著进行编著。受到当时社会环境的影响，到了中华人民共和国成立之初，国内所使用的外语教材基本上都是对俄语教材的完全翻版，没有任何的变动和改变，在课程教材选材上也都是以国外文学著作为模板。1978 年之后，国内英语教材多数都用国内自编的通用教材，当然教育部也积极鼓励引进国外原著。从 20 世纪 80 年代开始，国内出现了大量的外语教材，这些教材基本上都是对国外原著的翻译和编写。1988 年，第一本多纲形式的外语教材问世，这本教材主要是充实国内一些发达地区外语教学需求，满足这些地区不同类型学校以及学生的教学需求，与此同时，在外语课程的教材选择上，首先语言遵循从浅到丰富的原则，其次课程教材内容则更多地贴近日常生活元素，以日常生活中的一些现实元素为基础选择文章题材。

所以，这一时期的课程教学同样也发生了一定的变化，不论是教学方法，还是教材的选择都开始从硬性安排到灵活自由安排过渡，教材内容更是由之前的文学题材为主转变为更加贴近于学生的日产生活，以此为基础来规划文章内容，教学方法也开始由单一的教学朝着多样性教学方向发展，这样的发展模式在当时是符合时代发展需求的，顺应了课程结构发展的一般趋势。

任何课程教学大纲中所提到教学评价实际上都是针对学生进行的，因为教学大纲的制定本身就是从学生学习需求出发，所以最终的教学评价也同样需要以学生的学习效果为参考，尽管这样的教学评价很早就穿插在英语教学过程中，但是针对学生的教学评价测试方法直到1988年才正式出台。

1992年教育部专门针对学生教学评价制定了课程教学测试标准，通过考试和考查的方式来对学生进行学习效果评价，考试和考查的主流方式是英语笔试、英语听力测试以及口语测试三个方面。

2000年，进入新世纪之后，我国更加注重学生课程评价制度的改革和完善，在原有的基础上，调整英语笔试、英语听力测试以及口语测试在学生评价中的比重，2000年教育部正式发布了新的评价方法，按照形成性和终结性并重的原则，在评价的过程中既要重视评价结果，同时更加关注评价过程，通过调整英语笔试、英语听力测试以及口语测试在综合评价中的比重，同时在英语考试中更多地增加主观类题目的比重和分值，为的是培养和测试学生的知识综合应用能力。而这样的发展和变化也是英语教学改革所希望看到的，是 21 世纪以来我国则英语测试改革方面的有一个新的突破。英语课程学习效果测试从无到有，从单一的测试模式到多元化评价系统构建，英语课程的发展历程逐渐地开始朝着重视学生综合素质培养的领域迈进，让学生养成积极主动的学习态度和学习能力，最大限度地加强英语课程内容和社会经济发展需求的联系，因此在课程目标设置和内容设定的原则上，英语课程教学以及教学评价等所做出的改革和调整都能够体现出我国英语课程插着素质教育发展的决心。

而 2014 年对于我国基础教育发展来可谓是迎来了巨大变革的一年，为了更加深入地开展基础教育课程改革工作，教育部在这一年正式启动了普通高中课程标准修订工作，教育部这一次所开展的课程修订工作是伴随着世界教育改革浪潮不断深化的趋势所展开的，其工作目标和重点方向是最大限度地提炼专业课程的核心素养。

### 二、我国基础英语课程发展的启示

回顾我国基础教育的发展历程可以发现，英语教材变革对我国英语教学产生了巨大影响，我国基础教育阶段的英语课程改革历程并不是一帆风顺的，先后经历了建国初期的政治、经济动荡时期，又经历了中华人民共和国成立之初的模仿时期，等等，每一个阶段的过渡都是对课程改革的一次历练，但是归根结底，英语课程改革代表了我国基础英语教学的发展趋势。

20 世纪初，由于政治、经济、社会等各方面的动荡，我国英语基础教育的发展也经历了动荡的时期，而出现这样的动荡和艰难的发展时期，除了与当时社会现实有密切联系之外，其根本原因在于没有从我国国情出发设置相对应的外语课程。例如，20 世纪初的英语教材基本上都是引进"外来品"，或者直接引进国外的教材，抑或是直接翻译国外的名著等，不论是哪一种教材都没有从中国实际的需求来考虑，难道我们所强调的英语学习就是对国外教材的学习？难道我们所强调的英语知识积累就是对国外名著的翻译和阅读？当然不是！我们所强调的英语学习就是要从中国实情出发，追求个性化的发展，让英语真正成为能够为我们的发展有用的知识。所以在20世纪早期的几十年间，尽管国内的英语教学有了较大的发展，但是这样的发展仅仅是建立在原本没有的基础之上，并没有考虑中国的实际需求。十一届三中全会之后，我国的英语课程发展才真正迈入了稳步探索阶段，也就是从中国的具体国情出发，探索真正适合中国人需求的中国特色英语课程体系，当然任何改革都不是一蹴而就的，早期的探索阶段还是不免出现碰壁的现象，例如受到当时国内区域经济发展差异的影响或者学校类型等因素的制约，国内的英语课程出现了"一本多纲"的局面，随着社会经济的不断发展，英语课程体系也开始逐渐完善，真正的开始立足中国特色国庆，追求特色化的发展道路。

我国的基础教育课程体系是20世纪80年代到90年代末形成的，取得了骄人的成绩。它不仅符合当时世界课程改革的趋势，而且符合世界课程改革的趋势。当时，中国对素质教育的要求为我国课程改革做出了重大贡献，如增设"选修课"和"活动类课程"。初步在统一要求的前提下实现教材多元化，引入本地课程等。

21世纪之初，时代对基础教育改革提出了新的挑战和要求。首先，为了迎接知识经济社会的挑战，必须培养人们学会学习的习惯、终身学习，提高每个人的科学文化素质和知识创新能力的意识和能力，从根本上推动知识经济社会的发展。全国科学文化素质和创新能力。改进是适应知识经济，发展知识经济和利用知识经济不可或缺的先决条件。其次，经济全球化等全球性问题的出现，以及对工业时代发展道路的反思，都提出了培养全球意识，弘扬人文精神，提升精神力量和道德力量价值理性的需求。再者，以综合国力为主要内容，应对前所未有的国际竞争，培养具有高度科学文化素质和人文素养的人才，大力弘扬中华民族的民族精神，增强中华民族的凝聚力，提升中华民族的整体素质。为了应对时代变迁带来的诸多挑战，基础教育必然要把课程改革作为教育心脏和教育改革的核心和关键环节，以适应新时代的挑战。世纪之交中国新一轮基础教育课程改革的最直接背景和根源在于当时我国基础教育课程体系存在的问题。中国基础教育课程的实际情况和时代发展的要求和肩负的历史在重任中存在巨大的差距，难以适应中国全面推进素质教育的要求，已经到了非改不可的地步。

我们必须现实地承认，面对中国改革开放和社会主义现代化建设的新需求和新要求，中国的基础教育课程体系日益暴露出自身的问题和弊端。一方面，固有的知识型和基于主题的问题产生了深远的影响，这与时代的要求形成了鲜明的对比。传统的知识观认为，知识不仅是绝对的，而且学生的客观任务是接受和存储前人所"发现"的知识。在这种知识观的指导下的学校教育将不可避免地出现在图书中心和教师中心。新的知识观认为，知识学习是一种"探究活动"，而不是被动地接受绝对和不变的"结论"。换句话说，无论是获取新知识还是掌握现有知识，都与人们的积极参与密不可分，而且与知识主体的活动密不可分。学生掌握知识的过程本质上是一个探究，选择和创造的过程。这也是学生科学精神，创新精神，甚至正确世界观逐步形成的过程。另一方面，中国基础教育固有的问题严重制约和影响了素质教育的实施。主要表现是教育概念滞后。同时对人才培养发展的需求也不能完全适应思想道德教育的针对性。课程的有效性不强。课程内容仍然具有"复杂，困难，偏旧"的结构。单一，学科体系相对封闭，难以反映现代科学技术，社会发展的新内容，从学生体验和社会现实来看，学生死记硬背，海上培训现状普遍存在，课程设置评价过于强调学业成绩和功能课程管理的选择过于集中和统一，使课程难以适应当地经济社会发展的需要和学生的多元化发展。我国现行基础教育课程存在的问题和不足，决定了中国新一轮基础教育课程改革势在必行。因此，加快建设符合素质教育要求的新型基础教育课程体系已成为我国教育改革的首要问题。

（一）英语课程设置更加完善

英语课程设置更加趋于完善实际上还是指的是 20 世纪的英语课程发展，因为这一时期的英语课程从无到有，先后经历了构成要素不完善到逐渐完善的发展历程。首先英语课程目标的内容设置从以往的单纯依靠理论知识和单一的语言技能目标朝着注重学生语言技能培养、语言知识学习、英语情感态度表达以及学习策略的掌握等方面转变，简单来讲，就是从单一的关注点到多维度体系发展；其次在英语课程教学过程中，教学方法以及教学手段更加灵活多样，甚至提倡教师根据学生学习需求进行自由化发挥，教材内容的设置更加多样性，同时强调教材内容的实用性；再者以往的英语教学课程设置中并没有体积课程设置，而这一阶段非常注重教学评价系统的构建，甚至从 1992 年开始，课程教学评价系统开始从课程教学中逐渐分离开，成为课程教学独立且至关重要的一个环节，这一时期的英语课程设置基本上能够满足当时的课程理论构成要素的需求。

（二）英语课程教学方式朝着更加灵活和自由的趋势发展

教学方式的灵活和自由发展是任何课程改革都应当经历的过程，不论是文科类课程教学，还是理科类课程教学，都要强调教学方式的灵活变动，不能过于死板地采用单一的教学方式，这样不仅会限制教师个人能力的发挥，同时也会影响学生学习的兴趣，甚至会让学生逐渐地厌烦一类课程。而所谓教学方式的灵活和自由发展趋势就是要结合学校的具体情况，对语言类课程的教学方式做出适当的调整，如教学方法、教材选择以及教学课程安排等都可以体现出灵活多样性的特点。同时还需要根据不同地区的实际情况，考虑不同类型学校的诉求和不同学生对象的需求调整区域教学方法，选择合适的教学内容，创新教学方法。

（三）课程结构的规划和设计逐渐开始以学生为本

学生始终是课程教学的核心所在，教师是辅助性资源，所以任何课程结构的规划和设计都要坚持"以学生发展为中心"，践行"以人为本"的理念，设置符合全体学生全面发展以及与学生个性差异相统一的课程体系，在课程改革的过程中，要对学生以及教师的主体性角色设定做出重新定位洗牌，教师要做到因材施教，不论是课程目标设置，还是教学方法的选择，都要以学生为重心，时刻将学生作为教学方法以及教学活动设定的出发点。学校同样要坚持"以学生为本"的理念，构建多样性的评价方式，将学生的学习效果、个人认知以及情感态度表达等要素都纳入评价中，让学生感受到学习的乐趣。

（四）英语课程教学和现代化信息技术的结合开展

现代化信息技术的发展和科学技术的进步为教育领域的创新发展提供了更多的可能性，以现代化信息技术为载体的英语课程教学已经不再是简单的课程教材为载体，而是追求各种教学资源的高度融合，通过对各种教育资源的开发和整合，大幅度推动英语教学模式的创新发展。在此基础上教师可以更加灵活地应用英语教材，甚至可以脱离教材来为学生教授知识，为更多教学方法的应用提供了可能性。当然，建立在现代化信息技术基础之上的英语课程教学还可以为学生创造更加便利、更加贴合自然的英语学习环境，让学生真正感受到自己是教学的主体，逐渐养成主动学习和终身学习的习惯。

（五）英语教学评价体系多元化的发展趋势

教学评价的存在可以为课程目标的实现提供可靠的保障，科学合理地教学评价体系能够更好地帮助教师实现课程教学目标，让学生感受到学习的价值，学习到更多的有用的知识，而不是停留在理论灌输层面。现阶段，随着我国新一轮教学体制改革的深入发展，新的课程教学评价体系正在从传统的单一知识点测评朝着关注学生综合知识应用水平等多样化的评价方向转变。以往的课程教学评价都是追求一次性的终结性评价，而如今我们所强调的教学评价则是在此基础上，逐渐转化为形成性和终结性相结合的评价方式。这样的评价方式不会过多的关注学生对于基础理论点的掌握度，而是更加关注学生课程学习过程中的情感态度，一方面重视学生的学习过程，同时还注重对学校效果的评价，真正让学生成为教学评价的主体，甚至逐渐抛开教师和教材本身，只关注学生的全面发展和客观评价。

（六）课程结构个性化的发展趋势

人的发展有个性化的趋势，课程结构发展同样有个性化的发展趋势，这里所强调的课程结构个性化发展，主要包含两个方面：首先是以我国实情我为依据，设计出真正符合中国特色国情的英语课程体系；其次是要强调因材施教的实现。

三、案例：新东方的英语课程介绍

新东方作为英语课程教学界的翘楚，不论是在教学方法，还是教学理念上都赶超了时代。从电影《中国合伙人》中就可以看出，同样是同一起点的三个人，最终选择了不同的道路，而最终都"落叶归根"，经历了重重阻碍，最终成功地创办了属于中国人自己的英语学校，这样的一个过程真的可以做为很多学校效仿的模板。新东方的成功源于创办人的不懈努力，源于创始人的创新思维，但是更多的是其注重与时代的同步，甚至超时代的发展，真正地从社会需求的角度出发，设置相对应的课程。来到这里的人都能够找到自己所需的课程，选择的课程也都是自己所期望的，这样的学习效率可想而知。

1993 年，新东方正式"落户"，成立之初的新东方甚至遭到了同行的嘲笑，认为这样一个办学理念的机构不可能走到长远，但是谁也没有想到如今的新东方已经是一个每年实现超 20 万培训人次的培训机构，如今的成绩可谓是结结实实地给了当时嘲笑者一个响亮的耳光。如今的新东方俨然成为同行中的翘楚，同时也是国内最大的民营教育机构。根据国外相关网络数据显示，现阶段海外各大名校中就读的中国留学生中，有超过 70% 的学生都是新东方的"学子"，他们培养的学生最终被送到世界各地的名校中，同样是英语培训机构，新东方为何就能够成为国内英语培训机构的翘楚？同样是相同的教学内容，为什么新东方就能够成为第一大品牌？

是年 11 月，新东方培训学校正式"落户"北京，谁也没有想到短短的几年，新东方就开始崭露头角，逐渐成为行业翘楚。如今的新东方集团主要以外语培训以及外语基础教育为培训核心，在全国各地共有 19 所学校，旗下还有众多公司，包括文化公司、网络科技发展公司、职业教育公司、出国咨询公司等，甚至在北美等地区还设有子公司。

2003 年，距离新东方成立整整过去十年的时间，十年长跑奋斗，作为国内首屈一指的短期培训机构俨然成为中国出国考试培训、国内各类考试培训、中学英语、少儿英语等各种类型的英语培训领域的领军者，同时还在北京、上海、深圳、南京、长沙等国内多个发达地区以及北美的多伦多等地区都设置有分校。2005 年是新东方成立的第 12 个年头，仅仅成立 12 年的英语培训机构已经累计完成对 250 多万人次的课程培训。

如今的新东方在全国各地以及北美都有分校，新东方旗下共有 25 所学校，其中还包含有 100 多个学习中心和 13 个新东方书店。而这样的成就仅仅是十年长跑的答卷。当然如今的国内市场上英语课程培训机构非常多，但是没有一个像新东方如此成功，我们不禁会问，为何新东方就会如此成功？同样是英语培训机构，为何新东方的课程培训就如此受欢迎？新东方能有如今的成就到底靠的是什么？新东方能够有如今的业界口碑到底凭借的是什么？

首先国内英语培训机构并不是新东方一家独大的局面，也有很多不同的培训机构，但是尽管培训机构的数量非常庞大，但是这些培训机构所能够提供给学生的教学内容基本上都是"生产者导向"的思维模式，简单来说，就是这些培训机构只会考虑自身所具备的要素，或者说自己有哪些能力可以提供给消费者，而并没有从消费者的角度去考虑，例如，考虑：消费者到底需要什么样的服务，培训者为什么要来参加英语培训，培训者参加英语培训想要达到的目的是什么，等等。

但是新东方并不如此，新东方培训机构的成立之初就是立足于培训者出国考试的需求，所以他针对消费者这样的需求制定基于出国考试的应试技巧，换句话说，新东方就是一个注重"市场导向"的服务提供方。新东方所提供给培训者的东西是消费者真正所需的，所有的服务项目设置都是紧跟中国消费行为结构的变动，及时做出调整，根据市场的实际需求不断地创造更加适合消费者的服务项目。而这样的能力也正是其他培训机构欠缺的，而其他的培训机构也只能够眼睁睁地看着新东方在自己的眼前端走中国市场这块"蛋糕"，而当他们清醒过来之后才发现，留个自己的"蛋糕"已经少之又少了，甚至只剩下版上的那点剩渣。

新东方的成功还在于他的超前意识，这种超前意识不仅仅体现在当下的发展理念上，还体现在成立的超前性上，新东方成立之初，当时中国英语培训市场甚至处于萌芽时期，新东方能够看到这个市场的空缺和强大的市场前景，投入大量的人力和财力出国留学，专门学习国外英语培训市场的方法，可以毫不夸张地讲，新东方成立之前，中国甚至没有一个完整的出国考试培训中心，即便是当时的社会需要这样的培训机构，但是这种需求并没有转化为现实，直到新东方的成立，再到新东方站稳中国英语培训市场的脚跟。而那些之前想要进驻这个市场的人群只能望洋兴叹。新东方成立之初最早是以出国考试培训而成名的，当时的托福考试培训和 GRE 考试培训是新东方的主要市场竞争力，可谓是填补了国内出国考试培训的市场空白，为国内众多需求出国考试培训的学生提供了良好的平台，同时他还为学生提供完善的考试技巧教学和风格各异的教学方式，让学生能够更好地掌握语言文字背后所体现的文化元素，而这样以出国考试为基础的应试技巧培训正式新东方成功的重要因素。

其次新东方的成功还在于其注重市场细分，正是精致的市场区隔为新东方的成功奠定了坚实的市场基础。新东方的成功让更多人开始意识到中国英语培训市场"真的是一块大饼"，跟风、效仿一时间充斥着整个培训市场，一时间市场中出现了大量的英语培训机构，这些竞争者以为自己的进驻可以成为抗衡新东方、划分这块市场"蛋糕"的企业，但是他们太过注重利益的获取，而没有真正地考量新东方为何如此成功，盲目地跟风进驻，最终成为庞大"集团军"中的"炮灰"。新东方能够在众多的竞争者中依然屹立不倒，成为行业的翘楚，更多的是因为其能够为市场和消费者提供多样性的创新服务。首先集团董事长俞敏洪作为北大的高才生，同时又是教师出身的他深深地知道学生所想，所有追求更高层次的学生都有自己的求学心态，他深深地知道不同年龄阶段的学生会有哪些需求，而他也正是从这些需求出发讲市场进行合理的区隔划分，提出了基于英语考试的短期培训项目，不断地延伸企业的服务产品线。

新东方的短期培训服务项目主要以托福和 GRE 为主，除此之外还有英语四六级考试培训、研究生英语考试培训、职称评定英语考试培训、GMAT、IELTS 等多种多样的短期培训项目，同时新东方的英语培训项目基本上囊括了市场所有的消费人群，从小孩，到高中阶段的学生，再到大学阶段的学生，再到上班族等，都囊括其中。注重走多样化和全方面服务的发展道路。

在这新东方的成功源于其不同服务产品之间能够实现良性循环。成立之初的新东方主要是以英语短期培训为主要服务方向的，而这一战略成功之后，新东方又开始拓展其他的课程培训道路，例如，针对国内外开始、基础教育阶段、远程教育培训以及图书出版等业务板块，以自己的特长为基础来不断地延伸产品服务线。与此同时，随着新东方教学服务事业的不断推进，其在基础英语培训、小语种培训以及少儿英语培训教学市场的发展规模和影响力也逐渐扩大。

实际上，从新东方的所有产品性质来看，他的产品线延伸都是没有脱离英语培训教育这个核心，正所谓任何企业的发展都不能脱离核心而随意奔跑，新东方自始至终都没有忘记自己的初衷，当企业的某一种服务需求出现下滑的时候，马上就会出现一个新的服务项目来满足填补一个市场的空缺，所以我们可以从很多领域看到新东方的影子，而这样的局面并不是因为新东方庞大的野心，而是由于新东方注重产品线的不断延伸，追求不同服务产品间的相互联系和相互弥补，甚至可以简单地归结为：新东方的发展决不允许任何市场空缺的存在。

新东方的成功在于其赶超时代的理念，所有的决定和策略制定都有超前性，同时也及时地顺应时代发展的潮流。2000 年开始，新东方就看到了虚拟通道服务项目的庞大市场，当时最热门的公司当属达康，也只能够是由于达康使得很多人都想借助网络来获取一定的作为。当时的联想耗资 5000 万人民币只为宣召合适的在线教育合作伙伴，而这一个机遇自然逃不过新东方的"慧眼"，在联想出资的基础上，新东方通过技术入股的方式占据了在线教育平台一半的股份，新东方教育在线正式成立。这个网上教育在线平台专门致力于开展外语开始培训，同时以多种职业考试为辅助，提供多样化的在线教育服务和远程服务培训，这一举措也成为新东方开展新时期业务流程优化创新的最大一步。

2007 年，至新东方成立已经过去了 14 年的时间，为了更大幅度地扩大市场影响力，占据更大的市场份额，新东方向国内上百家有着国际化发展潜力的企业免费赠送价值 1000 万元的在线培训名额，这对于当时的市场来讲可以说是一项公益性的活动，当时的丰田、方正等大企业都是受益方，而新东方也借助这样一个公益活动进一步扩大了原有市场。

新东方的成功不是偶然，而是必然，这样的评价并不是"事后诸葛亮"的评判。诚然，新东方的成功源于创始人的不懈努力，当然更多的还是源于他对于市场以及市场需求的细分，他能够真正看到这个市场的空缺，也能够真正地为消费者提供真正需要的服务，所以说新东方的成功是必然的。

# 第三章　高校英语课程结构演变历程和现状

习近平总书记强调，我国高等教育发展方向要同我国发展的现实目标和未来方向紧密联系在一起，为人民服务，为中国共产党治国理政服务，为巩固和发展中国特色社会主义制度服务，为改革开放和社会主义现代化建设服务①。大学英语是我国英语教育体系中的重要组成部分。大学生英语水平的高低，标志着英语教育最终是否成功，也关系着我国能否顺利地参与国际交流与国际竞争。多年来，大学英语教学取得了许多成绩，培养了许多优秀的英语人才。但日新月异的社会发展对大学生的英语水平提出了更高的要求。相比之下，大学英语教学则显得"费时低效"。主要表现为：学生的语言实际应用能力较差；对英语国家的文化知识背景了解不够，妨碍了交流；专业英语知识缺乏。为改变这一状况，大学英语教学进行了若干次改革，改革的内容涉及改善教学方法和手段，提高英语教师的能力，改善考试评价和推进实践研究的开展等，改革的步伐也越来越频繁。改革取得了一定的成效，但并不理想。2005年10月，麦肯锡调查公司发布了《应对中国隐现的人才短缺》的报告，报告指出：中国庞大的毕业生群体中，只有不到10%的求职者

---

① 教育部课题组：《深入学习习近平关于教育的重要论述》，人民出版社2019年版。

能满足跨国公司的要求。我们发现，尽管改革的涉及面很广，但对于大学英语课程结构，历次教学改革都未能给予重视，致使改革没有深化和落实到课程之上，改革往往不能持久，或者只停留在表面层次。

英语课程作为外来品，在我国也属于外语教育，国内很长一段时间在英语教学上都始终注重语言层面的教学。大学英语课程研究主要理论基础是第二总语言习得理论，过于强调外语教学法的重要性，而忽视了本身的实际需求。

尽管英语教育是外语教育，但是它始终离不开教育本身的内涵，作为一个语言类学科，英语教育首先一定要归纳在语言学教学范畴，同时作为外来品，英语教育必须要上升到教育学的层面，从这个角度出发，全方位地考量英语课程教学如何开展。首先我们应当承认语言教学研究体现的是语言教学的本质规律，在此基础上也要考虑到，英语教学更是一个教育学领域的知识，英语教学的进行需要在一定的学校环境和社会环境中才能得以实施，同时还会受到整个教育系统不同因素的影响和制约。作为高等教育的重要构成部分，大学的英语课程同样也是一门语言课程，所以相较于初高中阶段的英语课程来讲，人学课程具备语言类课程和高等教育课程的双重特性，作为一个国家教育系统的重要构成，高等教育本身也是教育系统中为社会大系统输送人才的端口，而这样的课程编制，不论是内容的确定，还是核心要素的选择都会直接受到社会因素的影响，大学英语课程的发展更是如此。所以从高等教育的角度出发，同时结合结构课程论来研究高等教育英语课程结构，能够让高等教育阶段英语课程研究更赋理论背景和时代价值。

如今国内所开展的课程结构研究，大多将目光放在某一个层面的课程结构设置和研究上，例如，义务教育阶段的课程结构创新研究，抑或是针对某一个类型的课程结构优化研究，甚至是针对某一个学科专业的课程结构研究，其研究角度都过于单一，缺乏开阔的研究视野，很少有专门针对某一课程开展结构研究。

高校英语课程结构的演变历程实际上就是高校英语的演变历程，正是有了高校英语，才有了高校英语课程结构的发展。从中华人民共和国成立之初开始到 1985 年，其间 30 多年时间，国内高等教育英语被称作"高等教育公共英语教学"，这一时期大学英语的发展道路和我国历史发展相吻合，新中国成立之初经历了复苏发展阶段、向苏联学习阶段，以及改革开放发展时期，其间的发展也是经历了起步到发展再到动荡再到发展的过程。在 1978 年改革开放之后，到 1985 年的这几年，大学英语发展迎来了恢复发展的时期。

1985 年 3 月，教育部颁发了《现代大学英语教学大纲》。这一次所颁布的英语教学大纲主要是针对理工类而言，同时对于公共外语制定了更加统一的要求和标准，而最初的"高等教育公共英语教学"也逐渐更改为"大学英语教学"，"公共"二字不再出现。国内高等教育英语教学发展也开始进入到稳定持续健康发展的阶段。所以说我国高校英语课程结构的演变历程应当以 1985 年为界限，这一时期国内很多高校都开始在英语教学方法投入大量的精力，而幅员辽阔的祖国大地上存在着众多的高校，由于高校所处的区域差异、高校性质差异以及其他方面的差异，不同高校的英语学科发展也存在很大的差异，有的高校英语课程发展高效，而有的高校则很落后。如东部沿海发达地区的高校英语课程发展自然比西部偏远地区的高校发展要快，一些西部偏远地区的高校甚至到 20 世纪 80 年代末 90 年代初才开始发展英语学科。例如，当时的西南石油学院，由于位于偏远的西南川地，英语课程发展相对缓慢，而诸如华东理工大学等东部沿海发达城市的大学早在 80 年代中期就开始有序的组织英语课程教学。教育部从 1985 年开始，也相继颁布了一系列针对大学英语课程教学的课程要求和大纲。以下，以 1984 年开始发展英语课程教学的华东理工大学为例，以高校英语课程结构发展历程每一个阶段的特点和历史沿革为标准，对每一个阶段的课程结构状况进行详细分析。

## 第一节　高校英语课程结构演变历程

### 一、第一阶段（1985—1998 年）

中国于 20 世纪 80 年代实行对内改革、对外开放的政策，当时的现实背景是英语并不是重要交流工具，英语在书面上使用较多。伴随社会发展进步，高水平人才需求也在不断提升，而英语实际应用能力更是关键指标之一。因此对大学提出了新的要求：在高等学校展开全方位英语教学改革。

原国家教委所公布的《大学英语教学大纲》分为两类，一类是理工科于 1985 年公布，另一类是文科于 1986 年公布，两类大纲基于自建国以来各高校英语教学经验以及规模较大的调研，同时学习国外先进理论知识，结合中国教育领域实际情况综合规划。在《大学英语教学大纲》中，要求将大学英语划分为两阶段，分别是初期的基础阶段和后期的提高阶段。处于基础阶段时，课程设置为必修，总教学时数不得低于学时。进入提高阶段开始设置选修课。大纲颁布后，华中科技大学几乎是按照大纲要求实行，将英语课程划分为基础和高级两阶段。探索教学目的同课程结构之间联系可知，目标的相关要求被结构良好地展现出来，而课程结构层次清晰、分明，其特点可归纳为两方面。

第一，在英语实际教学工作进行结构划分，展开等级教学。一部分高等院校充分考虑学生由于自身和环境等多方面原因导致英语水平不一，实行等级教学，在某种程度上属于因材施教。然而这种教学方案也存在不足，等级划分标准混乱，划分之后几乎不再变化，同时记分以及其他方面高级班和基础班也存在缺陷。方方面面使得学生更愿意做"鸡头"，因为"低班获高分"。为帮助不同学生找到合适的教学方式，大纲要求高校展开等级教学。当学生具有四级水平，就可自主选择接下来的方向和课程。不过，对于选修原则在课程结构中也有详细规定。

第二，进入高级阶段可以根据自己的需要和爱好进行自主选修，旨在提升学生英语各方面水平。英语大纲以往的教学目的只是阅读，而原国家教委所公布的大纲首次将目的变为听、说、写。该项改变表明我国大学生的英语水平逐步提升，同时社会发展对高校英语教学也有了新的要求。在该阶段中，英语听力、写作、会话、英语高级阅读和英汉翻译技巧等选修课程得以专门开设。为确保教学目标能够完成，相关选修要求也得以制定。然而，现实中根据大纲所制定的课程结构有很多的不足。如此一来，为提高学生口语交流水平开设的课程，如写作和翻译就被制定于基础阶段后学习。但是，因师资水平、教学设备完备程度和管理方式方法等方面的局限，我国相当多的学校还难以面向所有的学生开设英语技能选修方面的课程：高校中公共英语课所负责的教研室为公外教研室，也有可能是很不突出的外语教研室（组），师资水平和力量都很弱小。这些都表明，在高校教学中英语没有想象中的重视程度。

首先，英语四级考试是在进行基础学习后进行，换言之，基础学习阶段就是四级备考阶段。如此，后面的高级阶段有名无实，学生依然挣扎在应试教育沼泽中。当前的高校英语教学中，仅仅有大学英语精读这一门基础阶段课程，并且，该课程的教学更加侧重于语言知识的传授，其对学生学习技能的提升不足。高校长期使用这样的教学方案，所培养的学生口语交流不畅在所难免。

其次，高年级高校学生大学英语课程课设目的不够明确。既有专业英语学习的专业英语阅读课程，也有以发展学生语言能力为目的课程，这种将专业英语和通用英语安排于同一年级段进行学习导致了教、学双方都产生了教学上的困惑。专业英语和通用英语拥有不同的教学目的和教学目标。高校将其进行同阶段授课的行为一方面抑制和阻碍了专用英语的教学与发展，另一方面也加重了通用英语在教学过程中的负担与压力。与此同时，在高校实际的英语教学过程中，大学英语的授课活动由各高等院校的外语院系负责承担与完成。这些教师拥有较为完备的外语方面专业知识，却对专业的知识背景掌握不足，不能够胜任高校专业英语的教学活动。可以说，专业英语的设置形同虚设。如在华中科技大学外语系发布的《关于制定1997级本科指导性教学计划的原则意见和具体规定》当中，规定"各院系可根据自己实际情况自行决定是否开设'专业英语'"。

此外，高校课程结构中还出现了"第二外国语"，这是为学有余力的学生设计的，已经不属于大学英语的教学范围。随着我国改革开放的不断深入，市场对学生英语交际水平的要求较以往更高，且产生了不同层次的英语水平的需求。这些影响在1999年的大纲中有明显的体现。

## 二、第二阶段（1999—2002年）

我国的经济水平在该阶段飞速发展，越来越多的外企入驻中国。同以往来说，外资企业要求更高的口语能力。此外，过去理工科英语水平相较文科生而言较低，但如今不论是企业还是市场，都要求理工科具有和文科生相等的良好语言沟通水平。故而，两份大学英语教学大纲于

1999 年重新修订、合二为一。

华中科技大学明确于学校《关于制定 1999 级本科专业培养计划的若干意见》提出，英语课程教学划分为基础和提高阶段，第一、二学年内完成基础学习，顺利通过四级的学生允许先行展开下一阶段学习。学校各院系依据专业特征和参照师资能力来设置符合高校实际的英语高级课程。与此同时，学校也可以面向全校开放开设外语系高级课程的选修课内容。同时，毕业设计作品或论文中对于外文参考文献以及摘要也有相关要求。在该时期，高校制定的课程结构基本上和大纲要求无区别。课程结构划分为"两阶三部"：基础阶段和提高阶段，基础英语、高级英语以及专业英语。然而，在课程的类型以及要求上也有一些改变。

首先，基础学时数由原先的不低于学时提高到最低学时。

其次，选修课程类型增加，语言文化方面的课程增加最多。在高级英语选修课程中，除了最初开设的技能课程，增加了语言文化教学，如英美文化、文学欣赏课等。和以前相比，专业英语课不再是单一的阅读课程，添加了专业英语资料翻译以及文献阅读等诸多课程。基本上整改规划后的课程结构能够适应我国高等院校教学情况，并且给予英语教学良好帮助和指导。然而社会进步经济发展，该种课程结构的不足也逐渐显露。一来，基础学习时间太长。基础阶段共计四学期，英语课程属于必修，学习完成后才可进行高级阶段学习。如此不仅浪费时间也降低了教学资源利用率。基础课程难以满足水平较高的学生的学习需求，导致学生逃课。基础的重要性不言而喻，假若基础学习花费时间过多，大量知识累积和吸收却不进行输出，学习积极性必然下降。二者，高校相当多的选修课程未发挥出实际效果。在课程结构安排中，英语应用技能相关课程在第五、第六、第七学期开设，然而事实上大多数学校受限于管理、师资能力和设备，基础教学之后难以实行高级阶段课程。此外，各高校不断扩招导致师资力量严重匮乏，纵使有些学校开设选修课程，也仅有几门，难以满足需求，这一情况在专业英语教学中表现尤为突出。华中科技大学的廖莉芳、秦傲松 2000 年就专业英语实际教学情况这一课题对武汉地区的 5 所高等院校展开问卷调研，结果表明，以院系为单位，32% 对于专业英语课程未制定统一管理标准；专业英语教师活动一学期展开一次的比重为 32%，而一学年举办一次的为 27%。① 上述情况所造成最直接明显的不良结果是，高校单位在专业英语教学中，目标模糊，课程计划浮于表面，深入交流严重不足，最终致使各单位欠缺思考，自行其是。

### 三、第三阶段（2003 年至今）

2001 年新世纪初，中国加入世界贸易组织。加入世界贸易组织可以说是 21 世纪以来中国发生的一个巨大变化，同时也是中国改革开放政策迈出的巨大一步，之后中国经济发展也迎来了崭新的时期，中国的经济和世界经济开始紧密联系在一起，全球化的发展开始逐渐影响中国经济的发展。而英语作为国际交往的主要语言，对于中国经济走向世界更是起到了重要作用。从社会经济发展的角度来讲，我们所需要掌握的英语能力要求并不像是学校所需要的，社会经济发展所需要的英语不能单纯强调对外沟通的交际能力，还需要强调英语专业知识的理解和学习，即培养一批专业的复合型的英语人才。我们应该注意的是，不同地区和不同行业对于英语专业人才能力需求也具有一些差异和特点。

教育的发展和变革需要根据社会需求做出调整，社会经济的飞速发

---

① 刘丽. 大学英语课程结构的演变历程及现状分析［D］. 华中科技大学 2006－11－01.

展让教育的发展不得已做出相应的调整。距离上一次的教育体制大纲出台仅仅过去四年的时间的 2003 年，教育部就面向社会下达了新的《大学英语课程教学要求》（试行版），同时考虑到我国加入世界贸易组织之后，不同地区和高校的发展状况存在较大的差异。因此，本次颁布的高校英语课程教学要求没有明确规定教学内容细节，而是将大学英语课程进行了内容板块的划分，具体包括综合英语、语言技能、语言应用、语言文化和专业英语五部分。与此同时，在此基础上针对大学生实行必修课程与选修课程相辅相成、相互搭配的英语课程教学体系。通过对教学内容结构的调整，教育部来确保不同层次的大学生能够在英语应用能力方面得到最大限度、最大效果的提升。

我国幅员辽阔，但各地区生活的民族不同、社会经济发展不同，也就使得实际的高校课程教学具有不同的特点。而在英语课程教学结构上，不同区域也就形成了各自鲜明的特点。在大学英语结构的发展方向上，从统一发展走向个性化发展，单一结构趋向多元化发展。结构发展方向内容在这里就不赘述了，下一章节笔者将展开细致清晰的阐述。归纳总结这一阶段英语教学课程结构具有以下特点：减少基础学习课时；增加选修课程种类；层次更加清晰，条理更加分明；在教学中关注学生个人兴趣和发展方向；尊重不同学生的能力水平、个体差异以及自主学习性的先进教学理念在该课程结构中充分落实和实现。以华中科技大学为例，学校综合了自身师资力量和教学特点，自本科生起，英语教学课程全校实行新型模式——学分制分级教学。简单来说，就是学生按照自己在实际学习中所取得的英语成绩，展开等级不同的学习，该等级共分为三个层次。

## 第二节　高校英语课程结构发展现状和影响因素

### 一、课程结构发展现状

（一）基本阶段逐步弱化

以华中科技大学为例，从 20 世纪 90 年代中期左右学校英语教学学时开始缩短，到了 2001 年左右，已从 270 学时锐减到 128 学时。这是因为 2000 年华中科技大学开始进行了大学英语教学改革。改革将大学英语课程分为模块 1、模块 2 和模块 3。其中，模块 1 的课程要求最低；依据高考成绩、入校成绩的平均分构成的综合分数，学生参与相应的英语模块课程进行学习；达到模块 2 和模块 3 水平的学生，可以免修基础阶段一部分的课程。但学时的缩短并不是呈一直下降的趋势，基础学时也有所增加。2000 年的基础阶段的学时也是如此，从 1996 年的 240 学时增加到了 270 学时。这是因为 1999 年，我国高校开始大规模扩招，学生入学率大大提高。由于入校新生的基数开始增加，水平参差不齐的情况在这一时期显得格外突出，此时，加强基础阶段的英语学习是必然要求。虽然有反复，但是缩短基础阶段的学时是课程结构发展的必然趋势。2003 年前后至今，全国各地方高校也开始压缩基础阶段的学时。例如，复旦大学实行三个甚至两个学期的大学英语基础学时。学生入校后参与统一的分段考试。随后，学校教师根据考试从成绩建议学生从第二、第三或第四阶段开始学习。这一过程中，教师一定要尊重学生的意愿和选择。学期结束后，不再进行自然分段。但每学期，学生都可以任意进行选修。

学时的缩短并非偶然。在部分高等院校的教学中，外语课程所占总课程比例较大。因而，部分基础性课程内容的必要性、实用性和合理性值得进一步商榷。众所周知，在进入大学时，绝大部分大学生已经学习了至少六年（以初中为起点）时间的英语，一直在打基础。进入大学，还要再花四个学期的时间来打基础，这对于许多学生，尤其是基础较好、水平较高的学生来说是难以忍受的。打语言基础也应该有一个度，如果一直打基础，得不到具体运用的机会，学生的学习积极性下降，必然出现逃课厌学的情形。此外，基础性课程的重复设置从一个方面反映了教学效益不高。在教育部 2003 年制定的《普通高中英语课程标准》当中，其对高中毕业生所具备的英语能力提出更新的、更高的要求。外语的教学是一个有机整体。因此，每过一段时间，大学英语就会出现和执行该课程标准的高中英语课程进行重新衔接的问题。可见，高中毕业生的英语水平在今后的 5—8 年内将有大幅度的提高。在此背景下，大学英语的基础课程课时数量也将进一步缩减。可以预见，大部分大学生，尤其是重点高校的学生入学前都将具有较好的外语基础。在大学期间的学习中，其仅仅需要适应性地完成基础阶段的英语课程学习，就可以转入英语选修课程的学习当中。关于选修课程的制定，公布于 2003 年的文件《普通高中英语课程标准》也给予了一些指导意见。新加入的选修课必将改变结构，与此同时，也能够满足基础水平较高的学生对于更高水平的语言用技能的需求，给学生带来更多的学习机会。无可避免，由于我国国土面积辽阔、人口数量较多，各民族地区经济发展不均衡，进而使得不同地区不同高校大学英语课程也存在失衡问题。处于经济水平较低地区的一些高校，受限于师资力量，很多学生不说四级标准，就算是更低一些的三级乃至二级水平都无法达到，选修课程更是不可能完成的。高校英语发展失衡是我国高校面临的现实情况。然而，随着我国近年来不断在中学生英语教学中大量投入，帮助其发展和提升，大学英语水平的提高指日可待，提前准备势在必行。

基础学习所花费的时间过长导致学分制实行困难。自 2001 年，高校教学工作逐渐展开体制改革，而改革工作的关键就是学分制的推行。对于该项工作内容主要有两方面：一方面是将总学分进行压缩，另一方面是在高校中推广和实行选修制。根据大纲相关要求，基础学习要在前两个学年完成，其学分相加后是 16 个左右，这大约囊括了大学在校生需要修的总学分的 10%。若是对全部的学分进行压缩，那么，就不得不对大学英语进行适当的调节。在充分考虑到学生学习的自主性的前提下，学校开设选修课程。在学习最基本的大学英语课程的过程中，大部分课程都非常基础，且数量不多，对于较为重要的翻译、口语以及写作等课程都没有开设。由于学科课时的限制，学生要是想选择他们自己感兴趣的选修课，就必须先将最基础的必修课学分修满。这样一来，学生们的时间就被浪费在诸多的自己不需要的学科中，而能够自主选择的可以提升其真正实力的学科学习时间就被大大缩短了。

对于必修课程的硬性要求，真实地体现了现阶段教育观点对于学生个体差异性以及真实需求的忽视。要想学分制度能够更好地实行，对基础课程的学时进行压缩是必不可少的，也只有这样才能将对学生自主学习的支持和尊重充分地体现出来。例如，2003 年，华中科技大学就以在 2000 年已经进行创新和变革的英语教学制度为基础，制定出台了《华中科技大学关于试行大学英语教学基本要求的实施办法》，并在同年入学的本科学历学生中施行这一办法。学校对 2003 年新入学的学生进行了英语学科的考核，并一次成绩划分其英语的层次，具体层次有以下三个：英语基础一般、比较好以及优秀。学校要求英语基础较为一般的同学将英语最为基础的课程中的 14 个学分修完，从而符合相关标准的水平要求；英语基础较好和优秀的同学，对于英语基础学分则可以分别少修 3.5 分和 7 分，同时为这两个层次的学生安排中级或者高级的英语，在大学后期供其提升英语水平。复旦大学同样也实行了这一教育制度。学校对最初的 14 个学分进行压缩，使其减少到 8—12 个学分，若是学生想用较多的学分去学习其他较为实用的英语选修课程，只需要参加学校所举行的《英语水平考试》并且通过即可。通常香港大学并不会硬性规定学生学习英语基础课程，但会设立一个考核英语水平是否过关的考试。在其他国家，像是韩国，大部分大学都只规定学生必须学习的英语课程只有 1 年。实行课堂双语制度的教学，也能在很大程度上减少学习英语基础的时间。

因为学习英语基础的课时越来越少，开始有专家说大学未来的英语教学过程当中，基础英语必修课程必将逐步消失。大学英语教学很可能会成为较为自主的选修课程，也可能只针对不同的专业开设不同专业领域的英语，不同学院和系别分别负责不同的英语专业教学。不可否认的是，英语的基础课时确实受到了多种因素的干扰变得越来越少，但是他同时也是组成大学英语教学框架必不可少的一部分，在今后的很长一段时间里都会有它的一席之地。

而之所以始终保留着基础英语的教学，必然是有它的道理的。第一，虽然现阶段大学生的英语水平与之前相比都有提升，但是每个人的水平都不一样。有些学生的英语基础仍然亟待提升，而语言基础是非常关键的。第二，没有数量较多且教学质量较好的老师，是很难开设多种多样且高层次的选修课的。对于缺乏师资，无法开满要求数量选修课的高校来讲，大学课程中的基础英语仍然是重中之重。第三，大学生英语四级和六级考试的存在也是英语基础课程的强有力保障。学生大一大二期间的英语水平检验要依靠四级，大三英语学习成效的检验则要看六级考试。不过在具体实施的过程中，四级和六级的考试并不用等到这两个学期末才能参加。英语四级和六级考试至今已有 18 年历史。最开始施行四六级考试的学校只是为了评估大学期间的教学质量如何，随着时间的推移和制度的变迁，四六级的影响力和作用已经不仅止于此。许多高等学府在评判学生能够顺利毕业的时候，都会将四六级考试是否通过纳入审核标准；许多公司在招聘的过程中也将最基础的门槛设定为要持有四六级证书。虽然最近这几年一直都有人强烈要求不在施行英语四六级考试，但是在高等学府中，四六级的地位仍旧稳如泰山。若是大学基础英语的教学被取消，那么英语四六级考试也将不复存在。

（二）提高阶段课程加大

和基础阶段的日渐削弱相比，提高阶段的课程发展显得欣欣向荣。以北京大学为例，学校的英语课程结构的设置包括两个模块：一是基础必修课，二是选修课。其中，选修课又分为专题课和通选课。专题课以培养学生提高语言应用技能为目的；通选课以学生的文化素养的提高为目的，并具体开设了英语词汇与英美文化、西方学术精华概况、大众文化简介与批评、中西文化比较、文化人类学、英语名著与电影等关于文化与语言的课程。众所周知，语言与文化密不可分。每一种语言都一定是反映了使用该种语言的民族、地区和国家的特有的文化。在以往的英语教学中，这一点常常被忽视。北京大学如此重视文化课程与她悠久的历史文化传统分不开。因此北京大学的大学英语课程要求学生不仅要英语语言好，而且能通过英语学习，广泛涉猎西方文化及人文思想，从而提高整体素质。

复旦大学的课程结构特点比较鲜明：一是基础阶段的英语只有三个等级，基础学时较短。学生入学时的英语水平普遍较高，大部分学生只学三个学期的基础英语，但是成绩并没有下降。二是从一个等级进入另一个等级的层次非常分明。只要学生学完了基础阶段的课程，达到一定的水平，就有资格选修下个等级相应的课程。这样既保证了学生必须打牢基础，又能有选择的自由。三是应用性强。在选修课中，共有四门翻译课，和其他的学校相比，比例较高。复旦大学所处的上海，是我国经济最为发达的城市，市场对大学生的英语水平要求较高，特别是需求大量的高级翻译人才。在上海，人才市场有着巨大的同声传译人才缺口，能够补充的人才却少之又少，且仅有的人才中多数专业程度不高。复旦的这一做法明显是以市场的需求为最终导向。

### 二、课程结构发展影响因素

所有事物之间都有着一定的联系，事物的变化与主观的条件和周围的客观环境息息相关。大学英语框架结构的组成也是如此。在叶澜所著的《教育概论》中有这样一个观点，他将教育作为人类社会活动中的一个开放的复杂系统。该系统和周围的社会环境密切相关，二者相互影响。与此同时，处于该系统内的不同部分也都在相互影响。大学英语课程的框架结构就是这样的系统，它在发展变迁的时候，同时受到外界环境和内在因素的影响。

### （一）教育系统外部因素

在教育系统的组成中，课程和具体的课程框架是最为重要的，同时社会环境中的政治、经济和文化要素都会对其产生具体而深远的影响。在分析大学英语课程框架演变历程过程中，不难看出随着社会经济水平的提升而产生的需求是所有因素中影响最大的一个。这也由英语自身性质决定。

高等教育当中，英语也同样是一门语言。人类语言学习的根本目的还是将其当作一种用于沟通交流的工具。在我们国家刚刚改革开放的时候，与海外国家刚有了一点接触，计划经济开始逐渐转变为市场经济，这个时期，我们学习英语的主要目的就是使得阅读方面的能力能够有所提升，从而提取翻译国外先进技术的资料信息。这时候的课程框架就是将重点放在阅读能力的提升上，而翻译，听力等方面则处于次要地位。在市场经济较为稳定之后，我们国家与其他国家之间的交流越来越多，这时候英语教学的重点就是对于交际能力的培养。这时候的课程框架则将重点放在说和听上面。之后，我们国家加入了世界贸易组织，经济发展越来越好，诸多外国公司纷纷在我们国家驻足，这时候，需要学生的语言更加丰富多样且水平高。行业、地区的差异使得人们对于英语能力的要求也各有不同。例如，有些地区与国外交流较多，自然就会对相关人才的英语能力有着较高的要求。从具体的语言能力来讲，涉及对外行业的职工，就要有较高的口语和书面的沟通交流能力，比如说，笔译就仅仅对工作人员的书面翻译有着较高的要求，但是口译则要同时精通说、写以及听三个方面。对于这些不同方面的要求，在课程框架结构的设置中也是必须要考虑到的，弹性空间也比较大，搞笑中的选修课种类以及数目的不断上升就是最好的体现。

课程框架结构在发生改变的时候并不会直接受到这个外部因素的干扰，而是以教育的体系制度充当这二者之间的媒介，外部因素的作用大小会随着教育体制的变化而变化。教育体系制度就像一张大网，网眼若是比较密集，也就是我们常说的体制有较强的统一性时，课程框架结构不能及时的伴随着社会需求的改变而改变，使得教育变得滞后。而网眼稍微稀疏一些之后，也就是教育体系制度弹性空间较大，课程自由发挥的空间也就变大，课程结构也就能及时地随着社会需求的改变而改变。总之，英语课程结构设置和其选择性更大，能够更加因地制宜地发展，更好地满足社会的需要。

（二）教育系统内部因素

首先，课程结构发展受教育体系制度的深远影响。在我们国家，大学英语课程教学活动中，所有的教学内容都不能脱离教育部门的统一指导。教学大纲是最能体现统一指导的一个方面，统一就是其最显著的特征。大学英语课程每一个具体阶段，以及该阶段对应存在的学科学时和不同课程间的关联的规定设置都是由国家部门统一制定并强制执行和定期检验的。一方面，教学大纲的颁布可以对英语课程的设置起到一定的指导性，另一方面，各高等学府之间的差异却由于这种统一被抹煞掉了，从一定程度上来讲，这扼制了高效课程的发展。在大学英语教育刚刚起步的阶段，各高等院校都在大纲的统一领导下有一个正向积极的发展，特别是对于地处西部的高等学府而言，与中部和东部地区的语言和历史差异都比较大，缺乏较为宽阔的平台，有了大纲的统一指导就能够对国内英语的发展有一个全面的了解，并且逐步提升自身的水平。不过，随着各个高等院校的日益独立，其个性发展就受到了统一性大纲的限制。最近的《大学英语课程教学要求》已经提到了这个不足之处，文中提及，由于国内不同高校间的学生英语水平、教育资源以及就业能力需求有所差异，每个高等院校都要根据《大学英语课程教学要求》，对于英语教学大纲要视自身的具体情况而定。可以说，该课程要求在将指导的同一作用充分发挥的同时，还让各个高等院校的自主权利最大化。课程的框架结构也在相关教育体制的作用下发生改变。在各大高等院校中，始终都是指派外语系的老师教授其他各系别学生的英语课程，大学英语系始终都不是独立存在的。这种尴尬的现象在各大高等院校中都是普遍存在的。而因为这种不独立，在具体实践的过程中大学英语系受到的关注自然就很少。在制定课程的过程中，不按照学科和社会需求去设置相关课程，而经常出现按照已有教师资源，课程被设立得非常随意的现象。但随着时间的推移，大学英语越来越被人们重视，一些高等院校慢慢地将大学英语从其他院系里分离出来，独立设立系部。这一举动对于高效管理大学英语，提升相应教育水平非常有效。

其次，是英语教学自身的特点和规律决定的。人们对英语教学的认知，也是一个由浅入深逐步完善的过程。从 20 世纪 70 年代中期到 80 年代中期的十年，是我国英语教学的起步阶段，在这一阶段，英语教学的理念较为落后，教学环境比较原始，教学内容以英语语言技能教学为主，语法、翻译、精读等作为课程的主要内容。从整体来说，这一阶段的英语教学是非常落后的。随着我国改革开放的推进，从 20 世纪 80 年代中期开始，大量外资企业的融入和外来文化的渗透，为英语教学营造了一个良好的环境和氛围，同时也提出了更高的要求，此时人们发现，语言的掌握不仅仅是一种技能，更是一种对文化的理解和认同。因此对课程结构的改革由此开始，大学英语教学开始注重文化的影响。从 20 世纪 90 年代末开始，国外学者对第二语言教学的研究从教学法，转变到了以更多维度为指标的研究，人们也将这种转变称为从 "L"（linguistic）向 "P"（pedagogy）的转变，也就是从语言学研究向教育学研究的转变，研究的主体从语言转变到了学生身上，开始关注学生的学习动机、个体差异和发展需求等。研究越来越科学，越来越具有针对性和前瞻性特别是对学生主体的研究，更加丰富多样，极大地促进了学生对外语的学习和掌握。

再次，是课程目标的变化。科学、准确课程目标是完成教学任务的重要引导，是决定课程结构的重要因素。从我国的课程目标变化来看，20 世纪 80 年代大学英语教学主要是将英语作为翻译、写作的重要工具，使学生掌握基本的读、写能力，并能够以此获取更多的信息，为今后的学习打下良好的基础。到 90 年代，大学英语教学的课程目标是注重对阅读能力的培养同时，又关注听、说、翻译和写作的能力，鼓励学生将英语作为沟通交流的工具，积极使用努力实践，掌握科学的学习方法，促进文化素养的提升，为语言的运用奠定坚实的基础。当前，我们对大学英语教学提出了应用型和综合型的要求，听、说、读、写同时并进，将英语作为沟通交流的主要工具和文化传播的重要载体，提倡学生的自主学习，不断提升他们的文化素养，为我国的经济建设和国际交流提供专业化综合型的人才。

从以上阐述中我们可以看出，大学英语教学既是学生对第二语言的学习掌握，也是学生自主学习能力的一种培养，更是文化素养形成和发展过程。这种教学目标反映到课程结构上则是不同课程的设置。不仅有语言应用类和技能类的课程，还有语言文化类和专业类的课程，使学生既可以学习、掌握英语这门课程和技能，还可以将英语作为沟通交流的工具，同时，还能够将它作为求职就业和国际交往的载体。课程结构也随着课程目标的变化，而逐步从简单到丰富，不断变化、发展和完善。

（三）其他因素

一是受到学校自身因素的影响。由于我国大学教育受政府和上级业务主管部门的直接管理，因此在课程结构上具有统一性和普遍性，内容基本相同。到2003年教育部发布《大学英语课程教学要求》之后，才对英语教学课程做了更为灵活和富有弹性的变革。大学的英语课程可以根据自身的情况，进行灵活的选择和科学的设置，允许大学根据经济社会发展的要求和人才培养的需求，对英语教学课程进行增添和删除，大学英语教学越来越表现出个性化和特色化。不同大学对英语教学的定位和要求各不相同，大部分高校将英语教学作为一种普遍要求，以此提升学生的综合素质；而有的学校将英语教学作为英语考试和竞赛的重要手段，以此来提升学校的影响力；还有的高校将英语教学作为助力学生专业研究、沟通交流和国际合作的重要工具，定位的差异也带来了学生培养的差异，体现出更强的专业性和针对性。

二是学生自身的发展需求。在课程目标的引导下，学校对人才培养做出自己的定位，同时，学生也会在这种引导和定位下，做出自己的选择，提出自己的需求。学生的需求包括长期要求和短期需求、主观要求和客观需求、内在要求和外在需求。短期需求就是为了完成短期目标而对自己提出的要求，如通过考试掌握当前所学知识、满足个人成就感等；长期需求指的是对自己将来学习、使用英语的期盼，如以此来获取工作、到国外留学、与外国人进行沟通和交流等。这些要求都需要掌握一定程度的英语，并且通过各种考试才能实现，因此，基于长远目标的考试也是学生学习英语的需求和动力。

三是学校所拥有的软件和硬件设施，如英语位置、师资力量、办法历史、特长专业以及其他方面等，都会影响到高校英语教学课程的设置，并随着办学条件的变化而不断发展，使英语教学适应自身条件的变化需求。因此，这是影响英语教学的基础性和关键性的因素，甚至决定着教学模式和教学质量等其他方面的发展。

通过以上阐述可以看到，各个影响因素共同作用下推动、促进了大学英语课程结构的变革和发展，在这些因素中，社会的发展和需求是最具决定力的因素。它决定作用的发挥不是直接的，而是通过教育制度、政策的制定和实施得到体现，同时，也需要学校根据自身实际做出的科学规划和具体执行来展示。综合来看，在社会发展缓慢、需求不强烈时，课程结构不会受到大的影响，只体现在教学大纲的制约性上；而在社会迅速发展、需求日益强烈，特别是需求的多元化、多样化和个性化日益突出的时候，统一性、规范性的教育体制则严重滞后、阻碍着课程目标的实现，也影响到课程结构的实施，束缚大学英语教学的发展。这些必然会引起教育体制的变革和调整，以促进课程结构的实施和课程目标的实现，此时，学校自身状况和学科的特点便成为左右课程结构的内在影响因素。

## 第三节　高校英语课程结构存在的问题

大学英语课程结构正朝着个性化方向发展。在这一发展过程中，不同的学校根据本校的实际情况，设置不同的课程结构。在这一过程中，存在两个较为突出的带有共性的问题。

### 一、课程结构设置没有落到实处

专业英语是大学英语课程结构中存在最早的课程类型。这一点在1985年的教学大纲中已有体现。英语课程的工具性决定了它必须与另外一门学科或者是专业结合，才能更好地发挥作用。因此专业英语在课程结构中一直占据着重要的位置。历次大纲都对专业英语的学时、课程类型做了规定。与此不相称的，是时至今日，专业英语在实际的英语教学中还是形同虚设。

不仅如此，从20世纪90年代开始，在大学英语教学中，就一直存在着"打好英语基础结合专业"和"结合专业打好语言基础"两种不同学术观点的争论。有些学者主张，大学英语主要的目标是教会学生掌握语言形式，培养学生实际使用语言的能力——交际能力。而更多的学者则主张，把大学英语的任务下放到中学，学生一进校就学习与专业相关的英语。也可以说，专业英语替代了公共英语。认为大学英语应该普通化的人指出，基础的语言学习，有利于学生掌握更加全面的知识，促进这些内容在科技中的应用，而这与专业英语的学习并不冲突，完全可以在掌握普通英语的同时，学习、掌握专业英语，两者并行不悖、相得益彰。也有学者指出，在专业英语学习过程中，学生难以理解和掌握的并不是相关内容，而是具有针对性和评论性的评语，大学生往往难以把握这些评语的真正含义。这既是语言差异造成的困难，也是历史和社会因素导致的问题。此外，还有人认为，大学要培养的是具有世界眼光、具备深厚、广泛知识和专业技能的综合型人才，因此，不仅要掌握专业英语知识，还要对外国的相关人文、历史、政治、社会等有较为全面的了解，才能真正学好英语、会用英语。

认为大学应该注重专业英语教学的人指出，英语基础虽然非常重要，但是也需要有一个适当地来掌握和把控，而我国的英语教学从小学到大学一直注重基础教学，强调打好基础这固然不错，但是将大量的时间浪费在基础上，既不利于英语能力的提升，反而很容易引起学生的厌倦和反感。此外，专业英语与公共英语有着很大的不同，专业英语无论在语法、结构、概念等方面都体现出强烈的专业性和针对性。一个人的公共英语学得再好，在进行专业英语学习时也需要认真学习、努力实践，才能理解、掌握专业英语的内涵和规律。并不是说公共英语学好了，专业英语的学习就好，要改变公共英语学习时间过长的现状，使学生有更多的时间来学习、研究和掌握专业英语，从而真正提升学生的专业水平和英语应用能力，这既有利于学生的就业，更有利于他们职业能力的提升。

从上面的争论来看，无论是主张英语教学普通化还是专业化，都有一个共同点，那就是重视基础教学，而他们的分歧在于如何界定专业英语。通常来说，专业英语包含两个部分：一是针对专业领域开设的英语，如旅游英语、医学英语等；二是具有广泛适应性的英语，如计算机英语等。前面提到的专业英语指的是针对专业领域开设的英语，由此我们可以看出，这种界定实际上是缩小了专业英语的范畴，导致对专业英语理解上的偏差，使英语教学出现混乱的状况，虽然由英语院系负责专业英语教学，但是外语老师却没有该专业相应的知识储备和相关经验，难以实现规定的教学任务。其实专业英语教学应该由各系部的专业老师来完成，然而各个系部并没有将这部分英语教学作为必修科目纳入课程体系中，更没有将其作为专业内容进行安排，因而忽略了这部分教学内容。因此出现了既没有专业英语教师，又缺乏相应课程安排的现状，加之被误解和忽略的公共性英语部分，使得专业英语教学难以达到应有的实际效果，学生难以掌握应具备的专业英语知识和技能，用人单位也难以招聘到符合要求的专业英语人才。

### 二、缺乏对中国文化课程结构的重视

课程结构取决于课程目标，课程目标则对课程结构起到决定和引导的作用，当前，我国大学英语教学的目标是，以听、说、读、写能力为基础，以英语应用能力为核心，培养具有应用性和创造性的英语专业人才，并且使他们具备自我管理能力和终身学习能力，以保障并促进我国现代化建设，适应并满足全球化发展的需求。由此我们可以看出，该目标包含三个方面的要求：语言应用能力、终身学习能力和综合素质。其中，综合素质是社会发展过程中对大学英语教学提出的新要求，是以语言和文化为基础的目标要求。

在人类社会发展的过程中，出于交际的需要产生了语言和文字，形成了丰富多彩、各具特色的民族文化。语言是人类为了沟通和交往而创造的、具有意义和价值的有声符号体系，它在人类的发展过程中发挥着重要的思想交流和文化传播的作用，而文化则是在一定的历史时期形成

并发展的，体现经济、社会、道德等方面内容的，具有凝结性和表现性的，它会随着人类社会的发展而不断前行，并通过语言体现和表达出来。因此，语言是承载文化的重要工具，也是展现文化的重要载体，语言根植于文化，文化则通过语言体现出来。在社会飞速发展的过程中，人们越来越关注文化所蕴含的巨大能量，以及语言所展现的无穷力量，跨文化交际学由此产生并发展起来。该理论认为各个国家和民族在发展过程中形成了各自的文化和语言，并在相互交往、互动过程中传达着各自的思想和文化，语言的传达实际上就是文化的传播。文化对语言教学起着至关重要的作用，因此，需要在大学英语课程中不断增加文化的内容。这里所指的文化，既指语言输出国的文化，也指语言学习国的文化，特别是在国际交往不断深入发展的情况下，我们既要积极学习英语及其所在国的文化，更要将我们国家的优秀文化积极的传播开来。

韩国和日本早在 20 世纪八九十年代便提出了具有战略性的外语教学目标。他们不仅将外语作为与世界沟通的手段和工具，更将其作为传播自身文化的有效载体。同时，还通过对外语的学习，提高学生的国际观察力和应用国际规则的能力，促进国际合作和交流，实现本国与世界的深度沟通与交流，在全球化背景下不断提升自身的国际竞争力。他们都特别注重对自身文化的传播，大学外语教学目标的准确理解和定位，极大地提高了本国大学生的综合素质，增强了本国的国际影响力，这种反客为主的外语教学值得我们反思和学习。

我们需要对大学英语教学的目标重新审视和设置，要以教学目标为引导，体现我国传统文化在英语教学中的地位和作用。当前，虽然各高校在课程结构中设置了语言文化类的课程，但是大多数是以介绍目的语国家文化为主，而介绍中国文化的英语课程却非常少见，或者只将其作为大学高年级的选修课程。当然，也不乏有识之士在英语教学中讲解并传播中国传统文化。例如，北京外国语大学的丁望道教授，从 20 世纪 80 年代开始便在英语教学中体现并介绍中国传统文化，收到了非常好的效果。西方很多国家大学也都设置了中国传统文化课程，如哈佛大学，主要讲解中国的历史和传统哲学等，而我国大学的英语课程中却很少有这方面的内容，更没有设置专门的课程进行讲授。通过对在校大学生非英语专业学生的调查显示，绝大部分的同学不能用英语表述我国传统文化。在大学英语课程中，我国传统文化难有一席之地。资料显示，当前只有中南大学和北京大学开设了中西方文化对比的课程，绝大部分大学在这方面仍然处于空白状态。

大学英语课程中难以体现、传播中国传统文化，存在着较为深刻而复杂的原因，一是全球化的影响，使我国传统文化受到削弱；二是在我国传统的英语教学中，认为中国文化及母语是阻碍英语学习的重要因素，甚至将其作为主要障碍，因此，在英语教学中尽量避免甚至剔除中国文化及母语，认为中国文化及母语与外语学习是对立的。实际上，文化和语言具有很强的基础性和通用性，任何文化和语言既有冲突性又有统一性，这种统一性是母语及母语文化成为学习外语的重要基础，也是丰富的素材来源，因此，我们要积极发挥母语及母语文化的正迁移作用。只有通过母语文化的滤化，才能实现外语及其文化的传播，此外，学习者还会以母语文化作为标杆，与外语及其文化进行对比，从而发现两者的差异，促进自身对外语及其文化的理解与掌握，因此影响外语学习的并不是内容本身，而是蕴含于其中的文化。所以，在英语课程中增设中国文化课程，既有利于学生对英语的理解和掌握，还可以使他们更加准确、高效的传播中国传统文化。

所以，在分配大学英语课程教学任务时，专业英语课程要由各院系专业课教师负责讲授，而英语院系只负责具有广泛适应性的英语课程，这些专业英语课程主要包含以下几类：职场英语类、专业英语学术类、专业英语技能类等，各类课程又包含相应的课程内容。在设置此类课程时，最好选择在大学三年级阶段，因为此时学生即将面临毕业，在他们的求职过程中，这些知识和技能可以得到及时而充分的利用，如果开设过早，他们容易忘记。

大学教育既要丰富发展学生的知识和技能，更要提升学生的综合素养，开阔他们的视野，提高他们的自信心和荣誉感，使学生以更加积极、开放的心态投入到经济建设和国际交往中，使他们准确地把握中国文化的精髓，深刻地理解国际形势的变化，通过主动的沟通交流，加深彼此的理解，提高民族自豪感，增强民族自信心。在学习、吸收的过程中不断传播、弘扬中国传统文化，将英语作为重要的桥梁，实现文化的双向沟通。因此要在大学英语课程中增设中国文化课程，既有利于学生掌握英语知识和沟通技能，又能够更好地传播中国传统文化，意义深远而重大。

由于此类文化课程的内容非常丰富而宽泛，并且具有深厚的文化底蕴和历史内涵，因此，需要教师对中国传统义化有广泛的接触和深刻的理解，同时，还有精通英语及相关国家的文化，而这样的复合型教师在大学中非常稀少，即使培养也需要较长的时间才能见到实效。所以，首先要在大学英语课程结构中开设此类课程，并在教学过程中积极探索有效的方式，提高教学效率，如可以聘请客座教授来校讲课，或定期集中统一学习中国传统文化等。

# 第四章　国内高校英语课程改革现状和原因分析

最近几年，高校进行了连续扩招，学生数量持续攀升，但大学英语教学的质量却出现了严重下滑的态势。实际上，大学英语教学一直延续着传统的"灌鸭式"教学模式，仍旧采用教师讲、学生听的方式，学生既没有积极性，更缺乏主动性，课堂教学呆板，没有创新性和灵活性。教师仍然按照原有的教学模式进行教学，没有进行必要的变革；学生既没有学习的积极性和主动性，更缺乏应有的计划性。学生学习，更多的是为了应付考试和考级。因此，需要对大学英语教学进行全方位、深度化的改革，要按照教育部发布的大学英语教学要求进行整改和变革，从教学体制、教育制度、教学模式以及评价方式、学习模式等，进行深刻、细致的变革。

实事求是地说，大学英语教学思想观念陈旧，教学模式落后，仍然一切以老师为中心，没有顾及学生的状态，严重影响了学生对知识的掌握和技能的运用。在这种教学模式下，大学生具备了各种考试的应试能力，但是，这些能力仅仅限于语法的运用和写作方面，而沟通交流却非常困难，往往虽然能够通过英语四、六级考试，但听、说能力较差。同时，在信息技术日益发展的情况下，学生可以利用各种自媒体平台，进行多样化的学习，这也对传统教学提出了严峻的挑战。当前，最为紧迫的是要转变大学英语教学观念，使学生由被动学习、应试学习转变为主动学习、能力学习，使教师以学生为中心进行教学，引导学生积极学习、掌握中国传统文化，并通过沟通、交流促进中国传统文化的传播，实现由应试教学向应用教学的转变。这需要学校、教师和学生的共同努力，构建起科学、合理的教育教学模式，不断更新思想观念，紧跟时代要求，以先进的教育理念，不断促进大学英语教学向更高水平发展，从而实现大学英语教学质的转变，使学生成为适应要求，符合社会发展的专业化、应用型综合人才。

当前，大多数大学将英语作为必修科目，并通过各种考试检验、提升大学生的英语学习能力和水平，但是，由于连年扩招和生源激增，大学教师在数量上显得非常窘迫，同时，质量也难以保障。首先，大学师资严重匮乏，按照教育部门的规定，教师的数量与学生的数量应达到合理的比例，才能保障教学的有序开展，可事实上，大学的扩招使英语教师的数量难以达到规定的配比，特别是英语教学适宜于小班化教学，这更加剧了师资力量的匮乏。从目前来看，很多大学仍然难以实现小班化教学的目的，每个班仍然有六七十名学生，教师在教学时难以充分体现学生的主体性，教学效果大打折扣，学生学习积极性不高，学习积极性差，课堂教学参与度低，师生互动性不足，教学目标达成度低等，根本原因在于大学教师的数量严重不足。其次，大学教师的质量有待提升。由于思想不够重视，教学任务繁重等原因，使大学英语教师很少有时间和精力参加培训学习活动，知识难以丰富和发展、教学理念和手段难以提升。教学内容重复不变，教学手段没有更新，教学方法陈旧落后。特别是在教育思想和手段快速更新的条件下，这种落后的教学模式已经不适应时代的要求，严重影响了大学英语教学的发展，影响了大学生能力的提升，因此，既需要增加大学英语教师的数量，更要提升他们的质量，使他们有充足的时间和精历参加各种培训，不断丰富发展自己，提升教学质量，以多元化、多样化和个性化的教学手段来满足大学生不断发展的学习需求。

从当前大学英语教学的现状来看，无论是教学内容还是教学形式，都是非常单调枯燥的。现阶段，学生在进行外语学习时，本身就存在文化上的隔阂和思想上的壁垒，因此，更需要用丰富多彩的内容和灵活有效的方式，辅助他们更好地学习，达到理想的学习效果，如若不然，反而可能会进一步加大他们学习外语的难度。当前大学英语教学的主要目的就是为了考试，因此，教学内容具有非常强的针对性和目的性，许多大学生只能为了考试而强迫自己学习，学习效率低下，效果较差。因此，首先要改革大学英语教学的内容，以多元化、层次化的内容来满足学生多样化的需求，不断完善提升教材内容，丰富、发展教学理念，使教学内容得到更新和优化。同时，还要根据社会发展的现实情况、学生的心理特点，采取灵活多样、行之有效的教学形式。充分利用信息技术和网络技术的成果，不断创新发展教学形式，特别是要将线上线下教学充分结合起来，有效使用慕课、微课等先进网络手段，以保证学生随时随地进行英语学习，调动学生学习英语的积极性，加强师生互动，促进学生自主学习。在这种课内、课外结合，线上、线下融合教学模式下，学生可以充分自由地选择学习的方式，并在有声有色的学习中体验到英语学习的乐趣，提高学习的效率，有效地解决传统模式下英语教学固化、呆板的缺陷。此外，还需要构建其科学健全的大学英语教学模式，不断更新教学内容，创新教学形式，适应社会发展，服务学生学习，促进教师教学质量的全面提升。由此我们可以看出，大学英语教学必须适应社会发展的要求，以自身的实际情况为基础，不断改进、提升教学模

式，丰富、发展教学内容，创新教学形式，提升教学质量，从而完成向
应用型教学的转变，助力教学目标的实现，促进大学英语教学改革的顺
利实施。

# 第一节　教材问题

2018 年 3 月北京《法制晚报·看法新闻》刊登了这样一篇简短的
文章，文章的标题是：《多本大学英语教材存在数十处错误！错法五花
八门》，原文如下：

近日，有高校教师反映称，多本大学英语教材存在错误，包括单词
拼写错误、语法错误等。这位教师指出，清华大学出版社《英汉互译
实践与写作》中总计 36 个错误，《大学英语写作》总计 36 个错误。目
前，部分教材仍在使用或销售中。

## 多本英语教材存在错误

这位大学前英语教师指出，清华出版社出版的《英汉互译实践与
技巧（第四版）》一书中，存在多处事实性错误，比如英语与中文翻译
不对应、单词拼写等。例如，第 365 页第二段中 lighting 一词拼写错误，
在翻译中，该位置翻译为"闪电般的"，正确的单词拼写应为"light-
ning"。

除此之外，有句子翻译错误。例如，"China's GDP reached 47. 2 tril-
lion yuan，an increase of 9. 2% over the previous year；government revenue
was 10. 37 trillion yuan，an increase of 24. 8%；and the country's grain out-
put reached a record high of 571. 21 million tons. "译文中写道："国内生

产总值47.2万亿元，比上年增长9.2%；公共财政收入10.37万亿元，增长24.8%；粮食产量1.14万亿斤，再创历史新高。""很明显最后一个粮食产量那里中英文不对应。"该英语教师反映称。

北京林业大学《大学英语写作》一书中，同样被指存在大量错误。"第29页 a valuable experiences，应该把 experiences 中的 s 去掉；第177页 poplar 应该成 polar"等。

除了以上列举的两本书中的错误，该教师还针对多本高校英语教材做出了质量分析报告，报告中指出："四川大学十二五国家级规划教材《21世纪大学英语应用型综合教程第2册》（复旦大学出版社2014修订版）总计20个错误；贵州大学教师集体编写、院长王健芳主编《大学英语泛读教程第4册》（高等教育出版社2016版）总计20个错误；重庆大学外国语学院教师集体审订《大学英语视听新航线第2册》（重庆大学出版社2016版）总计42个错误。"等等。

## 部分教材仍在售卖或教学使用中

《法制晚报·看法新闻》记者搜索电商平台发现，该教师提出的清华大学出版社出版的《英汉互译实践与技巧（第四版）》目前仍在销售中。此外，在清华大学校内清华出版社书店中，该书仍在销售中，仅书架上就有十多本。

北京林业大学一位大二在校生联系得知，上述教师提出的《大学英语写作》一书仍在日常英语课上使用。

## 出版社回应：发现错误可以发邮件重印时会改正

3月29日上午，《法制晚报·看法新闻》记者致电清华大学出版社，其工作人员称，此问题的出现可能是由于前期编辑过程中的疏漏、没有看到错误。

该名工作人员称，读者发现教材中的错误后，可以发送邮件给出版社邮箱，下一次重新印刷时编辑会核实、更正。"您可以把这本书的书名、书号都写到邮件里，您发现了什么错误就在书上标注出来、发邮件，我们这边会进行相应的处理。"

2016 年《读者来论》栏目刊登了一篇题为《一本高校大学英语教材共出现 80 处错误谁的错?》的文章，内容如下：

### 《一本高校大学英语教材共出现 80 处错误 谁的错?》

要避免教材出错，只是依靠出版社自律还不行，有必要建立一整套教材出版责任追究制度。一方面要严格按照出版监管规定办事，另一方面，对于出错教材的出版方，可将其归入黑名单，令其离开教材出版市场，同时严格执行出错教材停售、召回制度，凡发现出现错误的教材，要及时停售并广而告之。

近日，有市民发现，正在销售的英语教材《大学英语新题型水平测试》下册（第二版）里有错误 80 余处。记者发现，该书在北京王府井书店、北京林业大学（分数线，专业设置）图书馆二层书店都有销售，但未附勘误表。北京林业大学 2015—2016 学年作为教材使用，有老师表示，基本上每节课都会用一段时间来解释错误。(9 月 25 日《法制晚报》)

教材不同于一般读物，是一种能够精准、高效传播知识的纸质媒介，教材一旦出现知识性差错，便会对学生造成一辈子的影响。

根据相关规定，包括教材在内的图书要经过"三校一读"才能付印，且出版教材要经过编写、审阅、校对、印刷、出版、使用等一系列程序，每个程序都有人负责，可是，新闻中的出错教材，一年多了，仍堂而皇之地摆在书店货架上，并且仍在课堂上使用，这说明，不仅教材出版的前期工作没做好，出版之后的错误收集、停售、召回制度也不健全。若不是高校教师与市民发现问题，这本教材还会一直错下去，继续误人子弟。

显然，不仅教材出版不按规定办事，对于教材错误，出版方纠错的责任心也不强。这不仅造成教材错误频出，也给教材纠错带来不利因素。

要避免教材出错，只是依靠出版社自律还不行，有必要建立一整套教材出版责任追究制度。一方面要严格按照出版监管规定办事，力求做到编写、审阅、校对、印刷、出版，每个环节都各司其职各负其责，不管哪个环节出了问题，都应该有人为教材错误担责。另一方面，要畅通教师及市民对于教材错误的反馈渠道，可以奖励指出教材错误的教师与市民，并立即着手纠错并对出错责任人进行追责。此外，对于出错教材的出版方，可将其归入黑名单，令其离开教材出版市场，同时严格执行出错教材停售、召回制度，凡发现出现错误的教材，要及时停售并广而告之，让人们都知道哪本教材出现了错误、错在哪里，还要力求将所有出错教材全部召回。

纵观当下的英语教材，所存在的问题真的只是印刷错误这样简单吗？不然。

中国英语教学的最大问题是没有搞清楚"教英语、学英语的目的到底是什么"，大部分老师错误地把英语当成一种知识系统，把教学的重心放在词汇、语法知识，而忽略了语言背后承载的文化和文化背后承载的价值取向的挖掘，从而造成了英语教学无法实现育人的功能。

　　在 2004 年的英语课程改革中国家已经提出了英语综合运用能力的目标，同时也提出了英语教学的情感、态度、价值观等育人方面的目标要求。回顾课改实施这么多年，虽然英语教学有进步，但是英语教学育人的问题没有得到实质性的解决。这次《普通高中英语课程标准（2017 年版）》的推出会从根本上解决英语教学育人的目标。这次英语课程标准的修订从过去我们只关注语言转变为英语能力核心素养，这个核心素养包括四大要素：语言能力、文化意识、思维品质、学习能力。这四个要素是整合的、相互关联的，学生学习语言的过程也是个人的文化意识、价值取向、如何做人等人格形成的过程；学习语言的过程也是思维形成的过程，英文语言能力获得的过程是通过思维加工的；语言和思维互为因果，相互促进，而且在这个过程中学生的学习能力也得以提升；英语能力核心素养目标的提出本质上是把英语语言教学提升到了教育的高度，不再是单纯的语言教学。要实现通过英语这一学科实现育人。

　　《普通高中英语课程标准（2017 年版）》首次提出了"主题"的概念，这一点非常重要，因为过去的英语教育一直忽略了一个问题，即忽视了语言学习的意义。此次课改强调"人与自我""人与社会""人与自然"三大范围的主题。在运用英语探索自我、社会、自然的过程中习得中文优秀文化，实现育人。英语能力核心素养的提出将逐步解决过去英语学习仅仅以传授语言知识为目标的弊端。

　　教学大纲的执行和实现需要教材的"鼎力支持"，同时教师开展任何教学活动都要依据教材来执行，并且教材也是帮助学生获取知识的重要来源。尽管现在我们所提倡的教学体制改革和教学方法创新一再强调要脱离教材追求创新，但是教材毕竟是学生接触最基本理论知识的媒介，并且教材也是教学理念的最好体现，甚至在一定程度上左右着一门课程的教学模式，所以一个国家的教学体制改革必须要把握好教材改革。

国内目前所使用的英语教材大约有十套左右（主要是一些大型出版社出版的），这些由大型出版社出版的英语教材是我国英语教材发展到一定阶段的产物，是众多英语教育从业者智慧的结晶，为我国英语教学工作提供了巨大的帮助。当然我们在看到英语教材优势的同时，也要意识到其中存在的问题。尤其是面临我国新一轮的大学英语教学体制改革，面对即将到来的改革工作，必须要对以往的大学英语教材中所出现的问题进行全面梳理，同时考虑到下一代英语教材编写应当注意和解决的问题。

1999 年 9 月初，《中华读书报》曾经刊登过这样一篇文章，文章的标题为《国内英语教材市场争夺战抢在"大纲"之前》。这篇文章中提到当时在教育部还没有公布当年的大学英语教材大纲修订本之前，国内很多出版社就已经出版了所谓的"正版英语教材""正版英语教学大纲"，甚至在当年所使用的很多大学英语教材中，有的教材甚至没有提到任何与教育部英语教材大纲要求相关的内容。试想，这样的教材如果真的全面进入市场，仅从教材质量上就会对教学工作产生怎样的影响。

目前国内所使用的大学英语教材大纲和教学要求都是按照 2004 年颁布的试行版进行的，2007 年开始正式版的教学要求正式颁布，所以在 2004 年之前出版的很多教材明显的没有按照最新的"教学要求"来执行，当然有的教材之后也进行过修改和再出版，但是也仅仅是在第一版基础上，按照难易程度将每一章节的课程内容进行重新编排或者是进行删减、增加或合并处理，并没有严格地按照"教学要求"进行修订。

# 第二节　教学法转型问题

## 一、注重研究教学流派

英语课程教学重要的流派有七种，即语法翻译法、直接法、听说法、情景法、认知法、交际法、任务型教学法。

1. 语法翻译法（Grammar Translation Method）

语法翻译法可谓是外语教学中最古老的教学体系，它提倡用母语教授外语，以翻译为基本手段，强调语法的中心地位，以培养学生的阅读能力为主，强调阅读原著和名著，不注重口语。

2. 直接法（Direct Method）

顾名思义，就是直接教外语的方法。这种方法的产生有其特殊历史背景，在19世纪的欧洲，各国争相拓展殖民地，他们需要奴化教育，也不屑去学殖民地的语言，自然用教母语的方式去教外语，所以这种方法是完全不用母语的，只通过指示实物，图画或演示动作来讲解。这种方法是没有办法用外语讲授外语语法的，多为让学生背诵句子，机械地背诵，不注重分析句子和词与词的关系。

3. 听说法（Audio – Lingual Method）

顾名思义，这种方法注重的也是听和说，但这种方法不是欧洲人发明的。而是美国人发明的。给谁发明的呢？是给二战时期美国外派的士兵发明的，士兵外出作战需要。但当时战事紧迫，所以学习时间也紧迫，只好由一些专家教师来发明一种速成教学法来给士兵进行培训，以6～8月为一期，目的在于会使用，不要求理解。这种方法不是凭空捏造出来的，而是基于理论基础建立起来的，即行为主义心理学理论下的结构主义语言观。

行为主义源于英国心理学的联想说（associationism）认为，学习的过程是刺激—反应（stimulus – response）的过程。而结构主义语言观把语言看成是一种行为，是一系列的刺激—反应而形成的一种习惯性行为。也就是，结构主义语言观往往只注重语言的结构，即形式，而忽视了意义的研究。

听说法第一次把语言技能分成听、说、读、写四个方面，只不过，它强调听、说为先，而后再以读、写来巩固听、说效果，教学效果倒是不错，但这种教学法培养出来的学生有一个缺陷：因为读写的滞后，所以对单词在不同语境的意义掌握不够灵活，影响交际，致使学生后劲不足。

4. 情景法（The Situational Approach）

情景法又称视听法，顾名思义，就是要视觉与听觉相结合，以情景为中心，培养学生的听说能力。其理论基础跟听说法一样，不同的是，情景法受完形主义心理学的影响。

完形主义心理学，强调"完形"。情景法除了与视听法一样注重听说忽视读写之外的一大进步就是这个"完形"。情景法通过一组组图像和一段段完整的对话，使语音，语调，词汇，语法在对话中被整体感知，随后再进行单项训练。其教学顺序与我们中国学生熟悉的顺序刚好相反，乃是"对话—句子—单词—单音"。教学过程分为感知、理解、练习、活用四个步骤。但情景法的缺陷也在于它过分强调整体感知，忽视语言的精确分析和分解，并排斥母语在学习中的作用，因此，教学效果也有局限性。

5. 认知法（Cognitive Approach）

认知法也被学者们叫作"认知—符号法"。其算是对前几种教学法的颠覆，因为它反对听说为先，却也有对最古老的语法翻译法的敬意。它重视语法，允许使用母语教学。

认知法是认知心理学理论下的转换生成语言观，这种观点认为语言学习是大脑积极思维的结果，所以认知法主张发挥学习者的智力作用，通过有意识地学习语音、词汇和语法知识，发现、理解并掌握语言规则，并能从听说读写四方面全面地，创造性地运用语言。

认知法重在认知，在对待学生的错误的态度上很是开放，只要不影响交际的错误都不予以纠正，与听说法严格纠正错误的特点形成鲜明对比。对此，有人觉得只要不影响交际，错误可以忽视，以免打消学生的学习积极性；也有人觉得若是看到错误不纠正的话，势必会让学生对错误使用语言形成习惯。至于谁对谁错，我个人觉得要看学生处于什么阶段，若是刚开始学用英语交际，羞于开口，或可不必纠正错误，但若已经越过心理障碍，能随意表达观点，就得时时刻刻注意其错误，帮他纠正，让他改正成正确的，地道的英语表达。

6. 交际法（Communicative Approach）

交际法也就是意念法（Notional Approach）、功能法（Functional Approach）和功能—意念法（Functional – Notional Approach）。

从这个教学法的诸多名称上来看，我们可以看出这个教学法侧重的是交际，是意念，是功能。也就是说，这个教学法侧重的是交际功能，是语言的实际意义，是如何真实有效地使用外语。

交际法是基于社会学理论下的功能主义语言观，在吸取以上所有教学法的优点之后创造的，其精髓是让学习者处于情境之中，身临其境地感受氛围，用英语进行交际。可以想象一下，如何能身临其境地感受外语的氛围？最好是在国外住着，慢慢就学会了是吗？如果真的这么简单的话，那么为什么还会有那么多的留学生依旧不能像母语使用者那样流畅地说英语呢？教学法把所有高大上的东西摆出来之后却没有具体实施方案，只说其以语言功能项目为纲，但这个语言功能项目如何确立？确立语言功能项目的标准是什么？不同种类的第二语言教学一般需要多少语言功能范畴？如何才能科学完备地安排好功能项目教学顺序？截至目前，这些问题尚未完全解决。那么这个教学法就是理想丰满现实骨感的空谈，或者说，是以上诸多教学法的大杂烩！因为没有细化到根本，所以没有实践基础，便也只是水中月，镜中花，美则美矣，仅此而已。

7. 任务型教学法（Task – based Language）

如果说交际法给人一种悬在天上的感觉，那么任务型教学法就让交际法落在了地面上，踏踏实实地为学外语的人民服务。因为任务型教学法就是交际法的发展，继承了交际法的全部优点，也就是继承以往所有教学法的全部优点，而在具体实施上又给出了明确的理论和方法，即"在做中学"的理论和设置任务的方法。

任务教学法好是好，但有一个高度的要求很难达到，那就是要求实施教学的老师要教学能力很强、教学水平很高。因为所有的任务设立要具有真实性、功能性、连贯性、可造作性、实用性和趣味性。这种要求放在每一天、每一堂课上的教学上并不容易，没有高水平的教学能力的老师很难做得到。

纵观200余年的主流英语教学法，我们是否感觉到一丝困惑，英语究竟该如何学才最高效？谁都想在婴幼儿时期被进行直接法的教学，但一来要求家境殷实，父母能从小就把你放在纯外语环境中，二来这本身也未必是好事，因为人总要有一个思维语言，如果因为直接法而扰乱了思维语言的建立，当真是得不偿失。一个思维混乱的人，语言再好，也是没有逻辑，除了会外语，还会什么呢？至于听说法、认知法和情景法，甚至是任务教学法和语法翻译法，对于成年人而言，只要有条件、有需要，就可以选其中一个方法来学。而对于在校的学生而言，其很大程度上依赖于家长提供的条件和学校的办学理念、老师的教学水平。

近20年来，我国大学英语改革不断推陈出新，先后经历了计算机辅助教学、多媒体教学、网络教学，以及自主学习、以内容为依托的教学（CBI）、学术英语、微课、慕课、翻转课堂、App教学等。综观这些改革，主要是教学模式和方法的改革，以利用教育技术为特色。然而，这些改革没少折腾，也没少花费资源，但收效甚微。正在进行的微课、慕课、翻转课堂等改革效果也还无法预测。此外，我们在研讨大学英语改革时，存在各种声音和建议。有人说读写很重要，应该加强读写教学；有人说听说很重要，应该加强听说教学；有人说翻译很重要，应该加强翻译教学；有人说词汇很重要，应该加强词汇教学；有人说跨文化交际能力很重要，应该加强跨文化交际能力培养；有人说思辨能力很重要，应该加强思辨能力培养；有人说人文素养很重要，应该加强人文素养培养；有人说现在的教学方法太传统，应该改革教学方法；有人说教育技术很重要，应该引入先进的教育技术……问题是到底什么重要，该改什么，怎么改？上面的建议都有一定的道理，但也都有一定的片面性。大学英语是一个系统，只改革一个方面或某些方面恐怕很难解决根本问题。要想彻底改变大学英语教学低效的现状，必须构建大学英语教学体系，处理好这个体系中各个方面的关系，并基于调查和实证研究做好教学实践工作。

一个完整的教学体系包括学、教、测三个方面。就大学英语而言，学主要指学生和学习，是二语习得研究的范围；教主要指教师和教学，是外语教学研究的范围；测主要是指测量与评估，是测试学研究的范围。这三个方面相互影响、相互制约，缺一不可。大学英语发展必须同时考虑和研究这三个方面。

在这个系统中，学习是中心，学生是学习的主体，大学英语教学效果要以学生的学习效果为主要评判标准，而非目前普遍采用的评价教学活动本身。测评最主要的目的是评价学生学习效果和教师教学效果，并为学习和教学提供反馈。学生的学习效果应该是通过客观的测评来衡量，而非目前普遍采用的学生对教学的满意度评价。教学的主要作用是为学习做好设计、提供学习的内容和环境，并指导学习，从而为学习达到目标提供可靠的路径。因此，测评和教学都是为学习服务的。需要注意的是，这个系统中的三个方面都要统一到教学目标上去，才能够取得满意的效果。目前，我国大学英语改革主要是教学模式和方法的改革，忽略了其他更重要的方面，尤其是教学内容的有效性、测评在大学英语中的指导和反拨作用、对学生的调查和学习的研究，没能抓住大学英语改革最本质的东西，因此效果总是差强人意。

**二、注重学习先进经验**

全球各个国家及地区都开始认识到改革基础教育课程的重要性。不论是发达国家还是发展中国家都纷纷从基础教育课程着手进行改革，在对人才培养目标进行调整的同时，也对人才培养模式进行创新与发展，以促进人才培养质量的显著增强，进而实现各国与地区发展教育的新目标与新要求，弥补本国教育所存在的诸多不足，这是国家增强国力，为未来本国国际竞争水平的提升积蓄力量，培养人才的一种战略性手段。

（一）英美基础教育课程改革历程

1. 美国的基础课程改革发展历程

第二次世界大战以来，美国一直围绕着课程改革来进行教育改革。

20 世纪 50 年代末 60 年代初期，美国开始认识到本国中小学阶段的学生存在一个普遍问题，即学术素养极其低下。针对这一问题，美国相继进行了"回归基础教育运动"和"高素质教育运动"等一系列课程改革运动，希望能够借此来促进学生文化知识水平的提升，让学生的学术素养得以显著增强。这一系列运动都存在诸多共同特征，比如，学术标准十分严格，在自然科学、数学等学术性科目的教学方面予以了高度重视，人才培养目标多为"振兴优等教育、培养天才"。毫无疑问，这种学术课程的难度比较高，教学内容和学生的实际生活极不相符，导致许多学生出现了厌学现象，教师自身也很难真正胜任教学工作。另外，受地方分权体制的影响，使得当时的美国非常流行国家与儿童中心主义教育思潮。在上述一系列因素的影响下，这些课程改革运动都未获得成功，教育质量不升反降。

20 世纪 60 年代末期，美国开始调整课程政策。新政策指出，学生个性需要尊重与发展，课程不应只局限于单纯的学术课程，多元化的、与现实生活相关的课程更应被引入到课程教育当中。另外，美国还调整了课程结构，选修课在课程当中所占比重有所增加。

美国教育促进会于 1985 年所拟定的《美国计划 2016》当中提到，人类的生存环境与生活条件都将于下一个人类历史发展阶段当中出现巨变，而变化的中心就是技术、科学与数学，从变化的产生到变化被塑造都与其直接相关。因此，我们要想让现在的孩子们能够更好的面对明天的世界，就必须做好这三个方面的教育。

在教育改革者方面，《美国计划 2016》当中也有明确要求，该计划指出，教育改革者应坚持以全体性原则来界定教育对象，从而让每一位孩子都可以接受到基础教育，包括技术、科学等；应坚持以少且精的原则来选择课程内容，让课程内容的绝对数量得以适度减少，禁止没有限度地提高英语课程教学内容的难易程度；注重学生学习活动中的主体性，提倡学生以实践方式方法来探究知识、探索世界、解决问题等一系列要求。

美国总统布什于1991年4月18日签订了《2000年的美国——一种教育战略》文件，该文件明确了美国教育改革的战略及中小学教育发展的任务及目标。就课程设置而言，该文件指出，美国中小学教育的核心学科有五门，分别是英语、数学、历史、英语以及自然科学；就教育信息系统而言，该文件也明确要求应尽快构建全国互联网，让全国范围内的全部学校都能够及时获取到最新的信息、研究成果以及有关知识，同时还可借此来及时获取教育反馈的相关信息。

美国总统克林顿于1991年4月21日正式宣布了《2000年目标：美国教育法》，该教育法的重要要求与指示主要包括下列几个方面。首先，课程规划方面，核心课程由《2000年的美国——一种教育战略》当中所规定的5门增加到了8门，新增加的核心学科是艺术、公民和政府、经济。其次，出台了包括课程标准在内的全国教育标准，以用来规范任课教师的教学能力、课程评估等多项内容。最后，该文件着重指出，基础教育课程标准的制定须注意下列几大问题：学习内容方面，一定要对学生须了解什么和如何运用有明确要求；运用水平方面，须对学生怎么样检测自身所习得的知识与技能有明确指出；不应以种族、文化背景等因素来制定课程标准，这是面向全休学生的，应一视同仁；各州应对学生的实际应用水平进行着重指出。可以说，该文件的颁布与实施为美国改革课程标准提供了较好的政策制度支持。

2. 英国的基础课程改革发展历程

纵观英国的整个教育发展历程，可以说是经历了较长的一段时期，教育的发展进步也在很大程度上推动了英国的基础课程改革。

英国国会于 1988 年 7 月 29 日正式通过了《教育改革法案》，其中明确规定，全英国范围内的全部中小学将采用统一的国家课程。中小学所开设的课程主要有两种：其一，涵盖英语、数学等 4 门课程在内的核心课程；其二，涵盖技术、历史及体育等 7 门课程在内的基础课程。该法案还明确规定，必修课当中包括宗教教育。这一法案的正式实施使得英国沿用了数十年的课程体制被彻底颠覆，取而代之的是国家课程，英国教师的课程自主权不复存在，课程当中传统的中央、地方与学校之间的关系也有了很大变化。统一的国家课程在很大程度上制约着义务教育阶段的学生选择课程，使得英国课程专门化的缺陷在一定程度上得以解决。

然而，受诸多因素的影响导致国家课程在实施过程当中遭遇到了诸多问题，具体来说主要表现在各学科所制定的教学目标和学习纲要要么要求太高，要么内容太复杂，或是缺乏规范性与严密性等，从而导致学生不得不担负着过重的课业，尤其是小学阶段的问题更为严峻。由此，人们一定程度上忽略了精神和道德方面的教育以及宗教教育。

英国政府于 1994 年 9 月开始推行新的中小学课程改革方案，改革的重点主要表现在下列几个方面：第一，注重基础知识教育；第二，对国家课程内容进行适度裁剪，注重课程的灵活性与多样性；第三，评价的范围与方法需要简化与改革；第四，课程管理及协调机构须统一；第五，增设增值指标，对学生的在校表现进行科学评价；第六，对 14 岁到 16 岁这一学习阶段的评价进行优化改革。

英国中小学于 2000 年 6 月份开始正式推行新的国家课程，此次课程标准尤其注重发展下列四大目标：其一，注重学生精神方面的发展，让学生能够实现自我成长，促进自身潜能的充分挖掘与发展，理性认识到自身的优势与不足，具备实现目标的意志；其二，注重道德方面的发展，让学生能够学会对道德冲突进行理解，关心他人，懂得分辨是非，具备采取正确行动的意志；其三，注重社会方面的发展，让学生能够认识到作为社会与集体的一员所需要承担的责任和具有的权利，更加注重学生人际关系处理维护的能力和团队合作协同攻关能力的培养；其四，注重学生在文化知识方面的学习和理解，让学生能够对文化传统有深入理解，具备理解以及欣赏美的能力。

纵观英国整个中小学课程改革和发展历程来看，其发展趋势主要呈现出下列几大特征：第一，注重学生精神和道德方面的发展，注重培养学生正确的价值观；第二，注重培养学生的社会公民素养；第三，围绕基础学力来促进本国教育质量的提升；第四，兼顾国家课程与地方课程；第五，注重学生信息与交流技术能力的培养与提升。

（二）我国基础教育课程改革

结合英美两国的基础教育改革历程来看，我们可了解到，这两个国家的基础教育改革并不是一帆风顺的，我们可从中吸取许多经验教训，从而为我国的基础教育改革提供参考。迄今为止，我国已进行了六次规模不一的基础教育改革，其中，获得过成功，也尝过失败。现如今，我国正面临着新一轮的大规模的基础课程改革。作为一名教育工作者，需要深入分析与归纳总结其他国家的经验教训，立足于我国国情，认识到我国基础教育改革的特殊性，将新一轮的基础教育课程改革工作置于重要位置来对待，这样才能让中国的孩子们在日后越来越激烈的国际竞争当中能够站稳脚跟，获得成功。

1. "中式教育"与"英式教育"

英国 BBC 曾推出了一部名为《我们的孩子足够坚强吗？中式学校》的纪录片，其中就提到，在国际竞争当中，英国学生的优势越来越不明显，未来职场上，英国孩子们最为主要的竞争对手将是中国学生。这一纪录片引起了轩然大波，让中国与英国的教育工作者纷纷反思本国教育制度的缺陷与不足。而我们也可从中看出英国教育界及部分观察人士在对待两国人才培养模式方面所存在的差异及所持有的态度。

这几年的国际测试当中，中国学生的表现都较为出色，包括英国在内的诸多西方发达国家都开始关注中国的基础教育。不过，这并不代表我国的基础教育就是先进的，或者优秀的。在比较中西方的教学模式之后，我们不难发现我国的基础教育工作当中还存在诸多不足及需要改进的地方。

英国伦敦大学教育学院与 BBC 于 2015 年 10 月份合作了一个名为"中国化的英国学校"的研究项目。入选这一项目的教育工作者有我国江苏省英语特级教师李爱云，其指出，国际上 QS 教育专业的佼佼者——伦敦大学教育学院看到了中国的基础教育当中值得其学习的地方有许多，因此才想要和 BBC 合作，通过纪录片的形式来研究中国式教育。

在这次研究项目当中，李爱云主要负责博航特中学（英国汉普郡内一所知名度很高的优秀的公立中学）的 50 名初三年级的学生。BBC 多次对李爱云提到，希望其能够以中国传统的教学方法来进行此次授课。

纪录片一经播出就受到了广泛关注。通过纪录片我们可以看到，一开始，英国学生对中国的教学方式极其不适应，逃课、闲聊等情况频繁发生。然而，一周以后，中国教师与英国学生之间的认识慢慢加深，并彼此相互理解。一个月之后进行了一次考试，结果显示，"英式教育"班的三科考试成绩都低于"中式教育"班的学生成绩，尤其是数学学科的平均成绩更是比"英式教育"班高出了十几分。

李爱云提到，这一次教学实验过程当中，矛盾时有发生，这也可以看出两国教育存在很大差异，需要我们互相参考，取长补短。相比较来说，中国学生的目标更为明确，学习也很勤奋，而英国学生则更关注课外活动，有着较强的动手能力和应对能力，特别是有着很优秀的演讲水平。另外，李爱云还指出，纪录片展示的中国教学模式仅仅是拍摄人员心目当中的中国传统的教学模式，并不是现实生活当中的中国教育。不过，这并不能否认该纪录片所呈现出来的中英两国在教学上的差异，其中所折射出来的问题也是值得我们深思的。

为什么此次研究项目当中，BBC 将中国的基础教育作为拍摄对象的起因是 PISA 测试即国际学生评估项目。经济合作与发展组织于 2000 年开始，每隔三年就会举办一次 PISA 测试，主要是对 15 岁学生的分析与知识应用能力进行评估，以帮助各个国家与地区能够对本国的教学质量和中学生的表现有全面了解。

在 60 多个参与测试的国家和地区当中，上海学生于 2009 年与 2012 年的 PISA 测试当中都获得了科学素养、数学以及阅读这三个科目的第一名。对比之下，英国没有一个科目排名能够进入前二十。

浙江省数学特级教师唐彩斌就曾对此说到，这是一件值得我们骄傲的事情。数学教育界的"奥运会"——国际数学教育大会 2020 届将由中国负责举办，由此可见我国数学教育是有一定优势的。

不过，不少专家学者也指出，一个国家教育的好坏是不能单纯地凭借一个 PISA 测试结果就能够看出来的。在这一问题上，目前尚未达成统一意见。然而，包括英国在内的诸多国家也因成绩的下滑而开始反思本国教育的不足。

英国教育大臣于 2014 年 2 月份率领着一众英国教育代表团来到上海，深入考察上海多所中小学。随后，英国教育部还和上海市达成了合作，互相委派小学数学老师，就教学经验等方面进行合作。英国哈帕柯林斯出版社和华东师范大学出版社于 2015 年 2 月达成协议，中国的教辅材料《一课一练》被引入英国。2017 年，中国上海的数学教材被英国部分学校所采用。

2. 单一的评价机制和多元的异同

英国在反思本国教育模式的同时，我们也需要思考一个问题，那就是我国的教育模式是否存在不足，是否需要改进？中西方的教育模式又有哪些不同呢？

不少曾经在西方国家进行交流与学习的师生曾就中西方的授课方式与课堂管理等方面所存在的差异进行了归纳总结。首先，就课堂管理方面而言。英国主要是小班授课，有着较为灵活的课堂管理模式，对整齐划一的要求不高；而中国的课堂规模比较大，常以 40 名以上学生数量组成一个班级的居多，且严格要求学生遵守课堂纪律。其次，授课方式方面。英国以差异化教学为主，教师会根据学生的实际情况来设计每一堂课的学习内容，每一门课程都是按照学生能力来分班授课的。而中国的教材与大纲都是统一的，教师面向全班学生进行授课，有着较为统一的教学模式，一般是教师讲知识点，学生记笔记，师生互动比较少。最后，师生关系方面。英国教师给学生自由的机会比较多，主要靠学生自身来探索与发掘知识，教师扮演的是引导者与协助者的身份，学生喜欢质疑老师，并且会向老师提出挑战。而中国课堂上，师生之间的地位通常是固定的，教师往往是权威。

不过，这些差异仅仅是表面上，追究其更深层次的原因实际上是中西方的文化与国情有所不同。春秋时期，孔子大力倡导"有教无类""因材施教"的教学方式，孔子在和弟子进行对话向其传授知识的同时，也为后人留下了诸多经典语录后人深受影响。

王璐是北京师范大学的教授，其指出，导致中国采用这种大班教学的、以教师讲授为主的教学模式的一个重要原因是我国人口多，教育资源却严重匮乏。还有的研究工作者则指出，是因为我国采取以考试为主的教育评价机制才导致了这一教学模式的形成。

相比之下，英国有着多样化的教学体系与评价机制，如公立学校对学生的考试成绩并不是很看重，学生压力不会很大，而私立学校对学习成绩及升学率则比较看重。英国百福集团 CEO 马良就曾提到，英国的私立学校在追求升学率方面与中国学校有很多相似之处。

有留学生指出，英国公立学校的学生没有较大的课业压力，很少会花较长时间在学习上，不过英国的私立学校以住宿制居多，学生放学后多在图书馆或是教室里学习。

私立学校学费都比较高，学生以精英阶层的后代为主。相比之下，公立学校的学生很难被名校录取，大学毕业以后，名校生的收入及所处的阶层远远高于普通大学毕业的学生。对此，有学者指出，英国阶层固化的一个主要原因在于教育过于宽松。

教育界主张这样一个观点：中式教育下的学生有着较为扎实的基础知识，不过缺乏应用能力；西式教育下的学生知识储备不足，不过知识应用能力与主动学习能力较强。

南京师范大学殷飞曾经指出："现在的学科教育出现了越来越机器式的教学方式，教学变得越来越呆板无趣，扼杀了学习当中本来该有的乐趣。"

杭州外国语的副校长夏谷鸣曾经说："现在的家长过分执着于学前教育，这样做孩子虽然赢在了起跑线上，但是并不是他们真正的兴趣所在，所以导致后劲十足。中国很多孩子奥数都非常厉害，几岁就开始获奖无数，但是后来真正从事数学研究的人寥寥无几。"

2015 年，有一封父亲写给考上北京大学的儿子的信引起了社会广泛的关注，讲述了一个为了考上北大的宁波学生艰辛的求学之路。

在这封家书里，读者看到了一个懂事、独立，对人生方向有着清晰把握的孩子形象，更看到了一段对孩子的选择理解、包容、尊重和支持背后的深沉父爱，很多人更因此反思自己对孩子的教育是否得当。

教育专家学者指出，中西方教学对比的目的，不在于看谁输谁赢，而是在于通过各自教育方式的利弊对比，取长补短，更好地为下一代的教育做准备。

### 三、注重交际能力提升

语言类课程教学需要一定的技巧，尤其是像英语这种语言类课程，不能过于强调单词等理论知识的记忆和掌握。一些有意义的语言交际、创造性语言应用同样也是学习英语的方法，甚至这种方法会比大量地记忆单词更利于学生的英语学习。所以说，英语交际能力的提升也可以看作是英语教学的必然要求。不论是功能性的交际外语教学理念，还是实践性的交际外语教学理念，在进入中国之后，都会受到很多学科的影响，如社会语言学、心理语言学等。受此影响，外语教学中也开始关注学生交际能力的提升，注重学生外语交际性质、功能、目标和过程，同时也注重课堂中、课堂下借助有效的方法，再配合教师创造性语言应用指导来帮助学生不断提升外语交际能力。

（一）教师教学技巧

第一，作为高校语言类的课程，英语课程的教学内容设置一定要拥有创新性，做到内容别具匠心。"快乐教学法"是新课程改革中比较提倡的一种教学方法，教师精心备课，让学生感受到课程内容的趣味性，尤其是对于一些理论课程，要让学生感受到趣味性，体会灵活多变的教学方式，在此过程中产生愉悦的知识学习心理体验，同时教师也可以在

"快乐教学"中体会到教学的乐趣，不仅活跃教师的教学氛围，同时也提升学生的学习兴趣①。

德国思想家歌德曾说过："哪里没有兴趣，哪里便没有记忆。"歌德通过简单的一句话告诉我们，兴趣不仅是最好的老师，同时也是帮助学生记忆的最好伴侣。"快乐教学法"的本来目的是创新教学方法来不断培育学生学习兴趣，激发他们获取知识的欲望，同时也让教师摆脱传统的教学模式，在快乐教学中培养学生学习兴趣，提升学习效率。然而每一门课程都会或多或少的存在一些枯燥的知识点，那么教师如何将这些枯燥的知识点上升到学生的兴趣点？例如，英语的一些语法、词汇等，对于很多同学而言都是比较枯燥的内容，英语教师如何借助"快乐教学法"将其转变为妙趣横生的课堂内容呢？

首先把握好开端，一堂课的开始环节至关重要。英语教师成功授课的第一环节在于是否有"引人入胜"的导语，例如，一个大篇幅的新闻报道，如何快速的吸引读者的眼球？当你拿到一份报纸或者杂志的时候，如何选择自己喜欢的文章读下去，更多的时候是依靠导语来安排自己的阅读内容，所以我们经常看到一份报纸上最醒目的内容莫过于新闻导语，简单、高度概括性的导语甚至比内容更加吸引读者。正如培根所说的："好奇心是知识的幼芽！"英语教师通过设计简单、形象且悬念感的导语可以在课堂的开始就吸引学生的注意力。如教师在讲授一些枯燥无味的科普知识的过程中，可以联系学生的生活实践，向学生提出一些感兴趣的主观问题，一方面引起学生的思考和兴趣点，另一方面给学生更多的想象以及发挥空间，让学生在学习知识的同时，真正地和生活实际结合在一起，将知识点和实践融合在一起②。

---

① 李臣之：《学校课程顶层设计》，《教育科学研究》，2015 年第 7 期。
② 廖白玲、林上洪：《大学英语课程改革置议》，《中国高教研究》，2015 年第 1 期。

第二，充分地应用多媒体等技术来丰富英语教学方式。国内外大量的心理学测试结果显示，一个人通过视频、听力所获取的知识总量占到了知识总量的 90% 以上。多媒体教学是最具代表性的试听教学方法，借助多媒体能够将知识体系更加直观、形象地展现在学生面前。通过视频信息还可以让学生更加直观的感受国外的风土人情和语言习惯，在听力的基础上，结合视频效应，综合刺激学生思维反应速度，让学生将看到和听到的结合在一起，更有利于信息和画面的融合学习，提升学习兴趣，同时增强学生对于知识点的记忆。语言类视频和听力的结合能够更好地培养学生英语语感，借助情景再现让学生产生身临其境的感受，让学生体验感受、学习、提升和实践的英语学习过程。

第三，教师要注重学生知识获取量的增加。教师与学生交集更多的是依靠课堂，所以学生知识量获取的增加需要教师在课堂知识容量上下功夫。在讲解一篇英语文章的过程中，可以适当地增加一些"课外知识点"；给学生教授一些与本节课程相关的文化、社会知识点，甚至可以将课文中的名人情况介绍给学生，让学生加深对课文内容的理解和记忆；等等。例如，讲授外国风俗文化的英语语篇时，教师在开课之前可以先让学生查找一些自己感兴趣的国外节日，包括"情人节""圣诞节""感恩节"等，查找与这些节日相关的英语文章，了解这些节日的时间、风俗习惯、文化内涵等；或教师也可以在课堂上给学生讲授一些学生感兴趣的国外风土人情、节日信息等，既调节课堂的氛围，同时也强化学生对国外文化和语言的兴趣。

第四，教师要给予学生更多地表现自己和展示自我的舞台。一些英语语篇中的内容需要动作时间来加深学生记忆，所以教师可以在课堂上腾出一部分时间给学生来展示和表演，让学生表演一些合适的内容。当然也可以通过模仿做到学以致用，例如，在学习一篇叙事小说之后，可以让学生自编、自导、自演情景短剧，并分为不同的小组，通力合作演绎自己编写的情景短剧，按照自己的理解，将本节课所学到的语法、词汇应用其中，不同的学生演绎不同的内容和角色，也可以根据自己的英语能力来选择不同角色，通过学生的情景短剧表演带动班级的情绪，让学生体会知识获取后的喜悦感。

第五，倡导幽默式教学。教师的教学方法在很大程度上会影响到学生对教师的印象，甚至影响到学生对于一门课程的学习兴趣。而教师教学语言技巧是最能够对学生产生影响的，想要让学生对教师教授的课程以及教师本身产生兴趣，就要学会用幽默的教学语言与学生沟通，这样可以打破传统课堂的平板氛围，通过创造诙谐幽默的课堂氛围，让学生在享受课堂、获取知识的同时，心理感受也有所提升，从而提高学习效率。例如，一个英语教师为了让学生更好地记忆"god"（上帝）这个单词，就将上帝与狗联系在一起："狗（dog）翻了个跟头就成了上帝（god）"，这种方式一方面活跃了课堂气氛，另一方面也帮助学生记住了英语单词。学生在聆听教师讲解过程中也是非常快乐。

（二）学生提升英语交际能力

当然，学生英语交际能力的提升也需要很多技巧，一个记忆力好的学生，即便是记住了一整套《汉英词典》，但是没有掌握英语语法知识，在用英语表达自己的想法时难免还是会"捉襟见肘"。下面我们来介绍一些比较实用的提升学生英语交际能力的方法。

第一，说话的时候要注意放慢说话的速度。我们在用母语与人交流的时候，也许可以做到口若悬河，甚至可以匹敌一个演说家，但是如果换作是外语，想要在短时间达到这样的效果是很不现实的。培养自己的英语交际能力就要注重在说话的时候，要做到清楚的表达，放慢速度，让对方能够听清。尤其是对于初学阶段的学生，初学者经常会被告知在表达的时候不要害怕自己会犯语言错误，实际上如果你想让对方清楚的了解你想要表达的东西，首先就要放慢你说话的速度。没有人会因为你说话速度慢而不理解你所表达的意思，正如一个演说家，通常他们会在重点强调的内容上放慢速度，逐字逐句地告诉听众，这样既是对听众的尊重，也是对自己演讲的尊重。

第二，给自己思考的时间。我们在与人交流的时候，很可能会担心对方会因为自身的语言能力不够出现不耐烦的心里，这甚至会让自己想用最快的速度将所有表达的话说完，但是，与一个过于草率的回答相比，人们通常更加倾向于在深思后所做出的准确回答。与前者相比较，另一个可供使用的方法就是，在沉默不是一个相对好的选择的情况下，可以试图使用一些相对固定的方式来缓解双方交谈过程中充斥的尴尬气氛。例如，如果有人问你电视节目中为什么会出现这么多的暴力现象呢？你可以回答："这个问题非常好，容我思考一会儿再答复你，因为我之前并没有仔细地考虑过你说的这个问题。"通过重复提问者的所提出的问题，同时再加上几个相关的句子。通常这段时间就可以给我们创造出足够的时间来考虑和回答对方提出的这个问题。可以预见，如果你也按照同样的逻辑方法来做，那么你的回答听起来很可能会比其他人显得更加流畅。例如，一个演讲者在演讲之前通常都会做一个演讲提纲，但是在演讲的过程中，如果有人突然向我们提出提纲之外的问题，演讲者在这种情况下并没有想过这个问题的时候，可以通过重复提问者问题的方法来给自己空出思考的时间，从而让自己的回答更加的流畅和富于逻辑。

第三，拒绝简单地记忆单词，而是要学习句子。通常情况下，更多地学习英语句子能够给我们减少很多压力，当我们学习了一些新的英语单词之后，可以尝试记忆一些包含这些单词的语句。当然，也可能不会出现以下这种情况，你没有经过任何思考地使用了一个句子，但是不幸的是，最终却没有学会如何去使用这些词汇。

第四，学会去倾听。当我们试图使用外语表达的时候，通常可能会将注意力集中在表达内容上，但是，完全听下来之后，我们很可能发现自己已经忘了对方刚才在讲述什么内容。实际上，这是一个非常严重的错误。这是因为，我们在以后的日子里会用到他们曾经说过的某个确切的词汇或者语法。因此，一定要将注意力集中在周围的人所说的内容上。这样，以后跟别人交谈的时候，这些内容将会变成最重要的资源和财富。

第五，练习和学会提问。我们应当牢记这种事实，交流始终都是一种双向沟通的过程，而不是单方面地去表达自己的意思。如果在交流的时候只听，而不提出问题，一方面会显得我们比较冷漠，甚至是显得我们不尊重对方，另一方面也会导致自己失去话语的主导权。所以，如果当你不知道接下来应该说什么的时候，一定要牢牢记住，也许你可以将话语权交给对方，让对方来补充后面的内容。例如，可以问对方：对于这个问题你有什么看法？你怎么看待这个问题？

第六，产出，产出，产出。就像开始说的那些内容一样，你可能学习和掌握了很多关于语言的知识，但是这只是一些需要和等待被激活的被动性的知识。因此，你的目标应该是说出正确的流利的英语。面对这个目标，练习无疑是学习和提高的最好的方式。与此同时，写作也是一种产出语言的方式，它会让你熟悉并且思考使用英语的方式。当你在与人进行交谈的时候，写作练习也会起一定作用的。在另外一个方面，说是一个更自发的过程，所以需要找一个可以一起练习英语的人。

（三）大学英语课程

对于大学英语课程改革来讲，也可以利用一些与知识学习相关的方法，如名篇背诵、复述练习等。

第一，名篇背诵。正如语文学习中，一些教材经常会标记一些掌握点，例如，请背诵掌握本篇文章的第几自然段，或者是完全背诵一篇课文，但是这种学习方法用在英语学习中，很多人都会觉得过于浪费时间，甚至也不会对自己的英语水平提升起到多大的作用。实则不然，英语名篇背诵一方面对于提升学生英语口语表达能力有很大的帮助，另一方面对于英语水平的整体提升也会产生积极的作用。背诵英语语篇是比较好的一种英语学习方法，尤其适合学生提升自身口语表达能力使用。当然英语语篇背诵和语文课文背诵一样，并不是所有的语篇都需要背诵，只要挑选一些有价值的背诵即可。例如，一些名篇或者一些著名的演讲稿，因为正如背诵语文课文一样，背诵通常都需要花费大量的时间，所以在选择背诵内容的时候一定要谨慎。另外，背诵之后还要做到经常性的循环复习，最终达到倒背如流的层次。

第二，复述练习。英语中所用到的复述方法主要有两种：首先是语篇阅读之后的复述，例如，完成一个段落阅读之后，可以用自己的理解来复述这段文字的内容或表达的主要意思，也可以使用文章中出现的关键词来理清复述线索；其次是在观看影片和影音信息之后进行复述，这种附属相较于第一种对学生的要求比较高，因为看一篇文章并不需要考验学生的听力能力，但是观看影片则是对学生综合能力的考察。这种方法相较于阅读文章而言，能够帮助学生矫正自己的英语语调，同时培养学生的英语听力能力。

第三，掌握大量的词汇。词汇的掌握程度，对语言表达也起一定的限定作用。掌握的词汇量多，有利流利表达，否则可能存在表述困难，而且，单纯听、读、写各个方面也很难进行。在别人讲话时，我们也不能翻译成自己所能接受的信息，自然我们只能耸耸肩，给对方一个无奈的微笑。在阅读时，由于生词多而不理解文章的内容，更谈不上用语言表达出文章的意思。在写作时南于词汇欠缺，所以翻译时意思支离破碎，内容残缺不全。词汇是语言的基本单位，凶此我们把词汇量的掌握作为提高英语口语表达能力的基本途径。

第四，不要过分注重语法。每种语言都有自身的语法规则，我们必须按这个规则来进行语言交流。但是，过分注重语法会使人思维死板、僵化，从而在进行语言交流时形成一种障碍。特别是对于英语初学者来说，过分注重语法更是不应当的。只要有开口说英语的勇气就是很值得我们欣赏的。但我们这说的并不是要完全抛弃语法，而是说，出现语病不是好现象，我们应该使我们所说的语言尽量准确与完美，但是，过分注重语法会影响我们表达的速度，所以说英语时我们应去掉这种心理障碍。

第五，大量模仿练习。英语口语练习并不像是汉语的普通话练习，需要学习很多单词的读音和技巧，甚至一个句子的停顿都需要一定的技巧，所以想要提升英语交际能力，可以加入大量的模仿练习。英语模仿练习首先必须要大声模仿，不能像背诵语文课文那样默读，要清清楚楚地从口型到完整句子的阅读模仿到位。学生一定要学会仔细模仿。优美的语言、语调不是在短时期内就可以通过模仿能达到的，是一个长期的过程。在模仿过程中，人们一定要捕捉每一个语言中的每一个细节，具体包括：语调中的轻重起伏以及口、舌、齿的到位，语言中的连读、略读，甚至还包括被模仿者形体动作和面部表情。人们一定要力求精而准，逐步培养地道、流利的英语口语表达。但模仿过程中，人们一定要具有耐心，拥有恒心，相信自己完全能模仿好。

总之，大学的英语教学要从"传授知识型"的教学模式中提高层次，切实把学生从消极被动的状态中改变过来，充分激发他们的热情，开发他们的潜能，目的在于让学生更好地积累英语文化知识，培养语言表达和思维能力，从而更快地提高运用语言的能力。

### 四、重视学习策略培养

从 20 世纪 70 年代中后期开始，我国在外语教学方面重视学生学习策略的研究。国内学者通过大量的研究和总结，对一些比较成功的学习策略、方法进行概括和总结。何谓学习策略？就是为提升学习效率所开展的系列学习活动。例如，选择一个特定的学习领域或者确定几个学习领域，之后收集与这些领域相关的数据信息，确定最合适的内容，然后逐步调整学习策略实施的过程。学习策略的选择和确定、学习策略效果和学生、学习内容以及学习环境有很大的关联。对大学英语学习策略的研究，一方面利于高校教师理解学习者所定义的学习策略内涵，可以为英语教学活动提供更加具有针对性的指导，最终提高教学质量；另一方面，其有利于学生更正确地选择和使用学习方法和学习策略，提高学习的效果和效率。

美国学者鲁宾（Rubin）和加拿大学者奈曼（Naiman）是早期语言学习策略研究的代表人物。当时的研究主要针对善学语言者的学习策略共性特点。1984 年，黄小华的硕士论文 *An Investigation of Learning Strategies in Oral Communication that Chinese EFL Learner in China Employ*（《中国英语学习者口语交际学习策略的调查研究》），标志着中国英语学习策略研究的开始。此后，随着研究的不断深入，有关学习策略的探索由早期的善学者与不善学者的策略对比、策略与成绩的关系发展到策略有效性论证和策略培训。研究表明，策略训练不仅有利于改进学习方法，提高学习效率，而且可以提高学生的学习动力，增强学习自信心。

虽然到目前为止，学术界对语言学习策略的确切定义还存在分歧，但界定方法大致相同：学习策略是语言学习者为提高语言水平而采取的技巧、方法或者刻意的行动；学习策略灵活多样，受多种因素影响；学习策略既是语言学习过程中的可视行为，也是隐性的心理活动；学习策略的培训能够提高学习效果。总体而言，在大学英语课堂教学中实施策略培训是十分必要和有益的。

认知活动是复杂的思考过程和问题解决过程。根据安德森（Anderson）1983 年提出的认知技能获得模式，学习策略作为一种高层次的认知技能，是不可能自然习得的，其必须在教师指导下，经过认知、联系和自动化三个阶段。只有这样，我们才能够将陈述性知识转化成为程序性知识。在程序化的过程中，教师可以描述、解释、演示目标策略，为学习者提供机会，将所学策略加以实践，并对学习者的策略运用给予即时反馈，使学习者能够掌握目标策略并将之迁移到新的学习任务和情景中去。该模式强调培训在技能习得过程中的重要作用，因而为在大学英语教学中实施策略培训提供了理论依据。

学习策略的研究者们不断探索行之有效的策略培训途径，但由于教育背景、语言学习的客观环境、学习者因素及训练者因素等方面的差异及影响，语言学习策略培训的模式各不相同，各有其优点和不足。实践中，常用的训练模式包括讲座式、研讨式、教材渗透式和教学活动渗透式等。

讲座式训练的关键目的是培养策略意识（strategy awareness）。所谓讲座式教学，顾名思义，首先需要一个特定领域的专家学者，其次通过知识、经验专题讲座的方法来传授学习策略。这种学习策略培养方法可以节省大量的时间，同时也可以满足大规模人群的需求，但是也正是由于规模较大，所以学习者通常无法结合自己的实践经历尝试学习策略，所以最终的训练效果往往不够理想。

　　研讨式策略训练就是将讲座法、讨论法和实际的实践结合在一起，学习者可以结合自己的实际需求和目标，通过小组讨论的方式来解决学习实践中所遇到的问题，通过小组间的交流合作交流学习中的问题和经验。

　　教材渗透式训练就是将学习策略的训练以"隐藏式"或"非隐藏式"渗透到教材的各个单元中，使学生在教材学习中同时获得学习策略的培养。在这种模式下，如果教材本身没有体现或包括学习方法和策略的培养，那就要求授课教师对教材进行补充改编，因此不适应于在学习策略培训方面缺乏经验的教师。

　　美国学者科恩（Cohen）在 1998 年提出了渗透式学习策略培训的理念，就是将学习策略渗透进教学活动中，以学习策略为主的 SBI 教学模式。科恩所提出的 SBI 教学模式重点强调学习策略训练的作用，他提倡将学习策略渗透到语言课程教学全过程中，让学生既学习语言知识，同时也掌握语言学习策略。科恩将学习策略渗透氛围三个环节：首先教师通过直接描述、演示或者举例的方法来讲述不同的学习策略；其次让一些成绩较好的学生或者在某一个方面表现较好的学生，结合自己的成功经验来分享自己的学习策略；再者在具体的教学活动中，用明确或者是隐含的方法将学习策略融入语言学习中。当然科恩的学习策略教学模式会占用大量的课堂教学时间，但是这种教学实践是从学生为主体出发，能够有效地促进学生学校效率的提升，同时还可以帮助学生更好地开展自我管理①。

　　以上几种学习策略培训模式各有特点，各有利弊。实践中，很难找到一种完美无缺、无可挑剔的模式，在具体实施策略培训的过程中，应

---

① 刘丽艳、刘永兵：《高中英语课堂环境与学习成果的关系研究》，载《外语教学理论与实践》，2012 年第 4 期。

根据学习环境、学习者的多样性和复杂性选择配合使用。

讲座式和研讨式学习策略训练都是专门的学习策略培训，在培训初期可以尝试使用，目的是让学生了解、重视学习策略。教材渗透式和教学活动渗透式培训模式要求将学习策略的训练融合到日常教学活动中去，通过教师介绍、演示，学生在完成学习任务的过程中逐步熟悉策略、使用策略，最终应用策略，这可以有效促进英语学习，甚至将学习策略引入到其他学科的学习中，成为一名独立自主的学习者。

目前，国内对外语学习策略的研究时间尚短，很多方面不够成熟，有待于进一步的探讨。此外，外语学习策略主要是借鉴国外的训练教材，适合中国教师、学生使用的教程寥寥无几，在这种现状下，广大英语教学工作者需要持续不断的努力，更加积极地在课堂教学中探索大学生学习策略培养的有效途径。

社会的发展要求人才的培养必须要跟上时代发展的需求，这种条件下，大学英语教学也要注重培养学生的自主学习能力，逐步地摆脱教师的"控制"，真正体现"以学生为主体"的原则，让学生真正认识到自主学习的重要性和英语学习的价值所在，逐步改变学生被动学习英语的现状，让学生意识到社会所需，努力让自己发展成为社会所需的人才。"翻转课堂"的出现就是对传统英语教学模式的挑战，其强调"剥夺"教师的课堂教学主动权，让学生真正成为课堂的主体，强调教师不能占用太多的课堂时间用于讲授理论知识，要让学生通过自己的努力，如自己查阅与知识点相关的资料信息来学习理论知识，更好地锻炼学生的自主学习能力。

首先，"翻转课堂"要求教师逐渐的"放权"课堂，学生逐渐的掌握"课堂主动权"。而在此基础上要求学生要根据课程内容制定自己的学习计划。以本科生为例，这些学生有相对较强的独立学习能力，他们通常都了解自己所能够接受的知识体系，知道自己能够接受怎样的知识范围，所以可以根据自己的实际情况制定学习计划。但是在传统的教学模式下，再过高层次的学生也往往都是"被教师牵着鼻子走"，即教师制定怎样的教学指标，学生就制定怎样的学习计划。这样的教学模式往往忽视了学生的个体差异，教学指标的制定没有考虑到每一个学生的个体差异，所以最终教师所制定的教学计划势必无法适应每一个学生。所以鉴于这种情况，教师可以适当地"放权"课堂，让学生自己来制定适合自身的学习规划，而教师则通过学生的日常学习状况来了解他们的学习效果以及学习动机差异，然后制定科学合理的学习目标。

其次，积极鼓励学生自主选择学习方法。不同的学生学习兴趣点、学习效果有很大差异，传统的教学模式下，教师往往会给学生设定一个学习方法模板，所以学生的学习方法往往过于固化，不能灵活地根据自己的特点来选择合适自己的方法。"翻转课堂"教学模式下，英语教学强调要积极地鼓励学生从自身实际出发，选择适合自己的学习方法，真正地看到了学生认知差异。例如，有的学生习惯安静地阅读英语文章，但是有的学生就喜欢人声地朗读英语文章，可他们互相并不羡慕对方的学习方法，即便是别人的学习效果更好，也不会觉得自己的学习方法不好，因为他们知道哪种学习方法更匹配自己的情况。而翻转课堂就是要强调学生的自主性，通过认清自我，选择适合自己的学习方法来获得更大的发展和更好的学习效果。

再者，重视学生自我监控能力的培养和提升。优秀的学生都会注重自我监督，这也是现代化大学需要培养学生的能力点。尽管上面我们提到"翻转课堂"要求教师逐渐的"放权"课堂，让学生掌握课堂的"主动权"，但这并不是说要让教师和学生逐渐脱离，因为课堂教学始终离不开教师的辅助，"翻转课堂"教学模式仍然强调教师和学生的默契配合，教师会因材施教地帮助每一位学生制定科学合理的计划，最终起到帮助学生完成学习目标的作用①。教师要时刻的关注学生的学习计划制定以及内在的学习动机，这是"翻转课堂"模式下教师的监督，而学生更应该养成自我监督的意识，锻炼自己的自学能力。在教师的帮助下，积极履行自主学习的义务，养成自主学习的习惯，在更加宽松愉快的学习氛围中提高学习水平，养成自学习惯，在愉快轻松的氛围中锻炼身体。有充分的学习兴趣，发展真实能力，并提高英语学习水平。

一般来说，学习具有一定学习技能的英语会产生乘数效应。通过浊音语言学习英语可以提高听力，提高英语口语和记忆单词。要长久的掌握知识，必须系统地记住和复习。使用英语是一种语言技能。这项技能只能通过练习来掌握，甚至有必要不断审查和巩固才能精通。总之只有在熟练的情况下，才能不假思索地脱口而出。

### 五、注重学生多元评价

（一）评价内容的多元化

学生评价就是教师对学生学习效果进行的阶段性评价。在传统的教学模式下，大学英语的评价方式是将一个学年度的学习成绩作为判断学生学习效果的重要指标，所以这样的评价指标下，如果学生最终的考试成绩不理想，学生往往会认为自己学习能力不够，甚至会产生一定的消极学习情绪，怀疑自身学习的能力。

之前看过这样一个报道，一个理科班的高三学生由于在第一年考试中没有发挥好，最终高考成绩不理想，所以决定复读一年。在其复读的

---

① 刘晓英：《人际元功能视角下的英语课堂话语分析》，载《厦门大学外文学院第八届研究生学术研讨会论文集》，2015 年。

时间里，起初一段时间的考试成绩都较以往有很大的进步，但是在临近高考的四五个月内，每一次的考试成绩都非常不理想，成绩出乎自己意料，久而久之就产生了一种消极的情绪，觉得自己真的不适合学习，甚至出现了逃避学习、辍学打工的行为。

这就是传统教学评价体系的弊端所在，学校、教师，甚至是学生自己都拿考试成绩来评判学习效率，成绩好的时候学生会对学习产生浓厚的兴趣，一旦成绩不理想，就会怀疑自己的学习能力，甚至产生上面所说的辍学、逃避学习的现象。实际上单纯依靠考试成绩来评价学习效果的方法并不能够全面、客观地体现学生英语学习的能力和水平。我们应该注重构建多元化的评价体系，如评价学生的口语表达自信心、学习习惯、兴趣态度、自主能力、学习策略、合作精神等，从而通过多元化评价体系的建立来提供全方位的综合性学习信息。

（二）评价主体的多元化

学生是高校英语课程学习的主体，也是英语课程学习过程中的主要对象。因此，构建评价多元化体系的过程当中，我们要摆脱传统的单一评价角度，在此基础上融入学生互相评价、学生自主评价，同时明确规定教师评价、学生自主评价、学生互评三个评级方式分值在最终成绩中的比重，强调教师和学生、学生和学生之间的互动交流。而在此过程中，不论是学生自主评价，还是学生互相评价都在强调学生的参与性，学生开始由传统教学模式下的被动受评价转变为主动参与方。学生自主评价不能单纯地通过学生打分来完成，也可以让学生通过撰写一个年度的学习报告，以此来完成对自己的评价，或可以在开学就强调让学生通过日记、周记、月记得方式来记录自己的学习历程，在总结中反思，在反思中进步。学生的个人学习报告不仅能够为自评提供参考依据，同时也可以为教师评价和学生互评提供重要参考，同时学生自评可以按照学习时间顺序进行，如课前自我评价（主要针对自己对于这堂课程的准备工作进行评价）、课程中评价（对于自己课堂的表现、课程内容的掌握以及课堂中与同学的交流学习情况进行评价）、课后评价（针对本堂课的学习效果进行评价）。而学生互评的方式也有多种，如借助文字进行评价、通过口语对话、课文复述等技能训练方式进行评价等，当然学生也可以选择更加适合的评价标准来进行互评。学生自己评价和互相评价可以完善教学评价体系，同时和教师评价相结合能够帮助学生更好地了解学习过程中的问题和优点，让学生更加认清自己，及时地调整自己的学习策略。

习近平总书记强调，我们的教育要培养德智体美劳全面发展的社会主义建设者和接班人①。追求人才的全面发展是当今社会高度提倡的人才发展战略，实际上我们的教育从一开始就提倡学生"德、智、体、美、劳"全面发展，只是随着社会的发展和时代的进步，人才全面发展战略开始越来越关注人文素质教育和人才全面发展评价体系的构建。

那么，何为人才全面发展下的人文素质教育？

从现代社会发展的角度来看，首先要讲到"人文"。所谓"人文"就是人类在不断地进步和发展过程中，逐渐所形成的一种思维方式、社会道德、价值理念等，在此基础上所强调的"人文素质"具体包含四个层面，即具备人文知识、理解人文理念、把握人文方法、遵循人文精神。

那么，何为人文精神？"人文精神"强调对人的重视和尊重，人文精神重视人的价值体现、价值追求和维护，也是对人类长期发展所遗留下来的精神文化的高度重视。我们通常提到的时代精神、民族精神都可

---

① 教育部课题组：《深入学习习近平关于教育的重要论述》，人民出版社 2019 年版，第 20 页。

以看作是人文精神的体现。而人文素质教育就是对学生开展人文精神教育，理性地追溯人文理念，让学生真正明白修身、齐家、治国、平天下的真理，在不断学习和成长过程中真正的感受人生的境界。尤其是在全面开放的 21 世纪，全球化不断深化发展，高等教育的发展越来越关注人文教育，科学教育、人文教育越来越重要，高等教育的发展已经开始转变为学生个性发展和全面发展提供良好基础。所以大学英语的发展也要传承这种理念，注重提升学生的英语语言文化素养，与此同时，时刻关注学生精神世界发展，让学生在英语学习过程中，不单单地停留在语言的学习上，还要逐步地上升到文化学习层面，将学生培养成具备跨文化交际能力的高素质应用型人才。

我国《大学英语课程教学要求》中明确指出，英语教学的最终目标是将学生培养成人文素质和综合应用能力双重并举的人才。英语教学首先要注重国外知识的传播和语言技能的培养，同时，更要注重从教育、教学的角度出发，将理论知识和生活实践相结合，在掌握大量英语词汇和语句的基础上，培养语言应用能力和独特的思维方式，实现学以致用的目的。

# 第五章　新时期高校英语课程结构优化发展

## 第一节　跨文化视角的高校英语课程优化

### 一、文化语境

我们在学习语言类课程的时候，经常会听到教师一再地强调"语境"这个词，所谓语境就是我们理解语言和正确应用语言的首要条件，简单来讲就是什么情况下要说什么话，什么场合下适合说什么话，同时语境也是人们在交际活动中对于语言现象有着制约作用和解释功能的事物。

语境从字面意思上来看，包含了语言和说话的情境，同时也包含了一种语言文化。任何语言的形成都离不开某种文化的铺垫，语言和文化两者是密不可分的，脱离了文化沉淀的语言没有生存活力，而抛开语言的文化也没说服力和影响力。文化是语言存在和发展的根本土壤，正是由于文化的存在才有了语言的发展和完善；语言是文化存在和发展的重要载体，语言的存在可以帮助文化进行更好的传承。

在语境的基础上，我们要提到文化语境。所谓文化语境实则是一种社会规范，指的是一个国家或社会对于公众语言交际活动所做出的一系列规定和限制行为。但是实际上一个国家或地区的交际方式和交际类型是由文化语境的差异所决定的，而这种文化语境对于语言类课程的学习会产生较大的影响。简而言之，就如以汉语为母语的我们来学习英语一样，毕竟从小就开始接触汉语拼音，自然而然我们的汉语文化语境会对英语学习产生较大的影响。

英国著名的人类学家，同时也是功能学派的创始人之一，马林诺夫斯基早在20世纪初就已经提出了"语境"的概念，并在"语境"的概念中也提到了文化语境的内涵。他将语境划分为文化语境和情景语境两种，同时他从社会发展的角度又将语境划分为社会性语境和语言性语境。

马林诺夫斯基认为，语境就是某种语言的文化发展背景，也是一种时空幻境，正是由于语境的介入，一个国家或社会多种意义层面的语言符号逐渐开始趋于单义的语言符号，也正是由于语境的介入，使得语言符号新增了不同的语境含义。例如，一般情况下我们在用到"？"的时候都是一种疑问、提问的语气和语境，但是由于语境的介入，在一些特殊的情况下，"？"也用来做强调的意思，这就是我们所说的语言符号新增的不同语境含义。

马林诺夫斯基还提出，语境的存在在一些特殊情况下还可以掩盖语言符号本身的含义，而在这种情况下，语境就成为人们交际的主要信息，而语言符号成为交际的"辅助信息"，甚至可以忽略语言符号的存在。

但是我们在提到语境的实际含义时，仍然不能脱离语言符号的作用。这里所说的语境主要是指语言学课中所讲到的语言符号概念。

说到语境和语言符号不得不提到词汇。所谓词汇如英语单词、汉语词组是构成语言的最基本要素，所以在语文或者英语等学科教学中，我们往往将词汇教学看作是语言教学的重要方法和主要手段，甚至也成为一个国家或地区第二语言教学的主要手段，例如，我国早期的俄语教学、英语教学都是以词汇教学为主的。而想要更好了解外语词汇所表达的真实含义，不能单纯地看待一个词汇的存在，正如汉语词组学习中，将不同的词语放在不同的语句中会表达出不同的意思，英语词汇学习同样如此，要注重不同语境的理解。所以英语词汇学习必须结合语句、语境来展开。

## 二、具体优化原则

### （一）教师——引导者

英语教学始终离不开教师的配合，不论是强调自主学习，还是实践学习，教师始终是英语学习的引导者。教师应该怎么样进行英语课堂有效教学？兴趣是最好的老师，教师要充分激发学生的学习兴趣。

### 1. 有效进行学生管理

作为一名教师，应该具备对学生的管理能力。有效进行学生管理不仅是现代教学的要求，也是传统教学的要求。然而，现代学生管理与传统学生管理发生了很大的区别。传统教学中的学生管理主要是对学生进行纪律管理，只要学生遵守课堂教学纪律，就达到了管理目的。由于学生在数学学习的过程中遇到的困难较多，因此学生可能会出现一些违反课堂秩序的行为，教师通过对学生进行管理能够提高课堂教学的有效性。

现代教学中教师单纯地对学生的纪律进行管理已经难以跟上时代发展的步伐，对学生纪律管理仅仅是进行学生管理的一个方面，教师更需要对学生进行引导，以小学生为例，提高学生遵守课堂纪律的自觉性。教师不仅要对学生的纪律进行管理，还要对学生的心理进行管理。小学生这个群体有自身的特点，因此教师想要提高课堂教学的有效性，就要走进学生的内心世界，通过对学生的内心进行管理，使学生将精力集中于课堂教学，进而提高学生的学习效率，使学生在既定的时间内习得更多的知识点。

2. 对课堂教学时间进行合理安排

课堂教学只有短短的几十分钟，而教师对这仅有的几十分钟如何安排，直接影响到课堂教学的有效性。然而在实际的教学中对课堂教学时间的有效分配并没有引起教师的过分重视，很多教师认为只要在课堂教学的时间内认真对学生进行知识点的教学，就能够收到良好的教学效果。但是有的小学数学教师在课堂教学的过程中可能会有这样的感受，如果将课堂教学时间进行多方面分配，就会影响课堂教学的有效性。因此除了与教学相关的内容，教师很少将一些能够使课堂教学变得更加丰富多彩的因素与课堂教学结合起来。实际上教师的这种想法是与现代教学理念相违背的，教师通过对课堂教学时间的有效分配，不仅不会影响课堂教学的有效性，反而会更好地提高课堂教学的有效性。

学生的注意力集中时间是有限的，教师的教学只有结合学生的学习规律，才能收到更好的教学效果。鉴于此，教师在教学的过程中，既要留出对学生进行知识点讲解的时间，也要给学生留出进行独立思考的时间，同时还要留出让学生放松的时间，除此之外，教师在教学过程中还要将多种有助于调节课堂教学的因素运用于课堂教学，使课堂教学更加丰富多彩。作为小学数学教师，一定要认识到对课堂教学时间进行有效设置的重要性，并切实做好对课堂教学时间进行的有效分配。

### 3. 营造和谐师生关系以及情感课堂氛围

在课堂交流中，学生要特别注意教师的个性培养、专业水平、教学方法和对某些观点的看法，以免将教师的好恶转移到教师的教学课程中。为了创造和谐的师生关系，爱是核心要素。一百名不成功的教师可能有一百个失败原因，但千百名优秀教师有共同的成功经验，就是爱学生。营造和谐的课堂氛围，可以对提高教学质量产生倍增效应。爱要求教师对学生充满热情，注重各方面，并对学习困难的学生给予特别照顾和帮助。师生关系影响学生的认知活动，和谐的师生关系是学生学习的强大动力。要营造和谐的师生关系，还要注意与学生的课外交流。教师可以利用课后的时间与学生交流。

没有当班主任的教师在课后与学生沟通的时间有限。这时，教师可以充分利用QQ或电子邮件，于第一堂课向每位学生公开QQ号码、电子邮件地址，这种方式也是了解学生的捷径。不是每个学生都会与老师沟通，但至少通过与一些学生的交流，可以感受他们到对老师的信任或不信任，包括课堂上的影响、学生的学习状况等。许多学生，为了增进师生之间的理解和友谊，让老师在巨大的压力下保持宽松的态度。掌握了学生的心理特点，教师可以自由地将丰富的教学内容传递给课堂上的学生。虽然学生有不同的性格，但他们总是有共同点，掌握共性，掌握规则。在法律指导下进行教学，问题易于解决，对创建和谐的师生关系起着至关重要的作用。

灵活的教学风格，有趣的课堂气氛。孔子说："知之者不如好之者，好之者不如乐之者"因此，教学方法的多样性在优化教学和有趣的课堂中起着至关重要的作用。随着信息技术的发展，多媒体技术被广泛应用于英语教学中。教师可以利用多媒体的直觉和可视化，为学生提供直观，真实的语言学习环境，激发学生的兴趣和热情。

教师还可以使用游戏教学方法，创建或模拟的生活场景以游戏的形式回顾单词和句型，练习新的语言点，让学生学习和享受音乐，并在生动，轻蔑和愉快的氛围中自然地获得英语知识和技能。游戏教学具有真实、生动、实用的特点，方便学生全面、创造性地表达和交流语言资料。这种练习方法具有贴近生活的交际功能，可以将单调、机械句型融入生动活泼的交际练习中；是一种行动教学法，在低年级英语教学中，具有特定的形象姿势和行动辅助英语学习，激发学生的学习兴趣，提高学习效果；活动教学方法根据学生身心发展的不同阶段设计和安排情境、提供材料，使学生积极参与、自由操作，观察和思考。通过活动，学生可以识别事物，发现问题，获得答案，并挖掘潜力。合作学习方法允许学生参加配对工作和小组工作活动，为学生提供练习语言和相互学习的条件和机会。教师应根据学生的能力和学生的特点来采用不同的教学方法，充分激发学生的主观能动性和积极性。

4. 创新和激活英语课堂教学方法，巧妙地将新的课堂教学方法导入新课程中

正所谓良好的开端是迈向成功的一半，对于英语教师而言，想要更好地完成英语课程教学，教学方法的导入起到关键的作用。创新的教学方法可以引起学生的兴趣、激发学生的求知欲，还可以激发学生课堂上的表现欲望，营造良好的课堂氛围。首先英语课程教学方法的导入要求教学方法有趣味性，能够满足不同学生的兴趣点，最起码激起大多数同学的兴趣点，由点到面地带动整个班级的课堂学习兴趣，学生对于教师所讲的内容产生兴趣之后才会将学习看作是一件"值得"的事情，否则脱离了精神享受的课堂是无法调动学生积极性的。其次课堂导入必须有针对性，不论教师如何创新教学方法，根本宗旨不能改变，永远不能脱离教材实际追求教学方法的创新，教师应当以教材为依据，针对不同

的课程内容设置不同的导入方法。再者课程导入要有新颖性，这种新颖性主要体现在课程材料的使用上，通过多媒体、移动终端等技术设备来调动和激活课堂气氛。

实际上，课程导入的方法众多，如常见的图片式导入法、多媒体导入法、复习式导入法、背景导入法等。不同的导入方法有不同的特点和优势，教师应当根据课程教学内容选择合适的导入方法。例如，为了让学生更好地了解课程内容和主要观点，可以借助图文信息来实现，为了表达一些形象生动的事物可以借助多媒体设备来实现等。总之，不论使用哪一种课程导入方法，教师都要注意两点内容，首先是准确把握时间，其次是灵活运用。但不能因为多媒体教学最能够吸引学生的学习兴趣就一味地使用这种方法，不论什么样的课程都用多媒体教学，久而久之也会让学生产生厌烦心理。

此外，教师在借助不同导入法引导学生课程学习的过程中要注意以下几个方面。

第一，以学生为主体，坚持"以学生为主"的原则，从学生实际出发，尊重学生的学习需求。

首先，想要真正地从学生实际出发，就需要教师对于每一个学生有深入的了解，当然对于学生的全面了解不是一朝一夕的事情，需要教师长时间的与学生接触，这样才能够真正地了解每一个学生的年龄、性格等特点，从而通过对学生的了解真正做到因材施教，并且还要掌握学生对于不同知识的接收水平，以便于做到因材施教。例如，教师在导入一堂新课程时，要根据不同学生的实际需求，让学生先自主进行知识复习，这个过程能够最大限度地引导学生运用以往的知识点来分析新的知识点，从温故而知新上升到对新知识的熟悉感，进而对新知识产生学习兴趣。当然由于不同年龄段的学生对新事物的接受程度不同，所以教师在讲新课程或者介绍一种新事物的时候，可以借助一些教学工具形象、直观的开展教学，例如，介绍一个英语单词的时候可以用一些动作、图片来加深学生记忆，让学生在今后的学习中能够有所联想。

第二，精心设计的问题引导学生不断深入探究。在课堂上，老师要求学生通过提问的方式来回答英语，并达到越来越重复的目的。首先，教师在教学过程中应关注提出的问题。这个问题不容易引起学生的注意，也不能激发学生的思考。知识应该被称为"知道而不知道"，让学生有思考和发展学生的想象力和思考的空间。这要求教师根据学生的实际水平正确评估学生的学习能力，并在此基础上掌握问题的难度要求，并以适当的方式提出问题。另外，根据学生的个体差异，有针对性地提出问题和知识。从"哪个"到谁，以防止情况被解除而不被移动。其次，提出的问题含义应该清楚。意义是否清楚主要是问题的内容是否与学生的认知结构的特征一致。教师提问应基于学生的认知结构、技能结构和认知能力，有针对性地提出问题，以便学生能够思考所提出的问题并通过思考来提高自身的能力。毫无疑问地怀疑，思考没有出发点和目标；而毫无疑问，则很难形成思维的驱动力。教师必须清楚，问题不等于启发式；好问题是启发式问题；启发式问题在提问时具有价值和意义，可以引导学生积极思考并培养他们的思维能力。

第三，对比类似英语知识引导学生学习。我们在学习和教授汉语的过程中，往往会遇到一个词语或者一个知识点容易混淆的情况，如同汉语中的近义词，很容易混淆。而英语教学中更容易出现这样的情况，因为英语单词都是由 26 个英文字母组成的，很多情况下不同的单词可能只差一个字母，这样就很容易出现混淆。以下几组单词就是经常容易混淆的英语单词：

疾病 disease　死亡 decease

日常的 daily　乳制品 dairy

厌倦的 stale　稳定的 stable　根茎 stalk　赌注 stake

肢体 limb　没有说服力的 lame　台灯 lamp　羔羊 lamb　逃脱 lam

笨重的人 lump

发展进化 evolution　重大变革 revolution　揭露泄露 revelation

这些单词在构成上非常相似，甚至有的单词构成完全相同，只是在字母顺序上做出一些调整就变成了另外一种意思，如日常的 daily 和乳制品 dairy，很容易混淆，所以教师在讲解这些单词的时候，要特别注意每一个单词的读音，让学生真正地理解开音节、闭音节等知识点，避免出现单词混淆。

第四，创设英语学习情境引导学生学习。尽管英语课程教学和语文教学都属于语言类教学，但是英语教学相对于我们而言更加特殊，毕竟不是我们的母语，所以教师在教学过程中，要注重多情境的应用，尤其是在讲语态、语句的时候要注重设置不同的情境，让课堂充满讨论和语言交流的氛围，当然这种课堂氛围并不是提倡学生漫无目的地讲，可以以小组的形式设置不同的语境让学生在团队合作中受到不同情景的感染，自然而然地投入到英语语言情境学习中。语言类课程的教学和学习，对于教师的要求非常高，尤其是像英语这样的特殊语言学科，不能像语文那样过于放任学生自学，需要教师为学生创造一个特定语境，让学生可以在实际语境中感受语言的魅力。例如，在讲"龟兔赛跑"的时候，不能因为大家都了解"龟兔赛跑"的中文内容就放松对文章的解读，教师同样要用第一次的心态来给学生授课，可以给学生放映龟兔赛跑的英文动画视频，让学生在视频教学中熟悉课文内容，然后教师对课文的重点语句、情景进行重点解释，或可以让学生小组的方式扮演不同的角色，通过小组阅读的方式来加深对文章的理解。

对于大学教师来讲，上好大一新生的第一堂英语课对整个大学英语教学很重要，是学生由中学英语向大学英语过渡的重要转折点，也是师生之间相互交流的开始。第一堂课的价值远非一般意义的课堂教学，为了帮助学生尽快适应大学英语的学习，顺利实施教学计划，对教师而言，如何把"大学英语"第一堂课上出彩尤为重要。那么如何让大学英语的第一堂课更加出彩呢？

著名教育家陶行知说，与其给学生提供一些破碎的知识，不如给他们一些钥匙，这样他们就可以自动打开文化宝库和宇宙宝藏。美国心理学家，教育专家，哈佛大学心理学教授布鲁纳强烈主张发现学习。所谓的发现学习方法是学习主体的独立学习，独立思考，自主发现知识，掌握原理。

布鲁纳在解释"认识结构理论"的时候提出，学习具备四个优势。一是"发现方法"通过学习能够激发学生潜在的智慧和能力，更有利于培养学生内在的发展动机，让学生在逐步学习中发现学习的技巧，更好地帮助学生保存知识记忆；二次"发现方法"就是强调学生的学习自主性，这种方法和教学的结合，可以改变传统的教学模式，体现以学生为主的教学理念，让学生真正成为学习的主体；三是"发现方法"强调学生学习的创造性和知识获取的主动性，他认为每个人的认知结构都不是固定的，学生并不是"受雇于"教师的知识被动接受者，而是知识信息的主动获取者和处理者，所以学生在学校期间，不要过分强调掌握多少知识，而是要强调是否学会了"如何学习"；四是"发现教学"是对传统教学模式的批判，当然也不是全盘的否定，只是这种教学理念能够推动传统教学模式的变革，让现代化教学逐渐地接受学生的主体性原则，教师一方面仍然要向学生传授理论知识，另一方面更需要为学生的知识发现提供帮助。

## 如何更好地上好新同学的第一节英语课程

### 1. 教师的自我介绍

多数情况下，一个人给对方留下的第一印象会影响到之后双方的关系的发展。教师和学生同样如此，通常在踏入一个新的班级之后，教师给学生留下的第一印象会左右学生很长一段时间对于教师的理解和认知。而这第一印象的确立则是由第一节课决定的。第一节课堂开始之前，教师首先要让学生对自己有一个简单的了解，而这种了解则是从自我介绍开始的，通过简单的自我介绍让学生对教师的个人情况有大致的认知，便于今后与学生的沟通交流。

教师的自我介绍可以是口头的，也可以是板书形式的，甚至一些用心的教师会将自己的自我介绍制作成 PPT 课件的形式，用这种方式来加深学生对自己的了解，同时也可以缓解第一堂课的尴尬，可以让学生觉得教师很专业、很认真，多数情况下这会给学生留下较好的印象，方便今后的交流和建立良好的师生关系。

### 2. 学生的自我介绍

学生自我介绍一方面是让教师对每一个学生有简单的了解，同时也让同学间增进了解。当然，对于人数较多的班级，学生的自我介绍也可以通过小组的形式进行，但是整个过程要求学生必须用英语来介绍自己，即便是个人才艺展示，凡是涉及语言表达的都尽量用英语来完成。

### 3. 和同学一起讨论英语学习的重要性

第一堂课的讨论同样不能缺少，而讨论的内容则更多的应该放在学习英语的重要性上，让学生从第一堂课就意识到英语的重要性，为今后的英语学习打好理想基础。可以借助一些数据，例如，当今世界有 70 多个国家都将英语作为官方语言，而全球说英语的人口近 5 亿，正在学习英语的人则超过了 10 亿人次，而英语也包含在联合国六种工作语言中。通过数据表述让学生意识到学习英语的重要性，甚至可以将英语学习与学生今后的工作发展联系在一起，例如，想要进入外资企业必须要有熟练的英语，才能有更好的发展前景。

4. 简单地介绍学校发展历史

大学的第一堂英语课程需要让学生意识到英语学习重要性的同时，也是学生了解自己所在学校的平台，可以给学生讲述学校的历史，满足学生对大学的憧憬和向往之情。

5. 介绍大学英语课程教学大纲

教学大纲是一所大学英语教学的整体规划，让学生了解大学的英语教学大纲主要是给学生一个整体性的教学概念，让学生对英语课程的性质、教学目标、课程要求、教学任务等有一个简单的了解。

6. 给学生介绍大学英语四六级考试以及四六级考试的重要性

很多同学会说，英语四六级考试等考试之前再去了解和复习也不晚，殊不知真的到了那个时候已经晚了。当然这是对于大部分学生而言的。对于大部分学生而言，四六级考试实际上从大学一年级就需要着手准备，不能真的等到临门一脚的时候才后悔平时没有"练好射门"。而教师在第一堂课要给学生讲述英语四六级考试的流程、考试方向以及重要性，让学生在了解的同时产生一种紧迫感，提高学生的重视程度。

上面的六个环节是针对第一堂课程让学生对英语学习有一个清醒的认识，在此基础上，教师要注重给学生介绍更多的英语学习的方法，激励学生英语学习，激发学习兴趣。

1. 简单介绍一些英语学习的方法

例如，借用名人名言，如班杰明（Benjamin Frankin）说过这样一句话："Tell me and I forget；Teach me and I remember；Involve me and I learn." (告诉我，我会遗忘；教导我，我会记住；让我参与，我会掌握。) 这句话的含义就是要积极参与课堂，而不是只是做个听者。达尔文说过，关于方法的知识是最重要的知识。如何学习比学什么更为重要。给学生一些小建议，做好五个环节：即课前预习、专心上课、课后复习、完成作业和自学。同时学习优秀的学生往往有良好的学习方法：

（1）有搞好学习的强烈愿望，有勤奋刻苦的奋斗精神。

（2）会自学。

（3）认真读书，勤于动手。

（4）及时总结，善于向别人学习。

2. 重温一些励志的英语谚语

（1）One today is worth two tomorrows.

（2）When an opportunity is neglected, it never comes back to you.

（3）Experience is the best teacher.

（4）A bird in the hand is worth than two in the bush.

（5）A good book is a good friend.

3. 讲述一则英语故事

*Number One Scholar And Beggar*

One day one of God's messengers descended to the world and happened to meet an eminent monk who was telling fortunes for two boys. The monk pointed at one of the boys saying "Number One Scholar", and at another one "Beggar".

Twenty years later, the messenger came down to the world again. When he saw the previous two boys, he was puzzled about the outcome: the original "Number One Scholar" now became a beggar while the original "beggar" tuned into a Number One Scholar instead.

So the messenger went to ask God. God answered， "I endow everyone with talent，which only decides one third of his destiny while the rest lies in how he grasps it."

Life is just like it.

讨论：故事告诉我们什么？我们从中领悟到什么？

4. 学生分组进行课堂活动

学生分组进行课堂活动实际上是我们最初进行课程教学模式改革时候经常用到的一个方法，这种方法体现的以学生为中心的课堂教学模式，将班级分为若干个小组，将教学任务下发给小组，通过小组活动的形式完成课堂教学内容。分组活动要注重每一个小组任务完成的效率，所以小组成员不能过多，通常4—5人为一个小组，这样既有利于小组成员的组内讨论，同时也方便教师的检查。

小组成员的组内任务，用 PPT 的方式设计组徽（Group emblem），同时用英语来表达组徽（Group emblem）所代表的含义。

5. 英语课堂教学要求

再过创新的课堂教学模式也要遵循一定的"规矩"，第一堂课程尽管是师生增进了解的重要一课，但是教师也要将英语课程要求、课后任务要求、考试要求以及课堂考勤等要求向学生表明，这样既有利于学生英语学习，同时也利于今后教学工作的顺利开展。

那么对于教师而言，如何打响首堂课的招牌呢？

有的教师会说，第一堂课只要先给学生留下较好的印象即可，今后的工作今后再说。这样的考虑有可取的观点，但是也有不可取的。第一堂课程教师当然需要给学生留下良好的印象，这样方便师生今后相互了解，让学生对英语课程产生兴趣。正如爱因斯坦所说的"兴趣是最好的老师"，让学生对教师产生浓厚的兴趣，甚至是"爱上"这个教师，对于教师今后的教学工作是百利无一害的，但是仅凭这一点是不行的。第一堂课教师必须要将英语教学的要求告知学生，要跟学生建立一种良性的师生朋友关系。所以教师在准备第一堂课的时候要比任何一堂课都认真，尽可能用自己的人格魅力去影响自己的学生，调动学生的学习热情，引导学生尽快地进入到大学英语学习状态中，用第一堂课给学生今后四年的大学英语学习指明方向。

### （二）学习活动、课程内容方式优化

学生跨文化能力培养与英语教学存在沟通障碍是当前大学英语教育事业发展的主要阻碍因素所在。作为以汉语为母语的我们而言，英语教学实际上也是一种跨文化教学。随着全球化的深入发展和科学技术的突飞猛进，经济全球化、文化多元化已然成为不可阻挡的发展潮流，再加上国际间的合作日益加深，跨文化交流也成为国际间竞争的主要手段。跨文化教学就是在这种环境下逐渐形成的，同时也是适应现代化高校英语教学国际化发展的新模式。从语言学习到文化学习，从文化视角到语言视角，这样的转变也是大学英语教学方法的转变。

### 1. 在语言教学中引入文化教学

面对日益加深的国际间合作，语言的重要性不言而喻，而国内以语言为基础的技能学习以及知识掌握始终是大学英语课程的发展目标，而这种发展目标却无法跟上当今时代发展的需求。所以当下我们在提倡"国产文化"的同时，也要加深对国外文化的了解，适应国际社会发展需求以及英语教学的新要求，一方面始终重视学生的素质教育，另一方面在学生的学习中逐步地融入外国文化的精髓，将国外文化转变为能够为我们的文化发展和语言教育服务的对象。而教师在跨文化教学中必须关注两点，首先是文化教学的关联性，其次是英语教学的实践性，教学

方法的创新必须要以课程为依据，文化的学习最终都要上升到实践上，以真正提升学生跨文化交际能力为目的。

2. 课堂教学任务式教学法，培养跨文化交际能力

任务式教学方法是围绕任务进行教学活动，每个单元的文本作为载体。在跨文化教学的情况下，教师需要从文本中提取任务主题，并围绕任务进行教学活动。在教学活动中，教师应积极改变角色和教学方法，放弃"填鸭满屋"式教学，进行任务表彰式教学。

首先，教师可以提前安排任务，为学生准备课程。上课时留出展示空间给学生展示，还可以引导学生充分利用多媒体教学设备，让学生在课前收集与本单元相关的视频或文字资料。这样，不仅提高了学生的自学能力，而且增强了学生对学习的兴趣。

其次，背景介绍教学。文化背景知识是每篇文章的宏观背景，读者需要了解相关背景知识才能正确理解文章，否则很容易导致误读。"高级英语"教科书中的大多数文章都是著名的，了解这些文章的背景知识对于正确理解文章尤为重要。在开始教授每节课之前，教师可以提出一些指导性问题，引导学生了解新文本的写作背景，并要求学生充分利用图书馆的图书资源和网络资源，熟悉背景。这种背景介绍教学方法特别适用于教授小说和历史事件的文章。

例如，在教授艾丽斯·沃克（Alice Walker）的 *Everyday Use*（《祖母的日常用品》）之前，教师必须让学生理解作者的创作背景，才能正确理解这个短篇小说。这部小说于 1973 年在美国黑人权力运动中出版。作为一名黑人女作家，沃克特别关注黑人与非洲文化传统描写之间的关系。20 世纪 60 年代以后，一些非洲裔美国人开始为自己的非裔美国人传统感到骄傲，并提出了诸如"黑人民族主义"和"黑人自豪感"等口号。沃克在文章《祖母的日常用品》中，通过描绘三位女主人公：

约翰逊夫人、小女儿玛吉和大女儿迪伊制作了两床被子，代代相传，但家人对被子的不同态度反映了大家对自己民族传统的不同态度。如果不了解黑色动力运动的背景，学生们可能不明白为什么沃克在两床被子上涂上这么多墨水，他不能理解被子的象征意义——黑人文化传统，难以理解沃克创作的初衷，即民族文化传统应该得到保留、传承和发扬。此外，背景介绍教学对于反映或涉及历史名人事件的文章也很有用。例如，文章《震惊的世界的判断》讲述了美国历史上著名的"猴子审判"的起源、试验和结果，教师应指导学生了解文章背景。

## 第二节 "全面发展"理念下的课程结构优化

党的十八届五中全会提出了"创新、协调、绿色、开放、共享"五大发展理念，成为引领中国社会改革发展新的理论指导，也为发展中国特色社会主义教育理论，全面深化教育领域综合改革、加快实现教育现代化，指明了方向和路径。

科技的进步，经济的发展，都需要创新型人才，创新型人才的培养要靠教育，罗曼·罗兰说："我创造，所以我生存。"马克思也说："劳动是人区别于动物的特征。"教育是培养人的工作，所以人才培养是教育的重中之重。教育还应该从培养创新型人才开始，唯有创新才能助力教育发展。

教育发展需要多多管齐下，要协调好学校、家庭、教师、学生等方面的关系，顺利有效地办好人民满意的、面向未来的教育。教育要践行"绿色"的发展理念，要依法治校。防范校园暴力，严抓食品安全，让教育在和谐的环境下发展，创建"绿色校园""平安校园"。办好教育要吸收、借鉴先进的思想、方法和理念。拓宽教育的空间和渠道，根据地区发展程度因地制宜，与国外一些知名的学校建立友好关系，不断为我国教育注入活力。

## 一、"全面发展"理念下课程目标优化

### （一）完整呈现人的基本发展面

"全面发展"理念下想要完整地呈现人的基本发展面，就必须关注学生的基本信息、需要培养的基本能力。

首先基本信息包含很多内容，具体有自然科学、社会科学、人文科学等领域的基本概念、知识、理论、思维方式以及基本的研究方法，同时考虑到学生的全面发展，还包括课程作者所传递的情感、态度、精神等"泛层面知识"，即人文精神信息，这些信息可以为学生的全面发展提供更有用的资源。

其次学生需要养成的基本能力。即将课程目标要素从基本信息层面上升到基本能力层面，这也是全面发展理念所必经的过程。其内容既包含课程能力要素，同时还包括课程智力发展目标和心力发展目标；

### （二）尊重人与社会经济等之间的本来关系

任何一门课程其目标性质都并不是由构成这门课程的要素数量和质量所决定的，而是由组成对应课程的要素关系所决定的。故而，即便是一门课程的发展目标囊括了学生全面发展的每一个基础面，也无法完全确定这门课程的目标就是从学生全面发展的角度所制定的。所以，课程目标优化必须在推动学生全面发展的理念下，结合英语课程结构相关理论，保证课程目标各个要素之间的关系构成可以准确地体现出人与社会经济等层面的根本关系。

因为高校课程的设置、结构的确定以及目标要素的选择都能够发硬

人与社会经济等层面的根本关系，从这一点来讲，学生作为一个特殊的群体，首先是人，其次才是人才。所以想要将学生真正地培养成为"人"，课程目标以及目标要素之间的关系必须掌握绝对的优先权，即将发展学生成为"人"的基本要素确定为课程结构设置的基础，在此基础上才能够将学生培养成为"人才"。

所以在确定课程目标、优化课程结构的时候必须要从这一点出发，确定哪些内容更有利于将学生培养成为"人"和"人才"，就将其当作这门课程的基础。

（三）合理界定发展底线

首先，必须要明确区分英语课程目标和课程结构优化理念的层级关系。英语课程目标只能是在优化理念的影响下所形成的，并且课程结构优化理念相较于课程目标而言有着绝对的"统治地位"。

其次必须明确区分课程目标内部的层级关系。课程目标内部结构包括课程内容要素面与关系面、目标共享与个性等多重发展目标，例如，学生智力发展目标、心理发展目标内部都包含多个构成要素，不同目标内部构成要素之间存在着密切的结构关系。以高校英语专业学生为例，课程目标的适用对象是具体高校英语专业的所有学生，也可以是部分学生，但是学生个体性课程目标的适用对象只能是学生个体。

## 二、"全面发展"理念下课程内容优化

（一）完整承载"全面发展"所需内容

英语课程结构优化的"全面发展"理念对于课程结构而言，要求其必须能够完整地承载学生各方面发展所需要的课程内容，具体而言，英语课程结构优化完成之后，课程内容必须包含能够为不同个性学生提供可以选择的内容完整的课程。所以课程内容的选择和确定必须从学生

全面发展需求入手，不能单纯地依靠学科分类标准来确定课程内容。

"全面发展"理念下，英语课程结构优化一方面要包含能够促进学生基本要素发展的内容层面，另一方面还需包含能够促进学生基本关系面发展的内容，既要考虑到学生的共性发展需求，又要包含个性发展内容。

具体来讲，"全面发展"理念下的英语课程结构内容应当包括自然科学、社会科学、人文学科等多学科知识。需要重点强调的是，情感内容同样也应包含在英语课程中。

（二）多种整合机制的配合

首先要重视课程内容同质关系的渗透和整合，这也是"全面发展"理念下，英语课程结构渗透整合的关键点。其次高校英语课程结构内容的整合与优化除了需要渗透整合之外，还需要优化整合，即基于不同课程内容的同质关系，将两门课程或者两门以上的课程优化整合为一门新的课程，从而形成"课程 A + 课程 B 形成课程 C"的模式，在此过程中，不同类型的课程内容并没有任何意义上的主次之分，每一门课程所承载的课程目标同样也没有主次之分，可以说"课程 A + 课程 B 形成课程 C"模式下的课程已经可以看作是另一门课程，只不过新的课程所承载的内容更多，更加全面，既包括被整合的各门课程内容、课程目标，又囊括了课程整合之后形成的新的课程内容和目标。

举例来讲，高校英语课程结构中，通识课程板块中所开设的文学、英语专业等课程板块下所对应的文学课程、英语专业文学课程内容及其研究方向板块中所开设的文学课程之间存在着较大的同质性，当这些课程及其内容整合到达一定的层次，就没有主次课程之分，并且课程的性质也不再单单是通识课程中的文学课程或者英语文学课程，而是文学与英语文学两个课程的融合。而学生也可以通过新的课程，基于从具体英语文学作品到英语文学特色再到世界文学的研究理论，能够更好地承载英语文学课程目标。

（三）强化个性发展课程呈现

学生的全面发展既是学生整体的全面发展，同时更是学生个体的全面发展。"全面发展"理念下必须强调个性化发展课程的呈现，而最适合学生全面发展的英语课程，其内容既要包括处于整合状态的内容，又要能够满足学生个性心理发展需求的内容。为了实现这一目标，课程内容必须具备有序性，也就是一方面要保证课程内容可以承载"全面发展"所需要的内容，同时还要结合实际情况进行课程内容的渗透整合，另一方面还要提供共性课程，在此基础上强调促进学生个性发展的课程内容。

## 第三节　地方高校英语课程结构优化

### 一、强调以学生为中心

截至20世纪90年代，传统教学模式是我国课堂教学的主要模式。在该模式下，课堂教学围绕教师和教材展开，既有利于教师主导性的充分发挥，更便于教师对整个课堂教学活动进行组织和掌控，确保科学文化知识能够得到系统的传授，故而在很长一段时间内保持着其独特的优越性。然而，随着信息科技的快速发展，网络技术及多媒体技术得到全面推广和普及，传统教学模式已不再适应时代发展的要求，逐渐显现出越来越明显的教学弊端。在传统教学模式下，教师在整个课堂教学过程中发挥着主导作用，为达到对科学知识的全面传授和普及，教师普遍采用填鸭式、灌输式的教学方式进行"满堂灌"，大部分课堂时间都被教师用于知识的传授与讲解，忽视了学生的接受能力和学习状况，无法有效保障学生在学习中的主体地位，课堂教学以"教"为主，以"学"为辅，不利于学生学习水平的全面提升。

随着新课改的提出和深化，我国课堂教学越来越强调学生主动学习的重要性，强调以"学生"为中心，改变传统课堂教学中学生的被动地位，充分激发学生在学习过程中的主动性和积极性，教师在课堂教学中不再占据主导地位，而是扮演指导者的角色，既引导学生学习的策略和方法，又给学生传授知识，引导和鼓励学生掌握自主学习的能力和技巧。

关于大学英语课堂教学模式，教育部提出了明确要求：为充分利用现有教育资源有效应对我国日益膨胀的高校大学生队伍，各教学单位应充分把握信息科技发展所带来的网络技术及多媒体教学优势，对传统教学模式进行改革和创新，促使广大教师转变传统课堂教授为主的教学方式，这一转变涉及教学理念、教学手段及教学活动的方方面面，突出强调学生在教学过程中的主体地位，转变传统的教师讲授为主的教学方式为教师传授和指导与学生自主学习和运用相结合的教学方式。所以，各大高校在开展大学英语课堂教学的过程中应突出强调学生的核心地位和作用，逐步转变教师的传统教学理念，为学生学习英语创设相应的情境和氛围，实现大学生英语学习和运用能力的全面提升。

然而，在英语课堂教学过程中强调学生的核心地位并不是一蹴而就的，对教师传统教学观念及教学模式的转变仍面临诸多困难和问题。一是多年来形成的传统教学理念和教学方式并不是一朝一夕就能改变的。在我国，传统教学模式的影响根深蒂固，广大教师也是在多年的传统教学模式的熏陶和引导写成长起来的，其教学方式习惯了以"教材"为中心，习惯于在课堂上掌握主导地位，忽视了学生在课堂上的主体地位。二是在传统大学英语课堂教学过程中，教师往往只关注学生对语言知识的掌握能力，而忽视了学生对语言学习策略和方法的掌握和运用。正所谓"授人以鱼不如授人以渔"，对学习策略和方法的学习更有利于学生自主学习能力的全面提升。

目前大学英语教师尚未真正掌握培养学生自主学习的方法和技能，且相应培养工作收效甚微，学生未能切实掌握自主学习的方式方法，在没有老师引导的情况下很难有效地设定学习目标，不能很好地结合自身实际情况调整学习计划、解决学习问题、总结学习经验。同时，大学英语教师在学生英语知识和技能培养过程中更强调学生个人对知识的掌握，缺乏必要的团队精神的培养。学生在课堂上的学习以自我学习为主，缺乏必要的小组合作和锻炼机会，不能在相互学习中达到共同进步的目的。然而，众多实践证明，强调学生在课堂学习中的核心地位，有利于提升学生的学习能力、沟通能力，团队意识。

大学英语教师应如何积极响应国家新课改对高校英语课堂教学的教学要求，充分重视和强调学生在英语学习中的核心地位并获得实效呢？

第一，激发学生自主学习的积极性。根据教育部关于高校英语课堂教学的相关要求，学生在英语课堂教学中扮演着主体的角色，这就需要充分激发学生对英语学习的兴趣和积极性，为学生学习英语营造出一个充满吸引力和诱惑力的学习氛围，以更好地激发学生学习英语的兴趣，进而提高英语课堂教学的有效性。所以，要求大学英语教师逐步转变传统教学观念和教学手段，不断丰富教学形式和教学内容，创造学习氛围，激发学生兴趣，引导学生更好地掌握英语知识和技能。

第二，与不同层次学生的学习需求相结合。大学英语教师要因材施教，根据不同层次学生的学习水平设置不同形式和不同难度的学习任务。确保所有学生能平等地参与到教学过程当中来，鼓励每位学生积极参与问题的研究和讨论，充分激发学生积极主动学习的热情，让学生真正融入课堂教学之中。这就需要教师开展大量准备工作，对学生有一个全面而充分的了解，以更好地因材施教，针对不同层次的学生设计不同的教学任务，确保教学整体目标的达成。

第三，充分强调学生在课堂教学中的核心地位。大学英语课堂教学强调"以学生为中心"，教师扮演着引路人的角色。教师应充分把握大学英语大纲的教学要求，对教学目的及教学任务做进一步明确，进而设计出合理的教学计划，并根据不同层次的学生有针对性地分配教学任务。同时，教师应采用学习小组的形式组织课堂教学活动，并根据不同学生的学习能力和学习水平进行有针对性的指导和点评，并在此基础上进行补充和完善。

第四，提高学生自主学习的积极性和主动性。快速发展的信息网络技术进一步丰富了学生用于自主学习的资源，大学英语教师应加大对学生利用各种资源进行自主学习的引导力度，达到对课堂所学知识进行有效补充的目的，同时获取超越课本知识的更为专业和前沿的学科知识。此外，还可以广泛组织英语戏剧、英语沙龙、英语比赛等多种形式的课外活动，在特定的情境和语境中对所学知识进行巩固和运用。

要想改变过去"以教师为中心"的教学模式，在大学英语课堂教学里，英语教师必须在教学方法和手段上加以创新，不断地提高学生课堂的学习积极性，引导学生主动参与学习，打造高效课堂。作为一名大学英语教师，要不断地更新自己的教育理念，积极探索，努力提高自身教学水平，并要注意总结经验，推陈出新，以学生为中心开展教学。最终，培养出一大批英语人才，为祖国复兴做出卓越贡献。

## 二、优化课堂教学结构内容

新课程标准指出，教师开展课堂教学时，要对教学内容进行合理设计，要面向全体学生进行教学，因材施教，不仅要推动学生的全面发展，还要促进其终身发展。然而，在实际的教学过程中，许多英语教师因为受传统英语教学理念的影响，往往只注重向学生灌输语言知识，却忽视了教学的目的，即培养学生的言语能力。在英语课中，很多教师对教材的每个知识点都不放过，往往从头讲到尾，不注重学生的学习感受，为了完成课堂教学而教学。另外，学生也没有学习积极性，不认真听课，忙于做笔记，师生间无法形成良性互动。但是，英语教学的根本目的是为了培养能听、能说、能读、能写的复合型人才。那该如何培养这类人才呢？对英语教师而言，要想进行英语素质教育，为社会培养复合型人才，就必须先对课堂教学结构进行优化，以此入手，为学生营造轻松、愉悦的学习氛围，使英语课堂教学变得生动、有趣，充分激发学生学习兴趣，让学生能自由表达，自由学习，全面发展。

（一）优化课堂环境，创设学习氛围。

要想让学生摆脱被动学习，对英语充满兴趣，主动学习，就必须为学生营造一个良好的课堂学习环境，使学生能自由的学习和应用英语。在过去的英语课堂教学中，教师在上新课时一般会对过去所学知识进行回顾，并会以提问、听写、背诵等方式来帮助学生回忆所学知识，但是许多学生会因此而格外紧张，生怕被老师抽中回答问题。所以，为了激发学生学习英语的兴趣，打造高效课堂，在上课前，教师就应营造一个愉悦、轻松的学习环境。教师还可以将英语笑话、英文歌、做游戏、模仿表演、英语知识竞赛等方式引入教学，充分激发和锻炼学生的英语思维。学生在这样的对话环境中可以得到更多应用英语的机会，在不断地多说多练中最终把英语学好。在室内，教师可张贴英语墙报、标语等。在室外，可开办"英语角"，让学生主动参与，互相交流，主动识记英语知识。例如，在对英语单词"sock、shirt、T-shirt、sweater、shoe、skirt"学习时，为了更好地帮助学生学习，读对单词，教师在黑板上画出了 sock 的简笔画且每画一笔都对学生提问"What's this? Guess."，直到整个单词画出，再让学生对"sock"一词朗读三遍。在这节课里，教师通过绘画引导学生参与学习，把握了教学重难点，充分激发了学生的学习情绪，最终教学效果良好。

（二）优化教学方法激发学习兴趣

教师在开展教学时，还必须对教学方法进行优化，因为即使教学内容一样，但不同的教学方法会导致不一样的课堂教学效果。若选用了合适的教学方法，则学生更容易理解和接受知识，且乐于学习，而一旦教学方法不当，可能会导致学生出现厌学情绪。而一旦学生学习情绪不佳，反而起不到应有的效果。因此，教师应在研究实际情况的基础上，针对学生的实际情况，采取不同的教学方法，创新教学模式，改变过去传统的以"单词—句型—语法—课文—练习"为主线进行的的教学模式。在英语课堂里，许多学生都不喜欢学习语法，认为语法难学，枯燥难懂，这主要是因为英语教师教学方法不当而导致。许多英语教师开展语法教学时，只是一味地向学生灌输语法概念，不顾学生的学习感受，讲得太多，没有练习，学生很难弄懂，且学生的言语能力并没有因此而得到提高。实行新课改后，许多英语教师都意识到了传统教学的不足，在其基础上对教学方法和手段进行了创新，采取"讲练结合""精讲多练"的教学模式，摒弃老套的"填鸭式"教学，合理设计教学内容，积极营造良好学习环境，突出教学重难点，加强学生的英语应用实践，帮助学生培养言语能力，师生间形成了良性互动。例如，在学习"现在进行时"时，教师可先利用动画来对句子的基本形式和用法进行演示，再通过动画来组织学生玩游戏，根据动作说出答案，讲出完整的句子内容。其中，教师稍做提示就好，要让学生积极思考。另外，为更好地帮助学生掌握这一时态，教师还可以播放几张学生在操场上玩耍的动画，让学生用英语对场景进行文字和口头描述。如此，经过动画教学，语法学习将不再枯燥，师生间的良性互动也更加频繁，学生不仅学习到了知识还能对知识进行灵活应用。

（三）优化教学过程提高运用能力

什么是教学过程呢？即以教材作为中介，师生间进行的双边交流活动。在过去的英语课堂教学里，教师往往采用填鸭式的教学方法，先讲解词汇，再分析结构，最后进行评讲练习，对教学过程不做过多研究，仅仅只是针对某节课、某篇文章开展教学，没有充分考虑到学生的感受，以自我为中心进行教学。虽然，学生在对一节课、一篇文章的学习过程是一个逐渐学习和掌握知识的完整认识过程，但与学习整体相比，这还仅仅只是其中一个系统。对于英语教师而言，要想知道为什么会出现英语学习两极分化现象，就必须将教学过程当作一个整体来进行研究。在英语课上，教师作为施教主体，拥有绝对权威，学生要在教师指导下进行学习。但是，在这种教学模式下，无法有效培养学生的思考能力与创新能力，学生完全跟着教师学习，缺少主观意识。即使学生已弄懂知识，也必须继续听讲。所以，必须对传统的"以传授语言知识要点为主，以教师为中心"的教学模式进行创新，转为以"培养言语能力，以学生为中心"的教学模式。开展教学时，教师要以学生的认识规律为依据，合理设计教学内容，明确教学层次。另外，教师还应为学生创造更多的应用英语的机会，引导学生主动学习和应用英语。在英语成绩出来后，不管成绩好与坏，都应予以鼓励，让学生对英语学习充满信心。课后，教师也应组织开展一些课外活动，如故事会、歌唱比赛、英语演讲等，全方位提升学生英语素质。教师要着重培养学生听、说、读、写四方面的能力，促进学生全面发展。例如，在对动词现在分词进行学习时，先让学生把即将要学的动词形式和原先所学动词原形间的不同给找出，再以此为导向，对其构成形式进行讲解，并让学生尝试读出动词的现在分词。其中，只有当学生拼读不对时，教师才会进行指导，告知正确读法。如此，不仅激发了学生的学习热情，还让学生进行了独立思考，培养了他们探索和独立解决问题的能力。

（四）优化教学手段注入新鲜活力

要想更好地开展英语课堂教学，还必须积极创设教学情景，营造良好的学习氛围，对教学手段进行优化。其中，教学情景可以是语言情景、实物情景等。在过去，教学手段单一，教师只要有几支粉笔，再有一块黑板，拿着教材就可直接进行教学。当前，随着社会不断发展，科技不断进步，教学领域也引入了互联网技术。开展英语教学时，教师可应用 VCD 光盘、教学软件、英语节目等多种教学辅助手段来丰富课堂教学。通过应用多媒体技术，可营造良好的学习氛围，积极创设学习情境，使学生融入课堂教学。其间，学生的学习积极性会被进一步激发，思维能力、创新能力及实践能力都会得到有效发展，求知欲望会更强烈。最终，教师得以打造高效课堂，教学效果会更好。例如，在对颜色（colour）相关单词进行学习时，教师可将课本里的颜色（purple、green等）赋予一些物品，并以图像的形式直观展现给学生，再加上配乐。如此，学生可以直观地感受到图像带来的强有力的视觉和听觉冲击，也更容易激发他们的学习兴趣，学习单词也会变得更加容易。相比于直接用汉语辅以英语进行讲解，这种教学手段更受学生欢迎，学生的求知欲望也更强烈。

（五）优化评价语言融进亲和关系

新课改提出，要进一步解放学生，更加突出学生的主体地位，使学生真正成为课堂的主人，同时还大力提倡赏识教育，将学生看作具备无限发展潜能的、不断发展的人。因而，需要教师以发展的眼光看待学生，更多地关注学生的优点，而忽略他们的不足，哪怕是他们获得的微小进步和简单成就，也要给予及时、诚恳的表扬和鼓励。特别是中学阶段的学生，他们的生理和心理发生着剧烈而复杂的变化，具有较强的自尊心，对他人的评价非常敏感，并特别希望得到他人的理解、肯定和赞赏。而英语作为一门实践性非常强的科目，更需要教师在课堂上对学生的行为及时做出积极的评价和充分的肯定，从而使学生感受到教师的关注和期待，形成良好的互动，从而产生皮格马利翁效应。学生会更加爱戴这样的老师，构建起快乐课堂和和谐的师生关系。此外，教师对学生的热爱、对教育的付出都会化作教师的亲和力和感染力，使学生感到教师不仅是在教学，更是在与自己谈心，学生会更加积极地表现自己，敞开心扉倾诉自己，营造出积极、自主、快乐、自信的课堂氛围，会极大地激发学生的学习兴趣，提升学习效率。同时，教师还要将自己的期待适时地传达给学生，根据学生的不同情况，提出不同的要求：对学习优秀的学生要提出更高的要求，并相信他们能够达到；对学习后进的学生要多加鼓励，提出相应的目标，使他们通过自己的努力，也能够实现。教师要充分分析、研究学生的"最近发展区"，使自己提出的目标能够让学生"跳一跳够得着"，才能真正变为学生积极自觉的行动，才能对英语学习始终感兴趣，不断提高能力和信心，从而实现成绩的持续提升。例如，在教材中有一个"你怎样去上学？"的话题，学生在对该话题进行分组表演时，虽然语句比较正确并且对话也比较流利，但是，没有对话题展开讨论。在学生表演完毕后大家都热烈鼓掌，教师可以做出点评："本组同学表演得非常棒，对话题内容理解得十分到位，并且动作和表情也表现得很充分，如果在开头和结束处再加入个人的思想和情感，进行恰当的扩充，效果就会更好。"这样，教师的建议可以得到学生的赞同。如果当时教师说他们表演的不够好，没有进行必要，学生听后会比较沮丧，积极性也受到打击评价，不愿意再去表演，甚至不想再学习英语。

综上所述，无论是重点高校还是普通院校，在英语课堂教学过程中，都需要注意英语课堂结构的统一性和整体性，并不断对其进行改进和优化，才能真正实现英语教学改革的目标，并奠定良好的基础，不断提升英语教学的质量和水平。

### 三、构建素质教育课堂教学结构

英语作为交流工具，在现代社会中的地位越来越重要。如何学好英语，也成为人们越来越关注的话题，如何为社会和国家培养高素质的英语人才是所有教师在英语教学中亟待解决的问题。那么，如何提高英语学科教学的有效性，如何让学生学好英语呢？我认为有两个方面必须做到：首先是激发学生的学习兴趣，其次是要通过课堂来培养学生的自学能力。

现代心理学之父皮亚杰说："所有智力方面的工作都要依赖于兴趣。"只有激发了学生学习英语的热情，调动了他们学习的积极性，才能使英语课变得轻松，学生变得主动。对于刚刚从小学升入初中的学生来说，由于他们小学的英语基础不同，导致初中的英语课堂教学难度变得参差不齐。对于没有基础的学生，英语是一门既陌生又困难的学科；而对于稍有基础的学生，英语又变得枯燥无味。也就是说，在学生英语学习的启蒙阶段，如果不注意教学方法，学生对于英语学习便会产生消极的抵触情绪。因此，在英语学习之初教师要着重培养学生的学习兴趣。鼓励有利于英语的学习。教师在课堂上经常使用"Good""Well done""Let's try again"等鼓励的话有利于提升学生自信心。所以，教师不要吝啬表扬，一个有亲和力的教师会让学生提升对英语的兴趣。

在英语教学过程中，培养学生自主学习能力既是教师的任务之一，也是培养学生终身教育的需要。因此，教师要在英语教学中培养学生的自学能力。首先，帮助学生养成独立思考的习惯。独立思考是自学能力的前提，一个独立思考的学习者应具备以下良好的学习习惯：课前预习，发现问题；课堂上专心听讲，积极参与教学活动；课后复习，总结归纳，加强记忆；平时要勤听、多听、会听，勤说、敢说、多说，多写、长写等。这些都要求学生独立进行，并形成习惯。其次，指导学生掌握正确的学习方法。达尔文说过，最有价值的知识是关于方法的知识。对学生进行学习方法的指导，可以使学生形成正确的解题思路和方法，而这种思路和方法又会增强自学能力。

随着人们对教育的重视，素质教育越来越成为人们关注的话题，并在教学实践得到广泛的实施。英语教学也积极响应并实行素质教育。我们所处的时代是一个科技的时代，是一个发展的时代，更是一个竞争的时代。当前国家之间的竞争实质上是以人才为核心的综合国力的竞争，所以，对人才培养的质量和素质提出了更高的要求。而英语作为世界语言，表现得更为突出，人们学习、应用英语的热情更是空前高涨。英语教学可以有效地提升学生的综合素质，它不仅有利于扩展学生的视野、开发学生的智力、激活学生的思维，还能够丰富学生的情感，发展学生的个性。此外，英语教学还可以提高学生对信息的捕捉能力，让学生学会思考、学会创造、学会生活。这些能力统称为综合能力。学生在教师有目的、有计划、有步骤、有措施的指导、教育下，通过教育教学活动，营造良好的教学氛围，实现双方的良好沟通和互动，激发学生的潜能，使学生真正成为学习的主人，进行自觉、高效的学习。

第一，形成热烈、自主的教学氛围。传统的教学观点认为，教学活动就是教师将知识传授给学生的过程中，知识的掌握是教学的唯一目的。因此，出现了"灌鸭"式的课堂教学模式，这种模式既不利于调动学生学习的积极性，也难以培养综合性人才。能力的培养需要充分尊重并体现学生的主体性。教师在英语课堂教学中，应始终将学生主动学习、自觉学习作为最终的追求，并充分运用灵活、有效的教学手段，引导、激发学生，提升他们对英语学习的兴趣。例如，要使全班 50 余人在一节课甚至更长时间内，均有表达的机会，是非常不容易的。因此，需要做出计划：在新课讲授之前，抽出五分钟的时间做 Duty，然后通过三、五人的 Retell 进入新课的学习；在讲授过程中，可以分别进行 Group work 和 Pair work，以实现练习的目的；课堂结束前三四分钟，可以举行全班讨论，然后推举一至两名同学发言。整个过程体现出学生的自主性、参与性和积极性，这种活动过程既符合学生语言学习的认知规律，又促进了他们对知识的理解和掌握。因此，课堂氛围是非常重要的前提条件。

第二，将语言当作沟通、交流的手段。语言教学的根本目的是让学生通过沟通、交流掌握该语言，使之发挥其应有的作用。改变以往的只注重听力和口语，而不注重实际应用的状况，在肯定语法教学的同时，将听、说、读、写充分结合统一起来，使这四种能力协调并进、共同发展，使之成为获取知识信息、提升语言学习能力的有力工具。

另外，素质教育在教学内容上的充实表现在两方面。

一是，重视语言的交际功能。语言是人们在交往过程中进行信息传递和情感表达的工具，它实质上具有交际功能。因此，只要有利于这种功能实现的一切教学内容和手段，都要加以吸收、利用，才能使学生更好地掌握、运用语言，并在实际学习、生活中实现语言的交际功能。进行听、说、读、写训练时，要以教学目标作为引导，以教学模块要求为标准，使学生的语言应用量得到最大限度的扩充，这犹如运动员的训练一样，需要进行超负荷的训练，才能达到理想的效果。英语训练也是如此，通过"过度训练"达到对教材内容深度理解、深刻领会的目的。在这方面笔者实施了"精听""广说"训练。所谓"精听"指的是学生在进行听力练习时，要做到能够完全复述，而丝毫不差，并加强该句型的实际应用训练，实现熟练运用的目的；所谓"广说"指的是鼓励学生开口说英语，大胆运用所学内容，进行适时的沟通和交流，不要害怕出现问题和错误。教师要关于观察学生在沟通、交流时的状态，准确发现他们的心理变化，掌握好时机及时对他们的错误进行纠正，以促进他们达到规定的标准和要求。当然，也可以在课外进行这种形式的训练。例如，Free talk 活动就是在课外开展的，在课外环境下，学生更为放松和舒展，发挥也更为自然和流畅，思维也更加活跃和灵敏。在这样的条件下与学生进行沟通与交流，使他们了解英语国家的相关知识，也使学生认识到自己担负着传播我国优秀文化和发展现状的时代任务。通过这样的活动学生会更加全面、深入、详细、具体的了解世界，更有利于他们运用所学的词汇和句型进行准确的表达。例如，在使用"That's all right"时，一位同学说可以用来回复"Thank you"等感谢的话，另一位同学说也可以用来回复"I'm sorry"等道歉的话。同学们对此展开热烈讨论，认为也可以用"Not at all""It's a pleasure""You are welcome""With pleasure"等表示感谢，还可以用"It doesn't matter""Never mind""Oh, It's not important（＝I don't mind）"表示道歉，等等。通过这种实景对话，不仅提升了学生的语言运用能力，还锻炼了他们的人际沟通能力，促进他们身心的健康发展，有利于健全人格的构建和良好品德的形成。

二是有利于培养学生的自学能力。语言及其运用能力是交际能力的重要体现，自学能力是学生在自觉、主动学习过程中，不断形成和发展这两种能力的过程。自学不仅可以在英语课堂内进行练习，还可以在课外进行自由的训练。教师要引导学生自主的学习词汇、语法等，使他们不断丰富自己的语言元素，然后引导学生对这些元素进行分析、整理、判断和总结，从而得出语言运用的基本规律，从而达到内化的效果①。

### 四、英语课程教学层次性优化

学生的英语交际能力主要是通过英语课堂教学实现的，因此，英语课堂教学的质量和水平，直接影响到学生交际能力的培养。而利用多媒体进行英语教学，可以更好地实现层次化教学，提升英语课堂教学的质量和水平。

首先，层次性教学的原则。在课堂教学后，我们会有一种课堂教学气氛热烈但较为混乱的感觉，究其原因在于课堂教学的层次性不强，练习量不足，效果大打折扣。

其次，层次性教学的内容。英语课堂教学的内容包括三个层次：理解性层次，操练巩固层次和交际性层次。

理解性层次，指的是老师利用多媒体手段，通过创设针对性的教学情景，提升学生对英语学习内容的感知度，使他们在情景中通过丰富的图片、动画、语音等，对相关句型和语法进行反复训练。在教师的指导下，师生之间通过示范、讲解、模仿和反复练习，使学生达到理解句

① 任庆梅：《大学英语有效课堂环境构建及评价的理论框架》，载《外语教学与研究》，2013 年第 9 期。

式、领会内涵的目的。学生可以通过静听，丰富自己的词汇和语句。教师通过准确的示范，让学生跟读并练习，可以运用替换的方式，对相关的单词和实物进行灵活处理，以加强记忆，提升效果。

操练巩固层次，指的是让学生在首次学习之后有针对性的练习，巩固知识。外语学习需要不断地积累，才能实现巩固、提升和完善，因此，巩固层次所关注的是进行针对性、实效性的训练，以最大限度的激发学生的潜能，使他们更加主动、自觉的学习、训练，教师只直到参与、指导的作用。

交际性层次，指的是在真实的语境中，通过沟通、交流，达到灵活运用的目的，而不是仅仅停留在听、说、读、写层面。学生对于知识的掌握程度如何，可以通过其对知识的灵活运用体现出来，这是检验外语教学成效的根本标志，也是外语教学的最终目标。

而要实现层次性教学，达到要求，实现目标，需要教师具备一定的能力和水平。

第一，教师的教学思路必须清晰、准确。教师教学思想是否清晰、准确，直接决定着课堂教学的成效。教师只有以教材为基础、以学生为根本，灵活运用教学方法，才能形成清晰、准确的教学思路。著名教育家叶圣陶先生指出，教师教学的核心不在于全盘教授，而在于适时引导，而这种引导就是教师进行课堂教学的思路。教学思路具有较强的实践性，它既需要教师对教材的熟悉把握，也需要教师对学生的深入了解，更需要教师将教材、学生、教法和环境进行有机地整合，形成清晰、准确的思路，才能找到启迪的切入点，才能做到"不愤不启，不悱不发"。

第二，教师要把握好节点和分寸。在进行课堂教学过程中，教师要根据学生的认知规律和实际接受能力进行适度、灵活的讲解，并且在讲解时要把握好词、句、段的深度和广度，促进学生对知识的理解和掌握。如果讲解过于肤浅，则达不到丰富知识、提升能力的目的；如果讲解过于深奥，学生则难以理解，出现茫然不知所措的情况；如果讲解过于宽泛，学生的思维就会比较分散和零乱，无法捕捉所讲内容的主旨和要点。因此，需要教师充分了解并分析学生的心理特点，结合教学内容和目标，进行恰当的讲解，同时还要注意讲解的节点，使内容在学生最为需求的时候，适时出现，以激发并满足他们对知识的需求。要根据不同班级学生的特点，针对性的讲解不同侧重点的内容，做到因"班"施教，使学生在教师的引导下，在适度、恰当的讲解中，获得自身最需要的知识和能力，不断发展自身的最近发展区①。

第三，教师要善于激发学生思维。课堂教学过程中，要充分尊重并体现学生的主体性，就要引导学生积极参与教学活动，并在活动中发挥主动性和创造性。因此，教师的提问就显得尤为重要了，通过针对性的提问，可以使教师进一步了解学生对知识的掌握和运用情况，进而总结他们的认知规律，以更具实效性的措施，丰富学生的知识、发展学生的技能、提升学生的素质。提问要有目的性和引导性，有利于学生道德、文化、品质的发展，激发学生的思考，促进他们的交流②。此外，教师还要以教学内容作为问题的出发点，鼓励学生进行发散思维，从多个维度、多个层次进行思考，教师和学生共同参与，充分沟通，多向互动，不设置标准解答，提倡答案的多元化、多样化和个性化，激发学生的创造性思维，不断挑战并突破原有的思维限制和牢笼，学生要大胆地运用

① 沈骑：《通识教育与大学英语课程整合模式探析》，载《江苏社会科学》，2006 年第 S1 期。
② 唐光洁、朱德全：《偏失与重塑：专业学位研究生英语群集模块式课程设计》，载《西南大学学报（社会科学版）》，2014 年第 6 期。

词汇和语句进行回答，不能只用"Yes"或"No"进行回复，鼓励学生对所学内容进行回顾式的运用、创新式的回答、总结式探索。由于开放式的问题具有广阔性和延展性，所以，教师需要适当的把控，使之以教学单元为基础，进行深入、广泛的探究。在这个过程中，学生可能提出很多与单元内容毫不相关的问题，对此，教师要善于以发现的眼光看待问题，保护学生的积极性和创造性。

第四，提升学生的课堂教学参与度。教学过程是教师和学生以教学目标为引导进行的共同的讲授和学习活动。特别是在素质教育环境下，更加注重学生的积极参与，体现并发挥学生的主体性，促进学生的全面发展。因此，教师要善于运用启发性、导向性的内容，使学生积极参与其中。实践发现，要达到高效课堂的标准和要求，必须有70%以上的学生积极参与到课堂教学活动中来。要摒弃那种只注重教师的教而不关注学生学的教学思想，更不能认为教学过程只是教师讲解、传授知识和技能的过程，因为教师的教，不一定能够引起学生的学，即便是学也不一定是高效学习。学习的过程不仅仅是对知识的理解和掌握，而是以此为基础形成自己的知识体系和能力结构，并具有自己的理解和感悟。所以，教师要重视并鼓励学生积极参与到课堂教学活动中来，不仅积极主动的学习，还可以对教学目标、内容、方法等方面，提出自己的意见，在参与过程中学会合作、学会思考，从而真正提高学生的参与度，使学生在合作学习过程中得到锻炼和提升。

## 第四节　应用型本科英语课程结构优化

### 一、课程管理制度优化

这里我们先以清华大学的课程教学管理办法为例来引入下文。

清华大学作为国内重点高校，甚至在国际上也有着很大的影响力，其英语教学在国内很多重点高校中也是十分独特的。清华大学在英语教学中真正地将目标管理和过程管理理论融合在一起，在这种体制下，清华大学所有的学生都可以在清华大学外语课程整体框架下选修自己感兴趣的外语课程。

清华大学非常注重大学生课程学习的积极性，真正地将"因材施教"应用在教学管理办法中。清华大学的目标管理办法主要体现在《清华大学英语水平1》中。学校的英语水平考试标准甚至得到了教育部的认可，是清华大学对本科生英语学习和英语能力的最基本要求。

清华大学规定，所有在校的本科生，不论是英语专业的，还是其他专业的，都需要参加这个英语水平考试。一般的英语考试都是由听力和笔试部分构成的，清华的这个英语水平考试也是通过笔试和口试完成的，通过这项考试的学生可以获得4学分，没有通过这项考试的学生无法获得本科学位证书和清华大学的毕业证书。

清华大学的英语水平测试每年会举行两次，所有学生都可以根据自己的情况自行选择考试时间，只要在校期间完成考试并且成功通过就可以获得学术学位颁发资格和毕业证书颁发资格。通过这项考试的学生还可以获得清华大学颁发的并且受教育部认可的相关证书。

除英语课程外，清华大学还开设日语、德语、法语、俄语的多语种外语课程。

一外日语、德语、法语、俄语分为三个阶段/层次，三学期完成，每学期32课内学时，2学分。考核方式为课堂表现与期终考试相结合。一外为日语、德语、法语或俄语的本科生，入学后直接进入课程学习，本科毕业需完成三学期的课程，取得6学分。

二外日语、德语、法语、俄语课程，分为三个阶段/层次，共三学期，每学期64课内学时，2学分。考核方式为课堂表现与期终考试相结合。

为了配合课程学习，学生应投入课外时间学习外语，积极参加课外语言活动与竞赛，增加课外接触外语与操练外语的机会。学生还应充分利用外语系已建成的多媒体外语自学中心，选择各种语言学习课件及软件进行自学与自测。

人们普遍认为，管理体制是指管理机构的制度规范及其相互合作和运作。大学课程管理系统是高校课程管理的制度设置，从属关系和管理权限分工的领导管理系统。在此基础上，我们认为大学英语课程管理系统是大学管理系统的重要组成部分。大学英语课程管理系统是在国家教育政策和外语教育政策指导下实施大学英语课程管理功能的组织和组织体系的总称；其价值在于通过对教学的完善，确保教学目标的达成。大学管理体制改革带来了大学英语课程管理体制的正式变革。管理系统与管理体制不同形式反映了理事机构的不同权利和责任及其功能，直接影响到管理的有效性。

近些年来，随着国内高等教育的发展和教学体制改革的深化发展，很多学校都开始注重管理体制的创新，以学校、学院和系为单位的三级管理体制开始逐渐盛行，这种管理体制主要是在大学英语课程管理体制的改革逐渐开始在各个高校中陆续应用开来。当然有的大学还是将原有的英语教学部保留下来，在管理上归属于外国语学院的管理体制下；有一些大学仍然保留原有大学英语部门的地位，直接接受大学的管理；有一些学校专门成立专业化的外语教学中心负责学校的英语学科管理。总的来讲，我国现有的大学英语课程管理体制主要有三种管理模式，分别是学部制、中心制、学院制。其中，学部制是一种开放式的跨学科组织，是一种超越了学员层次的，具备更高标准和更严格要求的一种学科组织，通常这种模式只存在于综合性较强的高校中，这种跨学科组织管理模式由于大学以及权责差异，又可以分为大部制、中部制和小部制三种。

大部门的大学英语教学机构只接受大学的整体管理。因此，该管理系统通常独立于外语学校，并有自己的政策体系、资助体系、人才体系和教师发展体系。学校与大学英语系、大学英语系和教研室之间，沟通更直接，方便。大学英语课程管理者和教学研究人员可以直接与学校相关管理部门沟通，开展教学理念，实施教学方法。教学模式，教学评估等方面的沟通得到了有关部门的理解和支持。同样，大学英语教师也很容易获得有关学校教学改革和管理的信息，从而确保相关学校政策的实施，提高管理效率，保证教学的有效实施。

作为一个小型的部门机构，大学英语教学部设在外国语学院英语系。它的地位舒适，管理职能分为职能细化，职责单一，任务明确，内部管理沟通方便，有利于教师集中探索课程教学。中央系统隶属于外国语学院。由于学科的突出特点，大学英语教学部的教师具有强烈的归属感。他们可以轻松地从学院获得专业学习和进一步的培训机会，并可以轻松地与学院的其他同事进行专业沟通。显然，这种制度有利于教师的专业发展，有利于提高教师的专业水平，有利于外语教学资源的共享。

总的来说，教育部的大学英语课程管理系统具有突出的特点，即明确的教学任务、明确的教学目标以及出色的管理效能。因此，它是最受欢迎的课程管理系统。

学术机构的优势主要体现在四个方面。一是中央系统，直接在学校管理下，在各项管理任务中享有更多权力，当然承担更多责任。二是从形式上看，大学制度将大学英语提升到与传统外语学校相同的学术地位，有利于大学英语学科的发展，也有利于大学研究工作的发展，而且对大学和国内外兄弟学校在教学和研究方面的交流也有好处。三是对于大学英语教学规模较大的学校，学院的设置有利于调整和缩小管理范围，提高管理沟通效果，保证学生的有效性管理。四是学院制有利于大学英语教学和研究的规划和发展，作为一个独立的学科体系，它有利于大学英语教学理论与实践的探索，有利于大学英语教师的专业进步，有利于大学英语教学效果的集中。

创新人才的培养是一项复杂的系统工程。从教育体制内部来看，需要各级教育行政部门和各类教育实施机构的活力和创造力，需要更高层次的教育。作为教育管理的对象，要具有个人的热情、主动性和创造性。大学英语课程管理系统的理想形式关键是要促进管理学科的多元化发展，促进各级教育行政组织和教育行政部门的全面动员。

## 二、校园文化保障

习近平强调，要办好人民满意的教育，努力培养担当民族复兴大任的时代新人，培养德智体美劳全面发展的社会主义建设者和接班人①。为此，学校教育不仅要关注物质文化建设，还不能忽视精神文化建设；

①　教育部课题组：《深入学习习近平关于教育的重要论述》，人民出版社 2019 年版，第 72 页。

它不仅注重培养学生的智力因素，而且不能忽视非智力因素的发展。学校教育不能仅集中于思想理解的灌输和道德行为的强化，而忽视间接的情境建议。健康和最新的校园文化具有渗透性、持久性和选择性，有助于学生性格的形成。良好的校园文化可以提高学生的人文道德，拓宽视野，对未来的人才培养具有深远的意义。

　　学校的精神价值体现在学校的校园外观上，具有非常强大的指导作用。校园文化是一种环境教育力量，对学生的健康成长产生巨大影响。校园文化建设的最终目标是营造培养学生情操，塑造健康人格，全面提高学生素质的氛围。因此，要加强校园文化建设，构建校园文化体系，树立校园文化建设意识。学校师生在校园文化建设中起主要作用，校园文化建设包括学校的物质文化、精神文化建设和制度文化建设，只有这三个方面全面协调发展才能成为一个完整的文化形象。文化建设是学校综合实力的体现，校园文化的核心竞争力主要体现在文化的凝聚力和创造力上。作为一种优秀的校园文化，它可以为教师和学生提供独立的个性和精神，并鼓励师生不断反思和超越。以下是小学英语校园文化建设的案例研究。

## 打造英语特色推进校园文化建设
### ——台儿庄西关小学英语校园文化建设

　　为营造浓厚的英语学习气氛，彰显英语特色，激发学生"学英语，用英语"的英语学习热情，春季开学以来，台儿庄区运河街道西关小学继续深化英语特色学校创建活动，提升校园文化建设水平。在全体师生的努力下，该活动持之以恒，形式多样，内容丰富，不断创新，成效显著。

　　**开展英语角活动。**英语角活动历史已经在我国校园中开展很久了，英语角活动可以给学生提供开口说英语的平台，让学生有良好的语言基础，提高口语水平。

**建设英语故事墙和西方主要节日文化宣传展板。**为营造英语学习氛围，在英语环境的熏陶中培养学生的良好品德和让学生充分了解西方主要传统节日，该校充分挖掘英语课本的教育作用，选取三年级上册课本浅显易懂的英语故事制作了英语故事墙和西方主要节日文化宣传展板。

**高标准建设英语宣传墙。**在学校的显著位置（教学楼、办公楼之间）高标准建设了英语宣传墙一面，其主要内容为三至六年级学生英语课本的主要人物和每日学生自省的英语句子。宣传墙为英语学习起到督促作用，也有利于营造校园宣传环境。

**创设特色鲜明的走廊文化。**在教学楼的走廊，制作了以学生日常常见的英语单词和简单的英语谚语为主要内容的英语宣传展板和英语漫画栏。

**营造班级英语文化氛围。**首先，一至六年级各班班牌用双语标识。其次，班级课程表用双语标识。再次，三至六年级各班建立个英语宣传栏，用于张贴学生的英语作品和特色作业。

**促进学科融合。**组织语文、英语、艺体学科教师开发了英语校本教材《我的家乡——台儿庄》（获省优秀课程资源评选一等奖）；校园英语舞蹈——兔子舞；建立了 Happy English 快乐英语广播室，每天利用课间操前的时间进行日常口语的训练。组织开展丰富多彩的英语活动，每学期评选"西关小学英语之星"。

目前，该校为英语教学营造了良好的真实语言氛围，为早日实现英语特色学校的目标打下了坚实的基础。相信随着活动的进一步开展，将会吸引更多的学生参与，切实提高学生学习英语的主动性和积极性。

一个小学尚能如此，大学同样也要为英语课程发展提供校园文化保障，当然相较于小学而言，大学的校园文化保障需要涉及更多方面的内容。

（一）从制度方面构建校园英语文化环境

构建良好的校园英语文化环境，可从制度方面着手：完善现有的检查督导制度，只要是针对学校领导和教师群体而言，校领导负责整体规划，教师负责实施，开展全方位跟踪，学生干部辅助教师工作，全体学生参与；发挥网络资源优势，利用现代化教学网络，构建网络"打卡"学习制度；完善高校图书馆管理制度，充分地发挥图书馆的作用，以学生学习需求为主，丰富馆藏图书，给学生提供更多的选择；构建双语化的教学环境，打造现代化高校英语视听空间。

其中，为了更好地打造现代化高校英语视听空间，需要从听力、口语、阅读、写作以及英语翻译等方面入手，制定不同的管理制度和措施。

第一，英语听力空间方面。高校可以在不同的时间内播放对应的英语节目，让学生"有东西可听"，播放的内容可以是比较受欢迎的英语节目，或者是专业度强的节目，如 CCTV9 的英语节目、外国选秀节目，或者是一些著名英语演讲等，播放时间要合理地安排，不能过于随意，尽量放在学生用餐时间，这样可以让学生有时间静下心来听。同时还可以充分发挥教室资源优势，例如，专门空出一部分教室，作为学生英语听力练习的空间，满足特定学生听力练习的需求。

第二，英语口语空间方面。将学生的图书馆、餐厅、宿舍等场所进行重新规划，根据学生需求设置为 Chinese Day 和 English Day，在对应的时间学生必须在规定的区域内使用对应的语言进行交流。例如，宿舍区域在 English Day 这一天，必须用英语进行交流，图书馆在 English

Day 这一天也必须用英语交流，如借书、还书的过程都要用英语来完成，餐厅在 English Day 可以将所有的菜单都换成英语，当然也可以用中文标注，这样就可以在用餐时间学习英语。可以在 English Day 对应的时间在学校内部设置一定的"英语讨论区域"，所有专业的学生都可以进入这个区域，甚至学校还可以给这一点设定一个对应的主体。例如，结合当下比较热门的话题或者热门的电视、电影、歌曲等规定一个主体，同时也可以在英语讨论区定期播放全英语版的电影帮助学生学习英语。

第三，英语阅读空间方面。首先，大学的图书馆要丰富英语文献馆藏量，给学生更多的选择权。其次，大学英语可以以班级为单位，学院为主导，订阅《英语世界》《英语学习》等英语类报纸杂志，安排专门的教室负责学生阅读素材的选择，可以从一些国外网站或者网络上找一些热门的时事新闻，将新闻信息放到学校局域网中，供学生阅读，免费向学生开放，让学生学习原汁原味的英语。

第四，英语写作空间方面。可以借助校内的布告墙、宣传栏等用英语表达的方式宣传校内新闻，并在这些系统中张贴最近的热门话题，总之尽量用英语来表达，也可以给出一定的空间，让学生积极地参与到讨论中，最终的目的就是要让英语充满整个校园，对于参与英语写作讨论的学生给予一定的奖励，提高他们的写作兴趣。通过奖励的方式积极地鼓励学生在讨论区对于布告墙、宣传栏中内容发表自己的看法和意见，学生也可以根据自己的间接制作成演讲稿或者写成英语文章的形式发表在校内局域网中，锻炼自己的写作能力。

第五，英语翻译空间方面。高校可以选定教师定期从《英语世界》《英语学习》等杂志，或者从人民网、新华网等资源中找一些热门话题文章，这些文章可以是全英文的，也可以是全中文的，放在学校的局域网或者是布告墙、宣传栏中，让学生进行翻译。学生可以将自己翻译的结果通过局域网或者纸质的方式提交给教师和学院，而教师则会根据学生的翻译情况做出评价和修改，对于翻译较好的学生可以将翻译的内容放在局域网或者布告墙、宣传栏中，提高学生参与积极性，另外也可以结合大学英语口语环境建设现状，安排学生轮流的负责定期到餐厅、图书馆、宿舍、教学楼等场所将特定的内容翻译成英文，方便大家使用的同时也锻炼学生的英语翻译能力。

（二）从主体方面构建校园英语文化环境

我们强调英语课堂教学要以学生为主体，这是体现学生为中心的原则。而校园英语文化环境的构建则要体现出教师的主导作用。教师在学校文化建设中起着关键作用，校园英语文化环境的构建需要以教师为主导，开展新教师和老教师"一对一"的"对立活动"，这种"对立活动"并不是教学理念上的对立，而是要实现新老教师的优势互补和共同发展，同时学校要注重多培养年轻教师群体，注重年轻教师群体的培训，加强国际交流；从学校英语教师结构构成出发，开设与英语课程相关的人文类选修课程，选择英语专业较好的年轻教师担任人文英语选修课教师；学校可以定期组织教师和学生一起参加校外英语活动，如校外兴趣小组交流活动、英语协会、英语竞赛等，发挥校内外资源优势。

如果说教师在英语文化建设中起到主导作用，那么学生则起到主体性作用。大学生毕竟作为大学英语环境改善的重要构成，校园英语文化建设最终是要为学生英语学习所服务的，所以必须重视学生的主体性作用。例如，定期组织学生参加一些校外英语活动，如校外英语竞赛、英语文化月、英语活动周、英语歌唱比赛、话剧演出等，丰富学生英语学习生活的同时，提高学生英语学习兴趣。可以发挥学校社会资源优势，联系当地的一些外企进行实习，让学生尽快地熟悉今后的工作环境，在工作实践中提升自己的英语水平。

### 三、构建活动式英语课程

2016 年 3 月，搜狐新闻教育版面出现了一篇文章：《邵淑红：开发英语活动课程激发学生学习兴趣》。文中介绍了邵淑红开发英语课程的原因和效果。从现实情况看，目前无数的大、中、小学生在可怜兮兮啃着干瘪无味的英语，完全体会不到学习的乐趣，更不懂得英语是认识世界的一个重要工具，当学生不能感受英语学习中的文化内涵而缺乏人文情怀的滋养，当学生不能在灵动的课堂上清晰的发出自己的声音并充满自信，我们的英语教学一定是失败的。

课程校本化的核心基础从个性化的实践开始，激发唤醒学生学习英语的兴趣。要让学生感受英语学科的价值并能把语言学习的魅力印刻在心，除却诸如教师的个人魅力等因素外，还要能为学生提供学习资源。邵淑红英语活动课程主要活动有：

（1）观赏电影：在直观与情景中积淀素养

英语电影观赏为学生展开了一幅生动直观的西方文化风俗画卷。

做法：每隔一周，除了布置常规的英语书面作业外，就是给学生布置在网上观看一部英语电影。在每天的 Free Talk 中举行观影演讲比赛，看谁说得好；写出电影影评并抄出电影影评进行展览，看谁写得好；举行 PPT 制作展示大赛，看谁做得好；组织优秀学生参加英文翻译，看谁翻译好；等等，另外，会组织学生将优秀电影中的励志语言等著名台词收集并加以整理，形成校本化的材料，让学生理解记忆。如《肖申克的救赎》中"Get busy living, Or get busy dying"，忙活，或者等死；"Hope is a good thing, maybe the best of things, and no good thing ever dies"，希望是美好的，也许是人间至善，而美好的事物永不消逝。

（2）喜剧表演：在"用中学"中实现潜能最大限度地开发

做法：按主题分组，学生进入实际操练阶段。准备阶段，让学生对选定的片段进行研读，可以从网络和图书馆查找相关材料，相互交流研读的结果。研读结束后，让学生将所收集的资料改编成剧本，进行多种形式的表演，如《荆轲刺秦》《项链》《睡美人》《灰姑娘》等近二十多个戏剧的台词收集编印。

（3）听唱英文歌：在悠扬曲调中尽显英语魅力

英文歌曲会涉及各种各样的句型。学生从英文歌曲中能学到很多语言知识，而且会记忆深刻。

做法：碰到可以增加学生词汇量的歌，课堂上和学生一起演唱，然后让学生把歌词写到黑板上，再对照歌词原文对比自己写得对不对，第二天全班不看歌词再唱这首歌。

例1：《音乐之声》

在学到 bloom 和 blossom 这两个单词时，可现场教唱美国电影 *Sound Of Music*《音乐之声》中的"Edelweiss"，并让学生体会"Blossom of snow may you bloom and grow，bloom and grow forever"中 bloom 和 blossom 的词性用法，做到活学活用。

例2：《友谊地久天长》

Should old acquanintance beforgot and never brought to mind.

Should old acquanintance beforgot and days of auld lang syne.

"Auld Lang Syne"单词 acquanintance"熟人"，可以用学唱这首英文歌的方式进行记忆，相信一定会给学生留下深刻的印象。

例3：奥运会主题曲 *You and me*《我和你》

You and me

from one world

we are family

travel dream

a thousand miles

meeting in Beijing

come together

put your hand in mine

you and me

from one world

we are family

另外，还可以根据这首歌的英文内容改编这首歌，形成富有特色的校本课程。歌词如下：

You and me,

in one province of Shandong,

from heart to heart.

Seeking one dream,

across several hundred miles,

Meeting on Internet.

我和你，

同住山东省，

回应彼此的心声，

相会在远程。

（4）组织英语 Club（俱乐部）：在切磋琢磨中提升技艺

学生准备的过程就是一个提高的过程，从内容到语言，学生们不仅可以了解文化、丰富词汇、锻炼写作，还可以提升说话能力，为以后的职业生涯做准备。这个环节学生往往很喜欢，每天都有新颖的内容。长期的积累必然会丰富他们的知识储备，同时也提升阅读的理解力。

做法：按组分类，分别汇报。形式可以多样，如文化展示、英语演讲、讲故事等，这个环节就是在体验和运用的过程中学习、提高。而且这种形式既可调节学习气氛，又可提高学习兴趣，更可改善了学习效果。所有俱乐部的 PPT 演示材料和 Word 文档全在一个文件夹里，形成 Club 文化系列素材。

（5）英语演讲：在公开展示中秀出自己的风采

英语演讲对提高学生口语、组织能力，增强自信心有很大作用。Public Speaking（公众演讲）课程在西方学校已经成为惯例。在古希腊时，苏格拉底等人的弟子就以此为必修内容。美国 95.3% 的中学都开有英语公众演讲教育课。

做法：

①充分地动员学生观看获奖同学的演讲视频。在课堂上，先让学习成绩较好、英语口语能力较好的学生在讲台上做英语演讲，然后其他同学对这些演讲学生的内容进行评价，包括演讲的动作、内容、语法、逻辑性等方面都做出评价，最后教师再做出综合评价。

②学生从演讲准备到上台演讲按照三个步骤进行：第一个阶段，教师先给学生设定一定的演讲情境，即给出一定的演讲题目，或者给出一些关键词，让学生根据这些题目和关键词来准备自己的演讲主题和内容，之后按照顺序依次上台演讲；第二个阶段，重点训练学生演讲的流利性，主要是通过名人演讲、英语演讲好素材的形式让学生多听、多看，深入地了解这些人的优点，适当地开展相同内容的模仿演讲；第三个阶段，学生自主即兴演讲，同样是给出一个题目，将三个人或者五个人分为一个小组，这个小组负责一个演讲题目，然后依次上台做即兴演讲，这个小组负责这场演讲的整个过程，几个人分工安排上台次序，以

轮流接力的方式完成这次演讲。

③选择朗朗上口的口诀、小诗：学生快速记忆，过目不忘。学生利用顺口溜来学习英语，至少有三大好处：一是节省时间，二是培养思维能力，三是提升学习英语的兴趣。如基数词变序数词的口诀：

基变序，有规律，

词尾加上 TH。

一二三，特殊记，

结尾字母 TDD（F—first D—second D —third）。

八减 T，九减 E（eight—eighth nine—ninth），

F 要把 VE 替（five—fifth twelve—twelfth）。

TY 把 Y 变 I（twenty—twentieth）

记住 TH 前边有个 E（thirty—thirtieth）。

通过对邵淑红"英语活动课程"过程的解读，我们可以想到著名教育学家第斯多惠曾说过的那句话："教学的艺术不在于传授的本领，而在于激励、唤醒与鼓舞。"邵淑红的英语课堂就是充满"激励、唤醒与鼓舞"的课堂，是以学生为学习主体，激发学生兴趣，努力打造灵动趣味的英语课堂。同时从她的活动课堂也可以看出，活动式课堂的开展要以学生为主体，并且教师在此过程中也起到关键作用。

首先，在教学中，教师不能一节课从头讲到尾，而要让学生开口。真正意义上的创新型英语课堂是要让教师和学生成为一体，教师既要体现出自己教授者的身份，同时也要体现出自己和学生一体的身份，教师要通过课堂创新和学生一起互动，带动学生的学习积极性，让学生开发自己的学习思维，引导学生用自己的思维来思考课程内容，只有这样英语课堂才能够真正区别于其他的课堂，而这样的英语课堂才是我们所期望的"一潭活水"的课堂，学生在这样的课堂中才能够真正发挥自己

的主观能动性。由于中国学生数量较多，每一个班级学生数量也多，传统教学模式下，教师难以顾及每一个学生，如今我们的教育实行的"班级授课制"，这种制度下，这样的课堂氛围下，教师能够最大限度地接触到每一个学生，和所有的学生"打成一片"，更尊重每一个学生的想法，拉近学生和教师之间的距离，学生能够更真正地融入课堂中。

其次，不论这个学生当下的成绩如何，教师要始终坚持"以学生为主体"的原则。每个学生都具备一定的学习能力，在此基础上按照学生的层次不同划分不同的组别，让每一个学生都能够在小组学习过程中主动地发挥自己的能动性，通过小组讨论的方式来解决自己的问题，在此过程中，教师应尽量少地帮助学生解决问题，最大限度地发挥每一组学生的整体作用。

再者，教师应注意学生和教师的互动学习。西方教育家布鲁纳也提倡这种教学方法。他称这种方法为发现教学方法，已在西方发达国家使用，仍具有强烈的时代感和活力。在素质教育的背景下，教师要充分调动学生的积极性，把课堂归还于学生。而这种教学模式正是我们所缺乏和期待的。在这种教学模式下，课堂教学活动的介绍是要讨论的。这种教学活动可以先由老师的问题启动，之后再引导学生主动找讨论主题，最后以课堂报告的形式来展现课堂学习效果。

最后，要准备更多开放式的校外教学活动。让学生有更加广阔的胸怀和世界观，明白每个人都有对于这个世界的责任，能力越强，责任越大。为了更好地实现能力的提高，艰苦学习无疑是当前重要的任务。

# 第六章　未来英语课程结构发展前瞻

　　语文、数学、英语三门功课作为高考的基础课程，占分比例较大，孩子接触的时间较长。对比这三门功课，语文与数学在我国的发展体系更为完善和稳固，可变动性不大，但随着时代的改变，英语的学习方式则出现了一定的改变。

　　首先，英语学习目的转变。现在越来越多的家长意识到，英语更多的是一个用来使用的工具，孩子学习时很难真正去热爱它，系统功能语言学理论认为，能够让学生在特定的环境中选择合适的目标语来表达内心的想法是英语学习的目标。所以一切的关键问题不在于能不能让孩子热爱英语，而是需要让孩子能够了解到，英语在某些特定的时候对他们而言非常有用即可。

　　其次，授课方式的变化。现在的英语课堂中，英语更多的是作为一项考试科目来学习，违背了它作为一个"语言工具"的初衷。大量的语言学家，研究并且实施了很多教学方法，如听说教学法、社团学习法、全身反应法等。每种方法都有其本身所有的优缺点，教育者可以根据固定的情景来进行组合式的教学。而随着"互联网＋"的不断兴起，在线教育也逐渐变成高等教育的一个重要部分，一方面是社会对高素质人才的需求量增加，它逐步解决了地域性人才缺失问题，另一方面是在线教育解决了空间上的限制，能够让孩子在家就享受到不同于学校授课的教学模式。

再者，低龄化的趋势。正如之前所说，英语作为一项"工具"，越来越多的孩子在学龄前就开始接受英语教育，在多元化的国际形势下，各位家长对于英语老师的选择也逐渐由中教转化为外教，希望能够有更接近于国外教学的环境来对孩子进行英语启蒙。在未来想必会以归线上线下结合、中教外教结合的模式。毕竟，这才是除金字塔尖端外，体量巨大的普通客户的真实需求。

所以我们可以看出，英语作为一种工具，高校英语课程发展必须要紧跟时代发展的潮流，找准英语未来的发展方向，只有这样才能真正地推动英语教学健康可持续发展。

## 第一节　高校英语课程未来发展方向

中国的英语教育已经有 200 多年的历史了，早在清末传教士就引进了英语教育，自改革开放以来，随着中国对外市场的开发，英语专业更逐渐成为我国高校热门专业之一。经过多年的发展，中国的英语教育已经发生了巨大的变化。但新形势也为英语教育提出了新的问题。

一是英语的地位问题。首先要知道英语作为一种语言在世界上的地位。英语不仅是一门外语，更是国际交流的"桥梁"语言，即"国际通用语"。国际通用语在教育系统中往往比一般的外语更受重视。

二是英语教育的现状和问题。一直以来，为了应付各类型的考试，国人的英语教育都注重书面英语，而常常忽略口语的练习。这就导致了"哑巴英语"的现象尤为突出。归根结底，还是在于中国应试教育的影响过于根深蒂固。

目前中国的英语教育的问题主要集中在三个方面：第一，根据英语教学理论，目前还没有发展出一种适合国人习惯和中国文化的英语教学；第二，英语教学与学习是主要的目的和动机，英语教学理论和实践没有得到相应重视；第三，英语教学对学生整体人文素质的培养不够重视。

综上，英语教育发展的目标应该从新形势的发展以及主动性两个方面来考虑。即适应国际社会"全球化"发展，适应中国深化改革开放和现代化建设的需要，适应学生的实际语言水平以及学生未来的个人发展需求，并适应英语作为国际语言的地位。所以英语教育的目的应该更加注重引导和激励学生发展获取和处理各种知识的能力。

英语对于我们而言，是一个"爱恨交织"的存在，所谓"爱恨交织"就是又爱又恨。爱是因为英语的到来让我们敞开了发展的大门，让国人感受到了更大的世界，更多新鲜的事物；恨是因为为学习英语，很多学生为它绞尽脑汁。几十年来，伴随着改革开放政策的深化和全球化的发展，英语热潮席卷了整个亚洲大陆，几代中国人为英语的学习可谓是付出了太多。如今的英语甚至还与传统学科一起升迁为百万莘莘学子求学、就业、生活的筹码，中考、高考、四级、六级、专八、考研、考博等，诸如此类的考试都被英语所"插足"。几十年来英语逐渐稳固了它在"升学神坛"的崇高地位，甚至是我们走向社会，参加工作后的入职测评、职称评定等诸多测试都离不开英语。过去我们只是在小学三年级才开始接触英语教学，而现在一些有条件的孩子甚至在学前教育阶段就开始接触英语，甚至一些孩子的英语水平都超过了母语水平。但不可否认的是，当今我们英语教学发展仍存在的诸多问题。而为了更好地解决这些问题，近些年来，国内在英语教学改革不断，但是纵观国内改革的效果，现实告诉我们，不论怎样的改革最终都没有做到"药到病除"，即使是能够"治病"，也没有做到"除根"。纵观中国英语教育的发展历程，从中华人民共和国成立之初到当下的浪潮涌起，始终都处于"神坛"和"低谷"起伏交替的局面。纵观这种局面的交替可以看到英语在中国的发展始终受政治、经济、文化大环境的影响。英语教育在中国的发展与中国政治、经济、文化的发展密切相关。

**一、英语教育在中国未来的发展趋势**

习近平总书记强调，今天的世界是各国共同组成的命运共同体。战胜人类发展面临的各种挑战，需要各国人民同舟共济、携手努力①。越来越快的全球一体化趋势，对英语水平要求也越来越严格，高校英语以考试为评价标准，不利于学生的应用，虽然很多学生由四六级证书，但是在日常交流中却困难重重。

现在国际交流相较于以往来讲有了一定的提升，中国在世界舞台中的地位也不断上升，例如，近些年来随着孔子学院在世界很多国家的试点性教学的实施，每一年来中国留学的学生也越来越多，甚至很多外籍学生都开始在中国参加工作。与此同时，英美等国家的流行文化逐渐渗入中国社会的多个领域。当然，英美国家有很多流行文化是覆盖全球的，好莱坞动作大片、漫威电影、嘻哈音乐、摇滚音乐、NBA 等都是典型的例证。在新的时代背景下，尤其是在国际间交流不断加深和教育体制改革的推动下，中国未来的英语教学发展趋势必须要重视提升学生的英语水平，而想要更好、更有效地提升学生的英语水平，必须要让学生更多地了解英美等国的历史文化以及人文情怀。正如汉语对于我们而

---

① 教育部课题组：《深入学习习近平关于教育的重要论述》，人民出版社，2019 年 5 月。

言，任何语言的存在本身就是历史文化的产物，是一个国家和民族在长时间的发展演变过程中所形成的一种独特的历史文化，所以未来中国的英语教育发展必须要朝着历史文化学习的方面迈进，要深入了解英美等国的历史文化，了解其民族民众的语言表述特点，只有这样才能够真正地摆脱传统的教科书式的陈旧的教学规矩和教学限制。同时在注重历史文化学习的同时，还要多方位地接触英美等国家的本土语言运行，当然这也是英语教学发展必然经历的自然而然的过程。随着网络媒体的不断发展，相信会有更多来自英美等国的文化载体流入到中国，当然中国的文化魅力同样也会以这样的方式流传到外国，这样对于文化交流和语言学习都会有很大的帮助。

另外，未来英语教育的发展应当从适应社会经济发展新形势以及主动进取两个方面迈进，具体来讲就是一方面要适应国际社会"全球化"发展趋势的需求，另一方面也要更好地适应我国改革开放不断深入化发展以及社会主义现代化不断发展的需求，同时更好适应学生本身的实际语言水平和个人发展需求。对于英语人才的培养应当涉及整体素质的培养、具体语言能力的培养两个方面，所以未来的英语教学必须要科学规划、精心实施，重视英语教育的学科化发展，善于利用各种英语教学工具，致力于构建更加优秀的英语师资队伍，更好地解决课程与教学之间的问题。

### 二、未来英语教学十大核心观点

1. 龚亚夫：英语学习，必须保证输入量和接触语言的频度

语言学习的输入量是学好英语最首要的条件，无论早或晚开始学习，无论采取何种教学方法，学习外语必须要有大量接触、使用语言的机会。另外，接触语言的频度分为两种：时间频度与数量频度。接触越

少，越难以学好，那种以为减负等于减少教材量、词汇量，以为降低分值就能减负，绝对是错误的。

我们最习惯的传统教学模式是语法翻译式（Grammar Translation Method），听课为主，自学为辅，大量进行语法分析和英汉翻译。有趣的是，这种模式下，哪怕是听力课，都能被上成朗读课、词汇课、语法课。这属于知识型或灌输型，就算从早到晚听课，也只能算大量背诵，不等于大量输入。真正的大量输入要满足三条要求：信息密集、素材地道、内容连贯。

（1）信息密集

既然是大量输入，那么多大的量才能算"大量"呢？每天要学多少，一共要学多久？听力为主，阅读为辅。以数量来算，每天 3000 字，不低于 100 万字，以时间来算，每天 2 小时，不低于 800 小时，就可以达到比较好的英语水平。千万不要觉得有很多单词要查，换句话说，如果学习只是为了积累单词和表达方式，为什么不花几十块钱买本书自学而去花几万块钱报课程呢？大量输入的目的不是为了大量学习和记忆新的表达方式，而是为了在大量听力和文本中不断巩固自己已经基本掌握的知识，实现从知识向意识的转化。传统模式基本上是看完一两分钟的素材后进行词汇、句型、语法拓展，一节课下来，感觉收获了很多表达方式，但是有效输入量仅仅是那听读的一两分钟，根本算不上大量。

（2）素材地道

多听国外标准音频，少听国内老师朗读。只听美音的人不适应英音，只听普通话的人也不适应方言。英语学习的过程中，如果我们只依赖于上课听讲，那么输入的部分很可能只是老师带读的那部分。神奇的是，外国人可能都听不懂中国老师上课在说什么，我们却能听懂。所以说，有什么样的输入，就有什么样的反应。长期听中国人发音，只能适应中国人发音，长期听英美发音，自然适应英美发音。

（3）内容连贯

学习可以利用零碎时间，但是学习材料不能零碎。如果每天所学材料混杂，材料之间没有联系，这就意味着每次的听力阅读学习起不到足够锻炼，达不到条件反射。和健身一个道理，达到一定的输入量才能产生效果。

能够始终以大量输入要求自己的同学，会感觉听英语和听中文没有区别。对于目前还是知识型或灌输型的同学，只要改变方向，就可以实现知识向意识的转变。学习要不断行动，更要在行动中纠偏。学习不会因为你的盲目勤奋就有满意的结果，不仅要迈开脚，更要勤动脑。

不论是过去，还是现在，我们在学习英语的时候，往往都会花费大量的时间和精力来进行精读、精听和精说，但是这样的学习模式通常都会忽视泛读、泛听的重要性，太多注重理解每一句英文的意思。换个角度来讲，我们在阅读一篇中文文章的时候，是否会把每一个字都理解得非常透彻？或者是我们在读一份报纸的时候，是否会把每一个新闻内容都会看得非常仔细？其实并不是这样的。例如，我们在读一本中文著作的时候，几百页的内容，几天的时间就能够读完，如果真的是每一个字都"嚼透"，几天的时间根本不够用，但是正是这样的方法，我们同样能够理解一本书或者一篇文章的意思，所以这样的方法同样适合英语文章阅读。并不需要所有的内容都精读、精听和精说，只需要在注重"精"的基础上，同样注重"泛"的重要性，并且还要注重量的增加。

我们在学习英语口语的过程中，并不是说把一个单词或者一句英语读上几百遍就是学习英语口语，这种方法实际上是一种死板固化的口语学习法，我们真正实现"量变"到"质变"转换的方法应该是多用英语来表达。日常生活中的很多表达都要善于用英语转化，这才是学习英语口语的有效方法。听力能力学习和提升要接触大量的英语语音素材，例如，多听英语磁带、广播、歌曲，多看英语电影等，转换一个角度来理解英语口语、听力的学习方法。

当然任何学习都不能急于求成，正所谓"心急吃不了热豆腐"，英语口语的学习、听力能力的提升不是一蹴而就的，急于求成反而事倍功半，质变和量变的转化需要一个漫长的过程，口语和听力"量"的积累是必要的，但也是需要过程的。通常学习英语的人都会进入一个误区，他们认为读完一本书或者掌握一定的单词量都能够达到一个水平，如在通过四级考试后，认为自己的口语和听力也达到了四级水平，在过了六级考试后，相应的口语和听力又上升了个档次，读完初级英语阅读本，就认为自己的阅读能力达到了初级水平，这是一个完全错误的理解。因为英语学习并不像传统课程的学习。首先英语课程的学习本身就存在一个由点到线、由线到面的关系，仅读完了一本阅读本，知识完成了一个点，并没有连成一条线，更不用说更高层次的面。而我们所强调的英语水平问题实际上就是"面"的问题，而想要达到"面"的层次就需要不断地积累，不断地阅读，只读过一两本英语读物只能算是完成了一个点，连"线"的基础都没有达到，更不用说实现"面"的质变，英语学习也应该遵循"积累"的原则。

英语学习过程中语感很重要，而英语感觉的培养同样也是建立在"量变到质变"的过程基础上的。正所谓千里之行始于足下，水到渠成是要付出努力的。英语学习数量达到一定的"量"，才会质变成最终的"语感"，在掌握的"语感"之后还要继续循环"量变到质变"的过程，注重将"语感"上升到理念，再将这种理念融合成自己的东西。只有真正到了这个阶段，我们所学习的英语就真正成为自己的东西，就能够做到运用自如。

2. 龚亚夫：英语老师需要的"四多四少"

（1）少对老师进行错误指导，多让老师学习原著；

（2）少拘泥于某些陈规旧习，多让老师自主创新；

（3）少占老师时间做无用功，多给教师时间备课；

（4）少频繁考试以成绩排名，多给教师资源和支持。

3. 朱晓燕：变"教书匠"为"专业教学者"

外语老师要从模仿他人行为的"教书匠"转化为关注行为意识的"专业教学者"，要从简单的效仿"what they do"转变成"why"的思考。教学一般能力和核心能力的区别，主要在于前者体现单一知识的能力，而后者体现了多项知识的整合程度。教学一般能力无差别，区别体现在教学核心能力。教学核心能力体现多种教学一般能力的综合程度、操作的熟练程度、个人独特风格的表现程度。

创新教育既是教育模式的转变和创新，同时也是对现代教育质量的巩固和深入，创新教育用在当下重点强调的是学生的主体性，即教师必须要意识到学生在教学过程中的主体地位，教师只是辅助，学生才是主体。教师可以应用不同的教学方法来培养学生独立思考、自主创新等意识和能力，而想要更好地发展学生的创新思维，让课堂真正成为一个活跃的场所，必须重视创新思维。

创新思维是基于教师和学生平等之下的思维方式，以学生为主体，教师和学生需要平等的交流，这与传统教学方式有很大不同。对于为什么要把创新思维应用到教学中的问题，大致在于两点：一是创新思维在现代社会非常重要，是跟上潮流的必须要求；二是创新思维能够激发学生热情，让学生不仅会学习还必须接受新观念。

4. 教师要成为学生能力提升的泉眼

虽然我国已经提出创新教育很长时间了，但为什么我们的课堂教学跟以前仍然没有太大的变化呢？在我们的教学实践中，我们发现许多老师想把创新思维运用到课堂上，但是他们不能。为什么呢？事实上，目前的情况不像我们想象的那样，他们不能成功地运用创新思维，原因有很多，包括教师的问题、学生的问题和社会的问题。

对于创新思维运用到课堂这件事情，我国已经提出很长时间了，但是不能实施的原因有很多种。在这种情况下，教育工作者更应该思考如何运用创新思维的问题。英语作为一种交流工具，应该真正运用到教学中来，让英语成为一种交流工具。但是对于教师来说，如何更好地将这些应用到具体的课程教学中，如何在每一个课程中都体现出这些点呢？

首先，过去我们的教师在英语教学的过程中，不论是在教案备写、课程目标设定，还是在课堂教学过程中，都只关注每一节课程所涉及的生单词、语法以及语篇内容，并没有做过多的课程延伸扩展。然而如今的英语教师在完成以上这些任务之后，还需要深入研究教材内容，同时设定自己的课程教学计划，按照教学计划来提高学生的创造性。以英语课程"问路"为例，过去我们的教室在制定本节课教案的时候，只会关注这节课所涉及的单词和语法，让学生通过这节课的学习掌握基本的英语问路技巧，但是现在的教师首先需要让学生掌握这些知识点，在此基础上还要能够为学生设置一些特定的现实情境。例如，设定一个场景，让学生在课堂上用英语来完成问路的过程，但是如果出现学生表达不清晰的情况，学生下一步该如何做呢？或者是"问路"的情境发生了转变，如学生本身不知道路，但是他自己并不是问路的一方，而是被问路的对象，他要怎么帮助问路者呢？所以现在的教师要帮助学生解决不同的"问路"情境。

其次是教学活动的设置和组织。过去我们的教师只是在课堂上讲授与这节课相关的知识点，然后让学生在课后认真记忆，掌握单词、语法以及知识点。但是对于80%甚至是90%以上的学生来讲，仅凭课堂的学习是无法熟练记忆课文知识点的，所以必然要在课后花费大量的时间，然而这样的效果并不是很理想。但是将创新思维运用到英语课堂之后，教师可以从不同的角度入手，选择更加合适的方法来帮助学生在课堂上记忆知识点，例如，记忆一个动词，教师教授的过程中可以借助对应的动作，先做出对应动作，然后让学生猜这个动作是什么，对应的单词是什么，之后集体拼读，也可以让学生分组讨论，之后进行提问。假定学生自己是课文的设置者，通过换位思考，让学生从设置者的角度来谈论自己会在文中加入什么内容，如在"问路"这节课中，让学生成为"出题者"，看看学生会如何"填充""问路"这节课文，通过换位思考来提高学习兴趣。

再者是问题设计的艺术。巧妙灵活的设计课堂问题能够让课堂变得更加轻松和赋予趣味性，也能够激发学生的学习欲望，最大限度地拉近学生和教师的关系，从而逐步转变为互动性课堂。所以课堂问题的设计必须要有目的性，同时也要考虑到所有学生的接受程度，根据学生接受能力的不同设计不同层次的问题。当然所有课堂问题的设计必须要跟本节课有一定的关联性，且有一定的目的性、趣味性和意义。例如，足球世界杯或者是奥运会，教师在讲这节课的时候，可以针对不同的学生准备不同的故事，对于那些对体育项目感兴趣但是英语基础相对较差的学生，可以以体育明星的事迹来展开讨论，激起他们的讨论兴趣，活跃课堂气氛，带动他们的学习热情。

最后是课后任务的设置。再开放的课堂、再创新的教学方式都要设置一定的课后任务，即以往我们所说的课后作业。课后作业的目的是加深学生对本节课程内容的掌握，进一步掌握课程所涉及的单词、语法和知识点。只是与创新思维的结合要求教师在设置课后任务的时候，充分地体现出学生的主体性，即给予学生更多的选择权。教师根据学生的不同层次设置不同层次的课后任务，学生可以根据自己的实际情况选择自己力所能及的任务，这样既能够提高课后任务的完成效率，也能够提高学生的学习兴趣，不会出现应付和作业完成率低的现象。以《项链》这节课程为例，教师在设置课后任务的时候，可以从以下这三个方面入手：

一是让学生写课后感，即学生在学完这节课之后有什么样的感想，例如：你是否喜欢这个故事？这个故事吸引你的地方在哪里？你如何看待故事中的卢瓦泽尔夫妇？

二是更加开放性的课后作业。例如：想象一下，如果你是《项链》这个故事中的马蒂尔德，在你知道了整个事情真相之后，你会做出怎样的举动，并将自己的理解用短文的形式写下来，也可以根据自己的理解，站在自己的立场上，将故事中的结果写成自己的理解。

三是从知识点的复习和课后作业的完成，甚至可以上升到价值观、人生观的角度，真正地体现出开创新思维的理念。例如：从《项链》中的卢瓦泽尔夫妇身上你能够学到什么样的人生经验。

而这些都是对教师所提出的要求，因为上面所提到的创新思维的应用更多的是针对教师课程教学所展开的，所以在英语教学中更好的应用创新思维还需要借助教师的创新改变。传统社会的教育更多的是让学生积累知识，通过传统教育学习帮助学生树立做人的道理，并且能够应用自己的知识结构来处理生活中所遇到的事情，但是传统教育模式下的教师仅仅是承担知识搬运的角色。到了现代社会，教师的作用已经不仅仅局限于此，教师在传授知识的同时还要能够帮助学生养成解决问题的能力，所以教师必须要转变教学理念，对现代教育有充分的了解，了解学生的需求，了解现代化创新教育的需求，注重自身素质的提升，真正地成为能够帮助学生各项素质提升的泉眼，而不是只给学生一杯水。

5. 英语教师发展应强调"理论与实践相结合模型"

语言教师培训模型有三种：第一种，学徒模型，新教师旁听经验丰富教师的课，学习其教法，强调传承；第二种，理论与实践相结合模型，全面掌握和掌握语言学、应用语言学以及英语教学理论和实践方面的课程内容，系统学习理论并应用到教学实践；第三种，反思型模型，强调学院以前的教学经历以及反思，通过观察、观看教学实践和录像，反思行为。其中，第二种即理论与实践相结合模型，是最有效的一种模式。

6. 鲁子问：2030 年，英语教育可能进入作为认知教育的时代

英语教育作为知识教育的时代已经结束，英语教育只是作为工具教育的时代正在转轨并线。2017 年，英语教育作为素养教育的时代正式开始。2020 年，用英语讲好中国故事所需要的语言、文化、思维素养将成为主流。2030 年，英语教育可能进入作为认知教育的时代。认知正在成为自然科学、社会科学、人文学科的共同研究热点，尤其是其促进人类社会发展的基础性价值。

7. 鲁子问：2030 年，你将成为第一代人工智能的人类助教

人工智能的语言本体教师可能彻底替代人类教师的语言本体教学，借助人工智能的人类英语教师主要聚焦于"感性＋理性"的认知教育活动。若 2030 年你还没有退休，学习人工智能，准备当一枚人工智能加持的英语教育工作者，或者成为第一代人工智能英语语言教师的第一代人类助教！

8. 谢文辉：中国中小学英语教师的"高、大、上"

中小学英语教师发展状况报告显示，中国英语教师存在"期望高、压力大、上升通道窄"的生存和发展之困，需要更多的尊重、关爱、

培养。明师国际愿意做英语教育的"观察者"、英语教师的"赋能者"、英语教育的"整合者"！

9. 夏谷鸣：建立整合式学习活动观，解决两大核心问题

新一轮课程标准修订，将围绕"主题、载体、活动内容 1、活动内容 2、学习行为、学习方法"这 6 个要素，建立整合式英语活动观。当前，98% 的英语课堂仍然是教师主导，学生配合。其实，老师应该是学生学习活动的设计者。正确的活动观为的是解决两大核心问题：一是教师为中心，二是知识、教学、技能甚至是文化知识的碎片化问题。

［案例 1］

**初中英语 Go for it 8A Unit 6 Section A 第二课时学习方案**

（一）课程背景介绍

2010 年足球世界杯在南非举办，南非作为本次世界杯的东道主决定从没有获得本次世界杯参赛权的国家中选择 3000 民学生到现场去观看足球比赛，一方面是为了回馈世界各国对于南非世界杯的关注，另一方面也为了提高这些国家的足球整体水平。这 3000 名"幸运儿"包含了中国的 100 民学生，其中河南省有形提供 5 名学生参加。你们学校作为参加选拔的对象，准备推荐一名学生参与这一次的选拔活动。以此为背景，今天课程的讨论主题为：推荐一名学生参与本次选拔活动。本次选拔活动的标准如下：

（1）学生年龄在 10—18 岁（10 – 18 years old）；

（2）热爱并且擅长足球，或者喜欢观看足球比赛（Good at playing football, or love football game or athletic）；

（3）性格外向，具有合作精神（Active, or cooperative, or outgoing）。

（二）课程任务

1. 请在以下项目中至少选择一个项目作为本节课程的学习任务和最终目标。

（1）学会口头使用"He runs faster""She's more outgoing"等语句，从本班级中选择你认为最合适的一个学生参加全校选拔；

（2）在能够书面应用"He runs faster""She's more outgoing"等语句的学生中选择你认为合适的举荐人；

（3）能读懂、听懂同学们在推荐合适人选时使用的"stronger""more interesting"等；

（4）能够对他人的推荐结果做出一定的评价；

（5）能够组织协调本组的推荐活动；

（6）能参与到本次推荐活动中。

After selecting the target, please recommend a male or a girl you think is qualified to determine your recommendation. Be prepared to tell your teacher about your recommendation during class.

2. 在以下三项内容中至少选择一个内容作为本次课程的学习评价目标。

（1）Can actively participate in this event;

（2）Can fully read and understand "He runs faster. She's more outgoing" etc.

（3）Skilled application "He runs faster. She's more outgoing" And basically no errors。

3. 介绍南非世界杯的相关信息。

The 2010 FIFA World Cup（English：2010 FIFA World Cup, Boolean：

2010 FIFA Wêreldbeker) is the 19th World Cup, the final stage of the competition in the 10 cities of South Africa from June 11 to July 11, 2010 The stadium was held, this is the first time the World Cup has been held in the African region. In the end, the Spanish national team won the first World Cup title in their history. This is the first time that a European team has won the World Cup in a country outside Europe. The three European teams from Spain, the Netherlands and Germany have won this competition. The top three.

4. 事先预习本节课程中出现的新单词、形容词、语法等知识点，在预习过程中如果有任何的难点及时记录下来，自己可以事先解决或者留在课堂上解决。

5. 在预习本节课程过程中，通过交流和查阅资料的方法理解以下语句，如果有任何的难点及时记录下来，自己可以事先解决或者留在课堂上解决。

We both have black eyes and black hair, although my hair is shorter than hers.

We both like sports, although Liu Ying is more athletic than me.

She's more outgoing, and I'm quieter.

I think I'm smarter than her.

6. 比较北京奥运会吉祥物福娃和南非世界杯吉祥物 Zakumi 两者的特点和各自优势，并且尝试用英语短文的形式比较说明。

7. 夏谷鸣：六个维度构建新的课程结构，让核心素养落地

新的课程结构，包含六个维度，一是主题意义（人与自我、人与社会、人与自然）；二是语篇（讲座、对话、记叙、访谈、说明文等等），是语言学习的基本单位；三是语言知识（语音、词汇、语法等）；

四是文化（外来文化、共性文化、本土文化），既要学习外来文化，也要讲好中国故事；五是语言技能（听、说、读、看、写）；六是学习策略（元认知、认知、交际、情感等等）。六个方面共同架构，一环一环让核心素养落地。

## 第二节　英语课堂教学未来发展趋势和走向

2018 年 1 月 16 日上午，教育部发布了刚刚修订完成并将在 2018 年秋季开始执行的普通高中课程方案及各学科课程标准。作为指导各学科教、考、评的纲领性文件，新课程标准的发布自然受到社会各界尤其是教育界人士的广泛关注。2003 年高中英语课程标准采取必修课与选修课相结合的课程设置模式，而 2017 年采用的则是必修课程、选择性必修课程和选修课程的设置模式。这一变化进一步优化了高中英语课程结构，丰富了课程内容，有利于学生在全面发展的基础上张扬个性，发挥优势。

2003 年课程标准以目标分级的方式设计课程，基础教育英语共分为九个能力级别，高中阶段设有六到九级，其中七级为所有高中学生的毕业要求，八级和九级仅供有兴趣和有潜能的学生选修。英语必修课程的教学任务和目标是让每一个学生都能够掌握与本节课程相关的语言表达能力，能够更加灵活地应用本节课所学到的方法提升自己的英语表达水平，形成积极地学习态度，为终身学习奠定良好的基础；而选修课程则是发挥学生主动性的，学生根据自己的个人兴趣、未来的就业需求以及个人发展方向选择自己感兴趣的课程作为辅助性课程。2017 年新课程标准则是按照三级水平来划分学生的核心素养发展方向，包括学生英语口语能力的培养、文化意识的提升、思维品质的培养以及学习能力的提升来制定的。在新课程标准中，要求学生修完所有的必修课程，并且都要按照考试标准进行测试，必修课程的设置和考试标准都是为了学生未来发展提供提出，选修课程并不是全部进行测试，选修课程设置重点在于培养学生的个性，是为了备考而存在的，并不是为了考试而设置。选修课为选而不考或选而备考，旨在为学生就业或高校录取提供参考。

2003 年课标必修课程共计 10 个学分，按模块 1—5 的顺序开设，每个模块 2 个学分、36 学时（每周 4 课时），学生修满 10 个学分，达到 7 级目标即符合英语学科高中毕业要求。2017 年新课标必修课程共计 6 学分，必修课旨在构建英语学科核心素养，全体学生都要学习。选择性必修课程共计 8 学分，对英语有兴趣和升学考试的学生可以选修，选修课和必修课呈补充关系。选修课程可以是国家设置的课程，也可以是学校根据校情开设的校本课程。

2003 年课程标准英语课程内容包含语言技能、语言知识、情感态度、学习策略和文化意识五个要素。而 2017 年新课标的英语课程内容则包含主题语境、语篇类型、语言知识、文化知识、语言技能和学习策略六个要素。新旧对比，发现新课标课程内容多了主题语境和语篇类型，文化意识被修改成了文化知识。这种变化表明，今后的英语教学将更加注重真实语境下的语言教学，语料也将更加丰富多样。文化知识要求学生在学习中理解文化内涵，比较文化异同，坚定文化自信。这就告诉我们，英语教学不单纯是让学生了解外国文化，还应该让学生通过比较与鉴别提升文化自信，传播中华文明，讲好中国故事。相比之前，这种要求越来越高，越来越由表象走向内里，由浅显走向深入。

总体而言，2017 高中英语课标坚持"时代性、基础性、选择性、关联性"四个原则，始终围绕"核心价值观、立德树人、学科核心素养、中国情怀、国际视野、跨文化沟通能力"等关键词进行整体设计。新课标课程结构变化用意非常明显，既希望为学生终身发展奠定学科知识基础，又希望能为学生适应未来社会生活，接受高等教育和规划职业提供准备。这种变化体现了新课标尊重学生个性、为学生终身发展负责的教育思想。

那么，作为英语教师、学生以及学校，应该如何更好地应对，如何更好地迎接英语课程未来发展走向呢？

### 一、构建面向未来的英语课堂

2016 年 6 月 2 日，第四季"未来之星"正式开营。这一次的"未来之星"创业训练营活动是由腾讯和联想之星共同举办的创业活动，一共有 36 名学员参加，中国教育学会副会长朱永新在创业训练营开幕之时做了《未来就是我们正在创造的地方》的主题演讲，对于未来课程的发展方向以及未来学校的发展模式提出了自己的观点和见解。

"翻转课堂"和"未来教室"是英语课程教学的创新实践，同时也是对英语传统教学模式的革新，诸如此类的课程教学实践可以为未来英语课程实践提供强大的发展后盾，之所以说这样的教学模式属于教学实践创新，是因为它相较于传统的教学模式能够更加充分地体现出学生的主体性。"未来教室"充分地体现了学生先学的理念，学生在接受课堂教育之前，首先充分的对课程进行掌握，先从自学开始，然后在自学过程中形成对本次课程的疑问，带着疑问进入课堂，目的性更强，教学效率也大幅度提升。

"互联网＋"背景下的英语课堂强调的现代信息技术的作用。未来的信息课堂和互联网课堂注重和现代信息技术的融合，当然，任何形式的课堂首先都要以学生为主体，突显学生的主体地位，其次"互联网

＋"背景下的英语课堂在现代信息技术的支持下，充分突破了传统英语课堂在时空上的限制，甚至可以让学生足不出户就能够学到更多的课堂知识。现代化的"互联网＋"英语课堂不仅能够摆脱传统课堂和单调教材的枯燥性，同时也更加关注学生自学能力的提升，让学生在自学中感受英语的魅力所在。

华中师范大学校长杨宗凯曾提出过"信息化教学环境"的理念，他认为所谓信息化的教学环境，首先是建立在现代信息网络技术基础之上的，以科学技术的发展为依托，这样的教学环境充分的应用现代科学技术，同时也支持更加多元化的学习方式，如动态学习、互动式学习、启发式学习、探究式学习等创新型的多元教学模式，创新型的教学环境能够充分地发挥学生的主观能动性，让学生成为学习的主体；其次在这样的教学环境和教学模式下，教师开始逐渐地摆脱传统教育中知识传输者的角色，逐渐地转变为学生知识获取的引导者，在学生开展学习活动、知识交流以及疑问解答的过程中承担管理者和组织者的角色。

未来教学环境的变化和教学理念的转变对于教师群体也会提出新的要求。例如，在"翻转课堂""未来教室"等创新教学模式下，尽管教师不再是知识传输者，但是同样承担重要的角色，要为学生解答疑问，但是由于学生本身主观能动性得到充分的发挥，所以要求教师具备超强的信息筛选能力，尤其是在"互联网＋"背景下的英语课堂中，教师要善于利用改革中网络平台搜集大量的教学资源，为教案的编写、教学思路创新提供帮助。

教师在编写本节课教案和设计教学思路的时候，首先必须充分了解学生的"已知部分"，所谓学生的"已知部分"指的是在进入课堂之前学生已经了解到的知识点，在此基础上，教师要考虑学生会提出什么样的问题，教案的编写要先学生而行。

如《牛津小学英语》2B 的第一单元，四个季节相关内容。这一章节主要是通过语篇内容来让学生掌握与司机相关的英语单词和句型，开篇通过四首诗来介绍春、夏、秋、冬四个季节以及不同季节中人们类的主要活动，同时也表达出人们对于不同季节的喜爱。四首诗所涉及的英语单词和句型都相对简单，如 "Do you like...?" "Yes, I do、Do you like...?" "No，I don't"，并且所有的句型都是以第一人称的形式出现的，学生不论是在单词掌握，还是句型理解上都没有太大的难度。但是文章中间部分会涉及很多与对应季节相关联的活动或者节日等内容，所以教师在编写教案的时候，就应当将重点放在这一部分，重点介绍一些对应季节的节日、不同节日的特点以及不同季节所适宜的活动等，这样让学生在学习单词和句型的同时，能够对不同季节有深刻的印象，同时也能够掌握不同动词词组以及动名词 "go + v. ing" 的使用技巧，最终对于综合素质较好的学生甚至可以学会介绍更多节日和季节活动，做到学以致用。

英语课堂教学模式创新中经常会提到"问题导向"的重要性，江苏省电化教育馆馆长金陵曾在解释"问题导向"的时候，提出过学生应该根据自己对课程理解构建自己的"自主学习任务清单"，这个任务清单就是学生根据自己的提前预习，制定自己本节课程需要学习的内容、课前的疑问以及问题解答的过程等内容。实际上这样的教学模式就是对"翻转课堂"的延伸和创新，作为一种微课程学习法，它尤其强调学生的主体性，重视学生主观能动性的发挥，强调学生自学的重要性，在自学中达成自己的学习目标。让学生在自学的过程中，为自己的学习目的找寻学习材料，对每一个学习任务制定自己的学习方法。

未来英语课程教学模式的创新要"学习任务"上下功夫。首先"学习任务"要充分体现学生的自主性，即"学习任务"不再有教师规划和布置，而是由学生根据自己的学习任务清单来自行安排；其次"学习任务"要体现出趣味性，这主要是针对课程大纲来讲的，课程的内容和大纲要求要充分地体现出创新和趣味点，充分吸引学生的兴趣，毕竟与课程相关的实践性活动都要由学生独立来完成，所以课程活动内容、形式以及目标都要根据学生特点来设置，不能太烦琐，也不能太简单，要充分发挥学生的主观能动性，不过不能超出学生的实力。通常学习活动设置三个左右，不能过多，同时活动内容和目标设置要有一定的评价标准和奖励标准，如学生完成一个目标或一个活动对应一个奖励，完成所有目标和活动对应一个奖励，当然这个过程中，学生自主学习任务清单的设置还可以根据微课的设置进行匹配。

实际上"学习任务""自主学习任务清单"都是微课的一种表现形式，在互联网技术飞速发展的今天，移动终端充斥着电子产品市场，以移动终端为主要载体的"微课"正在改变着当下的教学方式，通过"微课"来帮助学生解决不同课程中的"疑难杂症"也是最直接、最灵活的指导学生课程学习的创新方法之一。"微课"就相当于学生将教师带在身边一样，只要有移动终端就能够随时随地通过"微课"，让"微课教师"来帮助自己解决课程教学中的难题，同时在"微课"的帮助下，学生也不再担心课堂教学流程的提速，即使没有在课堂上抓住本节课的重点，或者是由于个人原因缺课，也能够借助"微课"来弥补过去的知识空白。同时学生还可以借助"微课"来复习课堂上的知识点，并且还可以根据自己的实际接收能力分阶段开展学习，真正地实现一对一的教学。

例如，《Seasons》微课就根据学生的特点，将每一个课程划分为四个主要模块，具体有：

模块一，如何归类使用英语动词和词组；

模块二，如何更好地阅读和理解课文中的诗句和语篇；

模块三，用本节课学到的动词、词组和诗句范本来描绘自己喜欢的季节，可以是自己对这个季节的印象、为何喜欢这个季节，也可以描绘这个季节的某一项活动或节日；

模块四，通过文章写作来掌握 go + v. ing 语态的使用方法。

整个课程模块在层次上是循序渐进的关系，只要学生按照学习任务制定的"自主学习任务清单"进行学习，那么学生在课堂中就能够跟上教师的节奏，也能够适应教师所涉及的所有教学活动，逐步的提升自己的英语表达能力。

## 二、走向核心素质的课程结构变革

### （1）英语学科核心素质在课程标准中的体现

英语学科核心素质实际上就是《普通高中英语课程标准》中所规定的核心，普通高中英语课程中所设定的课程目标、相关课程内容、学科质量检测标准以及学科检验考试等内容都需要根据核心素养的要求来进行制定，核心素养在不同的内容中有不同的体现。

首先从学科课程目标的角度来看，高中的英语课程相较于小学阶段难度有所上升，学生所学习的内容层次也会提升，高中阶段的英语课程学习主要是想通过这门课程来贯彻和落实国家对于学生全面发展的教育教学方针，将立德树人的目的和根本任务落到实处，践行社会主义核心价值观教育，使每一个学生都能够在义务教育的培养下，更好地发展和培养英语学科核心素养，将学生培养成为具备中国特色情怀的、具备国际化视野以及跨文化沟通能力的社会主义合格建设者。所以，总的来说，高中阶段学生英语课程学习的目标就是培养自身的英语语言能力、学科文化品格、个人思维品格以及英语综合学习能力在内的核心素养。

　　其次从英语课程学习的内容上来看，学生英语学科核心素养的基础指的就是英语课程的具体内容，对于英语课程来讲，课程教学内容包含六个要素，分别为英语学科主题语境、课程语篇种类、学科语言知识、课程文化知识、英语课程学习策略以及语言技能。任何一门语言类学科，如语文、英语等都需要在一定的主题语境下开展知识学习，具体来讲，学生需要根据某一节英语课程，紧密地围绕一个主题语境，然后根据不同种类的英语语篇内容，借助听说读写等方式，来获取这篇文章的语言知识和文化内容，通过对主题语境的深入化学习加深对语言片段的深度理解，进而对这篇文章的文化内涵进行深入化探究，汲取文章的文化知识和文化精华。另外，学生在学习英语课程的过程中，通过尝试不同的语言来创新个人的思想表达方式，帮助学生用不同的态度和观点来阐述自己的人生观和价值观，对于学生的综合发展非常有利。所以学生整个学习过程中，需要尝试不同的英语学习方法，借助不同的策略来提升对于英语课程的理解，同时可以用不同的表达方式体现出不同的表达效果。从英语课程内容的六个要素也可以看出，学生的语言能力、英语学科文化品格、学生英语学习的思维品质以及学习能力都能够融入英语课程内容中，所以从这一点来看，英语课程内容六个要素也可以简化为这四个领域的核心要素。

　　再者从学生学业质量标准的角度来看，学生的学业质量标准作为一种检测指标，主要是用来检测学生完成不同阶段课程所达到的学业水平的，以高中阶段学生英语课程学习为例，学业质量标准体现的学生不同学习阶段所达到的核心素养水平。这种标准的制定就是为了更好的检测、评价核心素养。所以学业质量标准也可以看作是学科的核心素养。例如，高中阶段学生必修课程学业质量标准水平规定：学生必须能够在相对熟悉的学科语境下，紧密围绕必修类课程所设定的不同种类语篇所表达的含义或者情感态度等要求，理解文章所体现的文化元素和语篇涵义，分析不同语篇所包含的结构类型和语篇语言的特点，通过这些内容的理解最终让学生能够以口头表达或者书面陈述的方式来阐述语篇的大致内涵和主旨。从对学生学业质量标准的陈述可以看出，对于学生学业质量水平的要求和培养也是高中英语课程学习的重要环节，通过学业质量水平的提升可以帮助学生逐渐地形成英语课程学习的关键能力。而学生学业质量水平主要从四个方面来体现，即听、说、读、写。

所谓"听"，简单来讲就如同英语考试中的听力测试，让学生能够通过对不同英语语调、节奏以及重低音等的听，来感受其中的变化，同时更好的理解其中所表达的内涵、意图以及情感态度，让学生能够通过听来抓住英语日常生活用语语篇中的大致含义，同时理解语篇所表达的主要观点、看法、信息以及文化元素。

"说"是建立在听的基础上，在理解了语篇所表达的一系列元素之后，要求学生能够通过口头陈述的形式来描述自己的观点和看法，当然也包括学生日常生活中的经历，表达自己的观点，同时也可以通过举例的方式来描述自己或者自己、他人的经历，如通过口语化的表达来介绍中国或者外国的传统节日、传统习俗、传统文化等。英语课程学生学业质量水平中的"说"还要求学生能够用使用口语表达来根据不同的场合的对象，选择更为合适的语言表达方式，例如，根据交际的场合选择正式表达或者非正式的表达方式，根据交际对象选择直接或者间接委婉的表达方式，这样更有助于开展日常交际，通过表达方式的切换来表达自己的意图，更好地维持人际关系。当然也可以在"说"的同时，借助自己的肢体语言，如手势、表情动作等一系列非语言手段让交际对象能够更好地理解自己的意图；或通过重复性的提问或者解释讲解的方法来克服某些交际场合中的语言表达障碍，维持良好的交际关系。

　　"读"更多地体现在日常的阅读学习过程中，通过阅读来了解英语语篇的主旨意图，获取某些生活语篇中的主要观点以及文化信息。"读"要求学生能够合理区分英语语篇中的主要观点和事实，通过文章的阅读预测英语语篇的大致内容，就如语文这样的传统学科，当读完一篇文章之后，可以大致的了解本篇文章所讲述了什么；识别英语语篇的大致结构和主要类型，对文章中所出现的文体特征以及链接方式又大致的了解，同时对于文章中为了传递和衔接某种意义和内容所使用的主要结构烈性和语法又大致的了解。

　　"写"可以说是最考验学生学业质量水平的一个领域，因为这一环节是建立在听、说、读三个层面基础之上的，对学生的词汇量以及英语的熟练度有很高的要求。在此基础上，借助书面表达的方式来对一件事情的开头、过程和结尾进行描述，或表达自己的观点、或通过举例说明的形式来陈述一个事实和经历，也可以用书面表达的形式来介绍中外的传统文化、传统节日、风俗习惯等。总的来所，"写"就是借助学生的英语词汇量以及对英语语法的掌握度来表达一件事情或对应事物，巧妙的记住英语语篇的衔接方式来构建一个完整的语篇框架。

　　"听""说""读""写"作为英语的主要表达方式，同时也是学生学业质量标准的考察点，借助这四个方面可以检验学生英语学习的质量以及学生的英语语言能力。从这一点来看，似乎学业质量标准并没有涉及语言能力要素之外的其他核心要素，其实不然，"听""说""读""写"四种表达方式的培养和应用过程中，学生的文化品格、思维品格以及综合学习能力同样也有所要求，而之所以将这四个方面单独拿出来表述学业质量标准，更多的是为了将其作为能够检验学生学习效果的标准，尤其是为英语学业水平测试或者学科考试命题提供参考依据。当然从我国高等教育现阶段的考试测试现状来看，这四个方面仍然是最主要的考试评判标准。

（2）英语学科核心素质评测

高中阶段的英语课程，不论是课程目标、课程内容，还是学生的学业质量标准都是以核心素养为基础进行制定的，基于此，高中阶段的英语课程测评同样也必须体现出核心素养的要素，从国内现阶段高中英语发展状况来看，学生学业水平考试、高考英语以及四六级考试等仍然是英语课程测评的主要方式。

按照我国《普通高中英语课程标准》的要求，我国高中阶段的英语学业水平考试以及高考英语首先需要对学生的语言应用水平进行系统考核，在此基础上还需要将学生能力、文化品格、思维方式以及思维品格等要素考虑在内。例如，对于英语词汇量、语法应用、语音标准、英语文化知识以及语篇知识量的考核应当在语篇理解能力以及英语表达能力考查中体现，任何一方面的知识量考查都不能单独进行，同时一定要避免机械地考查学生的知识点记忆能力，避免死记硬背，总之，要将学生对英语语篇的理解能力和语言表达能力作为主要的考查点。

顾名思义，学生英语语篇理解能力学生就是对一篇英语文章的理解能力，这其中包含有学生对于口头英语语篇的理解能力（可以理解为听力水平）和对书面语篇的理解能力（如英语考试中的阅读理解测试等），要注重培养学生从口头语篇以及书面语篇中获取文章主要信息的能力和水平，同时通过语篇理解做出一定的反应。所以高中阶段英语结课测评命题的时候，要从这两个方面入手。例如，结合语篇理解对象或者对一篇文章的理解层次来命题，这样既可以考查学生的听力水平，同时也可以检验学生对于英语词汇量、语法等知识点的掌握情况。这里所说的测评中提到的语篇理解对象可以是一篇文章所提供的直接信息，当然也可以通过间接提供的信息来考查学生，测评试题难度系数主要从语篇理解全面性和深入性两方面入手进行考虑。

学生英语表达能力是对语篇理解能力的升华，英语表达能力是建立在学生熟练掌握口头英语理解能力和书面语篇理解能力基础之上口头表达或者书面表达能力的体现，尤其注重培养学生在真实的语境下传递、交流和沟通某种信息，在此基础上对某些生活经历、生活经验、观点、意图以及情感的再现水平。让学生能够用更为合适的方式来表达自己的意图，重点考查学生有意识或者无疑是状态下选择特定语法和词汇来表达自己意图的能力，所以在制定语篇理解能力评分标准的时候，必须要重点考虑学生意图表达的能力和实际效果、英语口语以及书面语结构的衔接性和连贯性。

近些年，随着我国教育体制改革的不断深化，国内高中英语课程改革也有了较大的突破，如今的高中英语课程教学已经逐渐地摆脱了传统的单词、语法、文章死记硬背的方法，英语学也水平测评改革取得了较大的进展，课程考试测评开始重视对学生语言能力和考核，不论是课程教学，还是学业水平测试都开始体现出对于核心要素，尤其是学生英语语言水平的考查，而这样的发展趋势也是英语教学体制改革所希望看到的，但是不论是现在，还是未来，从核心素养提升的角度来看，高中阶段的英语课程教学体制改革还需进一步的完善。

第一、今后的英语课程教学体制改革，尤其是在英语课程考试测评内容和考核要求上，必须体现出对于英语学科核心素养的重视，要更多的体现对核心素养的测评。

如今的中考、高考以及相对应的学业水平测试都有了较大的变化，最大的转变就是开始重视对学生语言知识掌握状况以及语言运用能力的综合考查，不论是听力测试，还是语法、语篇理解测试都能体现出这一点。但是如果说这样的转变就能够提升英语学科核心素养显然是不成立的，因为尽管这两方面都是英语学科核心素养培养的重点，但是并不是核心素养的全部，除此之外还有英语学科的思维品质、文化品格、学习能力等方面，而这些方面的测评并没有体现在英语课程体制改革中，所以今后不论是英语课程体制改革，还是英语测评改革都要重视这些方面。另外，英语学科思维品质、文化品格并不像语法、语篇理解能力测试那样可以通过书面考试的方式体现，即便是英语语言、语法以及语言知识的测评都不可能单纯地依靠书面考试的方式体现。从目前国内英语考试内容和考试标准要求来讲，国内任何类型的考试和学科水平测试都与"完整版"的学科核心素养体系有一定的差距，如一些相对重要的英语测评中并没有包含英语听力测试和口语考查，尤其是对英语口语的考查，就连四六级考试都没有专门针对这一方面进行考查，另一方面，英语听力、阅读理解这两个方面的测评仍然是以具体信息识别、提炼和理解为主，对于具体文章的分析、评价、判断以及内容阐述等方面的测评并没有过多的体现。

我国《普通高中英语课程标准》明确地提出，高中阶段的学生英语学习需要具备识别语篇主要事实、主旨、主要观点等方面的逻辑关系等能力，所以语篇的识别并不是简单地理解和区分一个观点或者一个事实，还需要对其中的逻辑关联性有所了解。同时还需要了解英语语篇中的主要支撑论据和内容要点，并不是简单地了解和掌握一篇文章的内容要点，而是应该从英语语篇的整体性出发开展教学，注重语篇教学的真实性和完整性。以此来帮助学生更加主动、全面深刻地理解语篇，同时还要求学生对语篇的内容做出反应，当然急于核心要素的测评同样也要保证语篇的真实性和完整性。

现阶段，国内的各类英语考试基本上都尽可能使用原汁原味的英语语言素材，但是但从英语语篇类型来看，其篇幅都较短，基本上所有的考试语篇都是从某些大篇幅的文章中节选出来的一个片段，以现在的国内高考英语试题为例，基本上阅读理解考试所使用的英语文章词量都在250—300词之间，而300词量的文章篇幅基本上都无法保证文章结构和内容的完整性，这种掐头去尾的文章甚至让学生抓不住文章的主线，影响学生对文章的理解程度，更不用说通过阅读理解来考查学生对于语篇的掌握能力。所以在新一轮的《普通高中英语课程标准》修订改革过程中，改革项目组选择了一部分学生对象，对这些学生开展英语水平测试，当然这个测试主要是检验英语课程标准要求是否合理，这份测试所选用的英语试卷中，阅读理解部分使用的文章词量为830词，阅读理解测试题共13个，其中包含有判断、选择、填空和匹配试题，通过试题来考查学生对于英语语篇的理解深度。在测试之后的访谈阶段，改革项目组了解到很多学生对于800词以上的文章题目不太适宜，当然更多的是因为文章内容太长、篇幅过大，如一些选择题需要反复地对文章进行阅读才能够确定最终答案，而这一个简单的案例就足以说明问题，一直以来学生所接触的都是300词左右的语篇理解测试，突然接触800词的语篇在很多方面都存在不适应性。

选择科学合理地测评方法对于英语课程开始测评来讲至关重要。课程测评方式科学性和合理性直接的关系到整个课程测评的效度，甚至影响整个测评的可操作性，关系到整个测评过程所需要投入的人力、物力和财力等资源。所以说，只要是与英语课程考试相关联的人，都需要重视测评方式。不单单是英语考试测评，其他的很多课程测评同样如此，不论是出题人，还是教师，抑或是学生都会对考试题型极其关注。例如，教师和学生关注考试题型的原因在于，他们过于担心考试题型的变化而影响到最终的考试成绩，而出题人也会考虑整个因素，故而有的科目考试过于死板，在题型选择上始终都没有创新点，这样的局面也打消了学生和教师的顾虑。这样的题型设置并没有考虑到学科发展的本质意图，学生备考的时候只需要对相关题型进行复习就可以，甚至会影响到教师教学目标的设置和内容的安排，正所谓考什么就教学生什么，而不是学生需要什么、社会需要什么就教什么，这样的恶性循环显然不是新课程改革的初衷，当然也不适合英语这样的"外来课程"测评。近些年来，国内课程改革的步伐始终没有停止，英语课程教学改革也是种在路上，尤其在英语高考选题上国内做了大量的尝试和改革试验，逐步地打破传统的考试测评方法，不断地尝试新的题型，但是这样的大趋势尚未带来真正的成功。例如，现在国内仍然存在很多重要的英语考试所选择的题型仍然过于单一，甚至很多年都没有做出过调整和变动，甚至是国内外很多教育界人士都过分地夸大题型对于英语考试的一个像，以至于英语课程考试题型创新始终没有太大的进展。考试题型过于单一，长时间没有得到创新发展，这样不仅会影响英语课程本身的发展，同时也会影响教师英语教学方式的选择和创新发展，实际上换个角度来看，只要是英语考试试题具备科学性和合理性，并且考试测评题型有质量保障，即便是大幅度的题型变动也不会过过多的影响学生实际水平的发挥。

国内近两年在针对高中阶段英语课程标准测评的过程中能够可谓是下足了功夫。负责课程改革的项目组先后参考了国内外大量的成功经验，对国外很多重要的英语考试题型进行大量的研究，同时为了制定适合国内英语课程发展的题型，项目组特意选择了一些新的考试题型，并且选择一些学生作为测评对象，将这些新题型作为测评学生英语水平的主要依据。测评结束之后，项目组还专门针对学生测评的过程以及测评之后的感受做了详细的访谈。结果是学生的感受基本上相同，很多学生都认为这样的新题型比以往的测评试题更加有意思，甚至注入听力以及阅读理解这样的高分值题目很多答案都比较模糊，需要学生不断的阅读语篇来找到答案，如果仍然单纯的借助语法等固化的方式来解题是不可能的。当然也有一部分学生对于这些新型的考试题目比较喜欢，他们认为题型问题相对明了，只要自己对文章理解透彻，大难很简单，尤其是对一些英语基础较好、理解能力较强的学生来讲，新题型取分对他们而言比较得心应手。而最终的测试结果也表明，平时学习中尤其注重自身实际能力培养的学生，题型的变化并没有过多的影响成绩，甚至有的成绩还有明显的上升，但是对于那些平时过于注重应试教育和固化教学的学校和学生来讲，成绩自然有所出入，当然这样的结果也是事先预料到的。

从以上项目组的测评实验结果可以看出，实际上英语考试题型的变化对于很多学生并没有太大的影响，尤其是对于那些平时比较注重自身实际交际能力和语言能力培养的学生和学校来讲，新的题型甚至是他们所期望的，新的考试题型会提高他们的学习兴趣，但是对于那些过于强调理论教学和固化教学的学校和学生来讲，新题型自然是他们所不适应的，所以我们的新课程改革，尤其是针对英语课程的改革，并不是要强调课程测评试题如何变动，而是要重视学生良好学习方式的培养，要注重培养学生自主学习的能力，重视学生实际交际能力的培养，因为英语课程的存在归根结底并不是为了考试而存在的，而是为了应用、为了交流、为了交际所存在的，所以课程改革措施的制定要从课程本身存在的价值和目的出发做出调整。

### 三、英语主干课程教学团队结构发展优化

英语主干课程教学团队结构发展优化涉及专业结构发展、学历层次目标、专业梯队建设和运行机制等多个方面内容。

教学团队的构成包含很多元素，主干课程教学团队结构的优化发展必须要重视学科结构的优化发展，所以首先必须要进一步的优化现有的教学团队，从学科、学缘以及团队人员特长入手，同时针对不同岗位的特点需求以及学术团队教师特长做好不同角色定位，细化分工，强化协作，构建多角色学术团队平台，构建集教学、科研为一体的交叉融合平台，稳定专业教师群体，提升团队凝聚力。通过承担学科建设、本科生培养和相应的科学研究工作，使本团队成员成为教学科研融合型教师。加强教师在职培训，加强现有专业的学习，加强教学、科研和学科建设之间相互交流与沟通，形成一支教学与科研相结合、拔尖人才带头、结构合理、充满活力的英语专业主干课程教学团队。

2013 年 10 月，北京外研社国际会议中召开了"全国高校英语专业教学改革和发展学术研讨会"，研讨会的主题是谈论现代化高校英语专业教学出路，研讨会吸引了 1000 多位教育界人士和外语教育领域的专家和学者，在本次研讨会上，包括国家教育部领导、大学教授以及国内教育学领域的专家学者都对未来英语课程教学改革提出了自己的观点。

北京外国语大学校长指出，目前中国的高等教育虽然近些年来有了较快的发展，但是和国外发达国家高等教育还存在一定的差距，现阶段我们的高等教育正处于关键的转型时期，以往的高等教育主要是注重外延式发展，这种发展模式主要是以规模扩张为主，当下在教育体制改革的推动下，我们的高等教育开始重视教学质量的提升，走内涵式发展的道路。国内近些年来高等教育青年教师群体逐渐扩大，但是这些群体在教育经验和教学能力上还有待提升，所以针对青年教师群体的整体现状，我们的教育系统要注重提升青年教师的各项素质，重视教师的个人品行素养建设、业务水平提升以及专业发展。同时他还指出，中国高等教育英语学科正处于关键的转型期，希望未来几年我们能够通过教师团队的建设和质量的提升来开创中国英语专业发展的未来。

北京外国语大学英语专业教授周燕则在总结我国中华人民共和国成立之初到改革开放之前的几十年内中国外语教育传统以及教育体制的优劣势基础上指出，以往阻碍中国外语教育发展的因素主要是资源的匮乏和政治经济的不稳定性，在诸多因素的影响下，国内外语教师自身的发展受到了很大的影响，而如今我们在物质资源、经济发展以及政治等方面都有了翻天覆地的变化，所以未来我们要构建良好的"实践共同体"，促进外语教师各方面发展，为英语专业发展提供良好的教育环境和教师资源。

四川外国语大学副教授方俊柏从"内涵式发展、师资力量先导"的角度出发，对于国内英语专业教学质量提升以及教师队伍职业能力发展两个方面进行了深度解析，他提出，高等院校外语专业独立学院建设必须要重视培养自身的特点，尤其是英语独立学院的建设，必须要重视教师职业能力建设，重视师资力量质量的提升，始终坚持以教师队伍职业能力建设和提升为核心，坚持"请进来、走出去"的原则，致力于提升英语专业教师的教学能力和教学质量。

湘潭大学外国语学院教授卫平运用"共生发展"理论，深度解析了英语教学团队建设和教师团队发展的关系，他指出，互惠、互利、共生一直都是人类和自然界生存发展的必然趋势，这就是所谓的"共生发展"理论，而同样的，教师的发展和教学团队建设同样也同样能够体现出"共生发展"理论，所以高等院校在打造高质量教师团队的过程中，要注重发挥教师团队的整体优势，实现教师团队和教师资源的共生发展，构建高质量、稳定的教师队伍。

从这次研讨会的主要观点以及教育领域相关学者的言论可以看出，教师团队建设对于教育发展的重要性，教育工作对于一个国家和地区的经济发展有着不可替代的作用，而教育工作发展的核心则在于教师团队，所以现代化高校的英语专业发展必须要重视教师团队建设，提升教师团队的质量，同时也要求学校和学院对制度和机制进行完善。

[案例]

### 外国语学院教学团队建设规划与实施方案

外国语学院为打造优质的"大学英语课程教学团队""专业英语教学团队"完成建设目标，特制定本规划，旨在培养改革创新、适应人才培养改革步伐的教学团队，提高教育质量。

1. 指导思想

按照《国家中长期教育改革和发展规划纲要（2010—2020)》《国家长期人才发展规划纲要（2010—2020)》和"高等学校本科教学改革与质量提高工程"的总体要求，着力推进高层次人才和学科带头人队伍建设，全面加强青年教师培养工作，努力建设一支师德高尚、教育观念新、改革意识强、具有较高教学水平、科研能力和实践能力的师资队伍。

2. 总体目标

通过建立团队合作的机制，改革教学方法，开发教学资源，促进教学研讨和经验交流，推进教学工作的传、帮、带和老中青相结合，提高教学质量和教师的教学水平，建设以"课程群"为基础的、综合素质强、具有"团结、奉献、勤奋、创优"的团队精神的"双能双师型"教学团队。

3. 建设内容

（1）确立共同的团队教学目标。团队带头人带领团队成员既要制定近期目标，如学期学习目标、课程学期目标，还要规划教学团队与本专业和学校的培养目标一致的远期目标，即提高教育质量，培养应用型人才。

（2）教学团队的组织和制度建设。选拔合适的教学团队带头人，确定适中的团队规模，打造合理的团队结构，制定团队建设与管理规章制度。

（3）落实团队各成员责任。结合课程群建设，明确每位团队成员的教学内容、教学方法的改革与研究、学习资源建设、教材建设等任务；参加老、中、青、实习基地导师互助活动计划和"双能型"教师培养计划。

（4）团队文化建设。以集体主义精神和人本主义精神为团队精神，创建团结、奉献、勤奋、创优、和谐的教学氛围，建设学习型和创新型教学团队。

（5）建设多方参与、多元化评价体系。既包括自我评价、成员间的相互评价、团体整体评价的内部评价，又包括专家、学生、同行的外部评价。

4. 保障措施

（1）培养专业带头人，形成团队师德高尚、爱岗敬业、知识精湛、结构合理、专业充满活力的师资队伍。培养专业带头人、课程群建设带头人和优秀课程教学团队带头人，提升其学术水平和创新精神及其团结、协作精神和较好的组织、管理和领导能力。通过"内培外引"的原则，每年选派骨干教师进修、参加国际、国家级和省级的学术研讨会和短期专业培训。同时，聘请重点大学知名专家、外企技术骨干讲学。做好青年教师的传帮带，逐步提升中青年教师的专业素质和业务水平，并及时吸纳青年教师加入教学团队，为团队的建设和发展奠定基础。

（2）制定团队建设管理制度，保障教学改革行动与研究的正常进行，为团队建设提供制度保障。组织课程群带头人和课程带头人制定"十三五"教师队伍建设规划、业务培训管理条例、"双师型"教师队伍培养规划、团队建设评价标准和教师教学与科研工作评价标准。

（3）积极开展课程建设和课堂教学改革，通过专业和职业课程群建设，逐步实现翻转课堂和混合式教学，提升课程团队的教学能力和水平。完善商务英语专业、大学英语的课程建设，建设各专业的专业知识课程群、专业技能课程群、职业知识课程群和职业技能课程群，建设相应的课程群教学团队，选拔专业带头人，确定课程群负责人，培养课程主持人，制定计划，认真实施，全面提高教学质量。

（4）积极开展教育教学改革，通过对"1＋2＋1"人才培养模式的实践教学环节的研究，探索一条培养应用型人才的有效途径。以建构主义、人本主义和发现主义为理论依据，解决在英语教育教学中存在的三个问题（①学生语言知识和技能以及职业知识与能力薄弱的问题；②高校英语专业教学与中学英语教学脱节的问题；③教学评价单一的问题），达到学生掌握专业与职业所要求的"应用""交流""合作""组织"和"创新"五种能力的培养目标，促进专业教学与校企需求的有效衔接，形成"教学评价""真实性评价""过程性评价"和"终结性评价"相结合的多元化学生学习评价体系。实践教学培养实施步骤包括三个阶段。第一阶段为培训前阶段。外国语学院将根据我校"1＋2＋1"人才培养模式规划，对英语教育专业教学计划的课程标准进行修订，制定出切实可行的双师型教师培养方案，进一步加强与校企实习基地的联系，建设2—5个外语教学与研究基地，为实践教学的有效实施奠定基础。第二阶段为培训中阶段。英语学科的学习最终讲究的是实践，它并不像其他的文科类专业，英语专业尤其强调实践的重要性，如果单纯记忆单词，记住再多的单词，不会将其融合成句子，或者不能为自己的口语提升做贡献，那么即使是记下一整套《汉英词典》也没有太大的用处。作为一门尤其强调实践的语言类课程，英语的语言知识和技能实践之中贯穿在整个教学流程中。英语的几个层次性课程实践对应不同的内容，首先第一课堂的实践指的就是在教学大纲的要求下，课程教学所对应的实践内容；其次第二课堂的实践主要以学生为主，主要指的是学生在前六个学期的英语课外实践活动；再者第三课堂实践指的是学生后两个学期的在校学习经历和实习经历。当然第三课堂实践主要以培训和实践为主，这一阶段也是对大学英语专业实践教学环节质量的检验，例如，对于一所大学的学生就业率、创业率数据的分析以及对用人单位反馈的学生综合素质评价结果可以为学校英语专业人才培养模式、课程教学方式以及教学实践等提供更合理的建议。

（5）深入开展科学研究，为开展教学改革和提高教育质量提供有力支撑。教育科学规划课题、教育厅外语教学改革课题、实验室建设示范项目、申报教学成果奖根据课程建设的需要，出版校本教材，并力争获得优秀教材奖。

（6）凝练研究方向，形成特色鲜明、具有专业学科引领作用的教研和科研方向。由具有高级职称的老师主持社科基金课题"十三五"规划课题或教育厅教学改革课题或人文社科课题1项，讲师主持一般或第一主研省级课题1项，助教参与省级课题或主持校级一般课题或主研校级重点课题1项。

（7）加强管理，制定评价标准，规范团结管理与建设。各系、部、中心、办公室成立教师评价工作组，由主任、副主任、教师代表组成。每年年底，组织教师自评工作。工作组成员负责审核教师提交的分数表和相关材料，评审结束后，将成绩公布，并写出总结，总结成绩，查找差距，提出改进方案。每位教师的成绩作为晋职、年终考核、评选先进的重要依据。

（8）制定评价标准，规范团队管理。每学期末，对教学团队的团队结构、教学效果、课程建设、文化建设和教学与研究进行评价。通过每学期的评估，发现问题，探究解决方案，使团队健康成长。

## 临沂大学"英语教学团队"：教研相长团结合作

2013 年对于山东临沂大学可以说既是丰收的一年，也是值得纪念的一年，当然这一年对于临沂大学的外国语学院也是喜出望外一年。谢楠是临沂大学外国语学院的教授，从 2010 年开始，以谢楠为学术带头人，临沂大学外国语学院组建了"大学英语教学团队"，专门从事英语教学学术研究，经过两年的努力，这个团队在 2012 年荣获了山东省高校省级教学团队的殊荣。

在谢楠教授的带领下，临沂大学外国语学院坚持创新带动科研发展，致力于两大工程，即国际视野培育和红色育人工程研究，致力于为国家和社会培养具有国际化事业的英语创新型应用人才。

实际上从 2008 年开始，临沂大学就开始在大学英语课程教学领域投入大量的精力，一方面重视大学英语课程研究，另一方面积极的组建专业化的英语教学团队，并以外国语学院为主，制订了英语教学发展策略，通过科学规划带领外国语学院精品英语课程建设，以精品英语课程为主导，整合现有的学院教学资源，构建专业化的英语教学团队，按照"教改立项"的方式，最大限度的支持外国语学院的学术教学团队建设研究，致力于构建高技术的学术团队和高素质的课程团队。

2011 年，在外国语学院英语教学团队的共同努力下，临沂大学的英语课程以及英语教学团队第一次迈进了国家队行列，大学也被教育部评委全国第三批大学英语教学改革示范点项目学校。

临沂大学之所以能够在几年的时间内取得如此成绩，与其庞大的师资团队密不可分，临沂大学的英语教学团队共有58人，这58人全部都是本校的教师。英语教学团队中还包括了谢楠教授在内的4位教授、24位副教授以及30名讲师，英语团队师资力量十分庞大。

谢楠教授不仅是临沂大学英语教学团队的学科带头人，同时也是山东省省级英语口语精品课程的带头人，更是省级高校外语教学研究团队的常务理事。一直以来，她始终没有停止过英语课程教学方面的研究工作，在CSSCI收录期刊以及国际学术刊物中共发表过与英语学科专业相关的10多篇论文，同时有的学术刊物论文还荣获国家优秀科学成果二等奖，如"英语视听说文本中话语标记的语用功能和汉译中的缺失现象"就荣获了二等奖。

在谢楠教授的带领下，临沂大学英语教学科研团队的所有成员都非常热衷于英语课程教学改革，通过他们无私地奉献和通力合作，临沂大学的英语教学成绩得到了极大的提升，曾连续三年都保持95分以上的质量评价得分，还多次获得学校和省级督导组的认可和高度评价，可以说所有的成绩与科研团队的教师群体密不可分。

2012年6月份，山东临沂大学的十多名青年教师先后荣获了省级青年教师授课比赛二等奖和三等奖，临沂大学以这些青年教师为核心，组件英语教师团队，以谢楠教授为学科带头人，组建英语教学团队，专门致力于大学英语技能课程研究，重视教学创新实践，重视英语技能发展和专业素质提升课程群建设，如今临沂大学的英语教学团队在山东省，甚至是全国范围内都已经成为英语学术研究的代表，其品牌影响力甚至不亚于国内任何一个名牌大学。

临沂大学外国语学院尤其注重构建专业化的学术梯队，学术团队坚持经验共享、协作攻关的学术研究原则，致力于学校的学科建设工程，为学科建设提供良好的学术研究氛围，产出了一系列高水平的学术研究成果，而这些学术研究成果的获得与庞大的师资队伍密不可分，而在此过程中学校师资队伍的学术层次也得到了极大的提升。

在学校、教师以及学术团队的努力带领下，临沂大学外国语学院的学生表现日益突出，近几年来，临沂大学外国语学院的学生一共获得了200多项市级以上的英语比赛奖项。

临沂大学外国语学院的成功深深地告诉我们一个道理，大学英语教学质量的提升和学生英语核心素质的提升与学科教学团队的努力密不可分。

龚亚夫老师在《超越语言能力与文化沟通的英语教育》的主旨报告中指出："今后的英语教育将是一种超越语言沟通、文化沟通和语言运用的能力，是考虑学生的全面发展，从跨文化交际到人类命运共同体意识……这是我认为的今后理想外语教学的状态。"

人才国际化是未来发展趋势之选，要想不被社会淘汰，就必须从小为美好未来打好坚实的基础。当下我国公立教育根本满足不了这一需求，随着应试教育的萎缩，大多数家长对孩子的教育有了本质的变化，用更开放的心态、国际化眼光对待孩子的教育，学科英语，已成为未来发展的趋势。

为什么说英语学习必然会成为未来发展的一种趋势呢？我们换个角度来分析，在全球化不断加快的今天，在改革开放不断深化发展的今天，国家的发展和壮大需要我们"走出去"，这是对于一个国家和地区来讲。对于个人同样如此，个人想要求得更好的发展，必然要与更多的外界事物交流，互联网技术的发展和进步逐渐地拉近着世界各国之间的距离，个人与国际的交流也必然会成为一种趋势，所以个人同样需要"走出去"，那么个人靠什么"走出去"，个人的"走出去"首先是建立在语言沟通无障碍的基础上，我们在"走出去"的过程中必然要了解更多的国际信息，怎么了解呢？借助网络信息，网络新闻、电视节目，但是又有谁知道，在当今这个知识信息大爆炸的时代，全世界范围内有近80%的语言类电视节目都是英语，全世界的邮件往来有75%使用的都是英语，就连我们用到的电脑键盘都是英语标注的键盘。但凡是以"国际"标榜的会议，99%所使用的统一语言都是英语。例如当今世界上规模最大的世界联合组织，联合国的官方工作语言就是英语。我们甚至可以看到很多国家官方活动、文件都是用于英语来完成的，甚至有的交流方式都是用英语，超过90%的国际外贸业都是用英语作为交流语言。在全球化深入发展的今天，处处可见英语的影子。在医学、文学、建筑学、工程学、经济学等各个领域都能够看到英语的影子。

新中国成立后，全国人民在党和国家的领导下发生了翻天覆地的变化，在"站起来"的同时，经济社会得到了全面的大跨越式发展。十一届三中全会后，全国人民在改革开放政策的带领下，真正的完成了经济、社会、文化多个方面的跨实际发展。到如今，党和国家用四十年的时间和实践，给全国人民交了一份相对满意的答卷，四十年的改革开放道路让我们看到了什么是翻天覆地的变化，四十年的时间国内政治、经济、文化各方面都得到了翻天覆地的变化，社会的进步和发展是有目共睹的，但是我们在看到发展的同时，同样需要看到我们在很多技术领域仍与发达国家存在差距，寻求科技创新固然重要，但是想要在短时间内获得经济发展和进步，单纯地依靠自主创新是无法实现的，自主创新实际上讲求的是长线发展，而短期内的发展需要的仍然是借鉴和学习，而不论是技术的学习，还是理念的学习，首要的是要掌握世界通用技术语言，即英语。以互联网技术中的计算机程序开发为例，计算机程序开发中的所有代码都是用英语完成的，网页编程、程序编写等使用的语言都是英语，甚至一些程序和高新技术资料都是用英语编写的。

我们想要发展，就要走出去，我们想要进步，就要顺应经济全球化的发展潮流，就要加深与世界各国的联系，就要积极的学习别人的成功经验和先进技术，但是如果一开始就在语言上给自己挖一个巨大的深坑，那么今后的走出去、今后的合作就无从谈起。例如一个公司耗费几年的努力，投入大大量的人力、物力、财力，终于研发出了具备世界顶尖水平的技术，只要投放国际市场，那么这个公司几年的努力就会获得源源不断的汇报，但是问题来了，这个公司在语言交流上栽了跟头，公司没有一个人懂英语，无法很好地与外商交谈，顶尖的技术在开始就被语言的障碍阻挡了走出去的道路。

2017 年 6 月 21 日，马云在"美国中小企业论坛"上发表了题为《重新发现中国》的全英文主旨演讲。

演讲时长近一个小时，马云主要分享了个人奋斗和阿里巴巴从无到有的历程，很多故事和细节对中国网友来说可以说非常熟悉了——被不断拒绝的前 30 年、阿里巴巴的初创 18 人时期、未来 30 年理论等等，无论是在公开场合还是在湖畔大学上，马云都或多或少地提及过。

这次演讲马云主要的目的是向美国观众论证中国市场的重要性。他以阿里巴巴卖加拿大龙虾和美国车厘子为例，向美国人证明了中国市场存在着的巨大需求。他指出，阿里接下来会尝试建议政府出台一些方便小商户进出口商品的政策。目标是，在接下来的 10 年里，人们在全世界任何地方、网上购买任何地方的物品，都会在 72 小时之内收到。

他强烈建议美国的中小企业重新发现中国，抓住中国的机会——小企业们，你们没有什么东西可以失去的，所以不要担心。唯一需要担心的是错过机会。如果你们错过中国，错过亚洲发展中国家，错过电子商务，你就错过了未来。

另外，这次演讲也因一个场外故事变得很有意思。

在场外休息区，一位老人拿着一张纸四处寻找马云，纸上写着："马云，还记得 1980 年你在西湖边给我做导游吗？欢迎你来到底特律"。

据媒体报道，这位老人叫 Bruce Thelen，是一名资深律师。1980 年，28 岁的他第一次到中国杭州旅行，遇到了在当时杭州唯一一家对西方人开放的酒店外面"趴活儿"的导游马云。

其实当时 16 岁的马云"趴活儿"也不是为了赚钱，而是练习英语。他深刻的意识到学习英语对于自己以及自己公司今后的发展有多重重要。

## 案例：孩子的英语水平决定了它未来发展的潜力

湖南卫视这几年有一档非常火的综艺节目《爸爸去哪了》，看过这一档节目网上很多人都关注一个焦点，那就是明星子女的英语水平真不是盖的。

看完这个节目我们才真正地体会到什么是"别人家的孩子"，明星的孩子真的成为小时候家长口中的"别人家的孩子"，仿佛当下这个世界才真正地被"别人家的孩子"占领了，看完《爸爸去哪儿了》等一系列明星亲子类综艺节目之后，我们发现，"别人家的孩子"那英语口语水平真不是盖的，甚至现在的一些刚过四六级考试的学生口语水平都不一定能超过十几岁的小孩子。甚至一些孩子的英语口语可以赶超英语专业的学生，如王中磊的儿子威廉，那英语水平和口语水平真的可以赶上英语专八的水平，当然很多人可能会说，王中磊呀，华谊总裁呀，他的孩子享受的是什么教育，但是又有谁知道，他的儿子仅仅只是在幼儿园阶段学习了两年英语，他的"赶超专八"的口语水平就是建立在这两年幼儿园"生涯"的基础上。再如杨幂仅三岁的孩子，英语已然是脱口而出了；黄磊大女儿多多更是可以用英语和大导演斯皮尔波尔对话，这是什么样的画面，这是一个我们现象不到的画面。

正如郭麒麟在相声中说到的："爸爸的快乐你想象不到。"而明星孩子的口语水平也是我们想象不到的。

当然明星的儿女相较于一般家庭的儿女，从小就能够接受很好的教育，他们在教育资源上就有先天的优势，很多明星很早就会将自己的儿女送到国际学校就读，甚至从幼儿园时期就开始采用国际学校的教育环境和教育方式，他们在幼儿园时期甚至已经学完了以前学生整个小学阶段的英语课程，甚至学习的内容和效果远远超过以前的学生。在国际化的教学环境中，幼儿园的小学生就已经开始享受全英师资资源的教学，当然大多数的家长"拒绝"国际学校的原因莫过于昂贵的学费支出，但是殊不知昂贵的学费之下是国际学校出色的教学质量。

纵观国内的发展现状，大多数的年轻父母都会面临房贷、车贷的压力，他们在各种贷款的强大生活压力下，已经没有更多的精力负担孩子更加昂贵的学费，所以并不像所有明星子女一样，他们的孩子并不是上不了国际学校，只是父母在生活上的压力迫使他们无法做出这样的选择，但是这样的现状并没有妨碍我们走在大街上的时候还是可以看到年幼的小儿就可以和外国友人无障碍的用英语口语交流。

所以我们不禁会思考这样一个问题？为什么我们总会有"别人家的孩子"，为什么我们严重的这个"别人家的孩子"就能够做得到英语出口成章、和外国游客无障碍的交流，而我们的孩子就做不到这一点呢。细想一下，其实原因很简单，这些"别人家的孩子"之所以可以成为众多家长羡慕的对象，之所以能够做得到英语出口成章、和外国游客无障碍的交流，更多的原因在于国际学校雄厚的师资力量和独特的教学方式。

所以对于众多家长而言，他们是否具备培养自己孩子良好英语口语的意识，是否为孩子的英语学习选择好的教师和正确独特的教学方法，对于孩子的英语学习和水平提升有至关重要的作用，正如中国的一句古话"三岁看小，七岁看老"，这句话也可以理解为，小孩子正式学东西黄金年龄，所以一旦选择错的教学方法，不仅会耽误了他们学习英语口语的黄金期，同时还会影响他们今后的学习和发展。

有一位拥有美国北卡州立大学英语语言学硕士学位的外教，Linda Newell，她是一位拥有国际权威——美国认证 TESOL 教师资格认证的资深儿童英语教师。

为了发挥自己的专业所长，她来到了中国，在上海多家知名英语教育机构担任主讲导师，如今已有六年多的资深英语教学经验，她的学生年龄覆盖 3 – 16 岁，其中受益于她的课程，能与她流利用英文交流的初中生更是达 500 多人。

经验丰富的 Linda 老师说，Phonics（自然拼读法）是一种非常适合幼儿英语启蒙的科学记单词的方法。这是外国小孩记单词的方法，能增进孩子的阅读能力与理解力的教学法，也非常适合以英语为第二语言的英语初学者学习发音规则与拼读技巧。

大量的研究实践表明，对于刚开始接触英语的人来讲，最初的学习教学方法至关重要，甚至可以影响一个人今后学习英语的方法和效果，所以说作为英语初学者，如果能够真正地领悟和掌握"Phonics"，不需要借助英语音标或者其他的东西，就能够掌握 80% 左右的英语单词读音，同时还可以将传统教学模式下的枯燥英语变得更加有趣和简单。当然"Phonics"也是现阶段世界范围内使用比较普遍、接受度较高的一种英语教学方法，同时"Phonics"更是美国本土儿童口语启蒙所使用的方法，之所以这种方法会如此受人青睐，更多的是应为它不仅简便，而且与人类语言学习的基本规律有很强的匹配度。

于是，Linda 老师运用自然拼读法创建了专栏课程《Unicorn Kids English》——魔法小驹儿童英语。

在她这个课程的指导下学习自然拼读法的儿童，即使从来都没有学过英语，通过学习和训练，在不依靠国际音标的情况下，就能达到"看字读音，听音拼字"的惊人效果，学习效率飞速提升。

并且她还根据艾宾浩斯记忆曲线科学编排课程节奏，强化孩子对课程的记忆，培养孩子预感，形成看到单词就能条件反射发音的英语母语思维习惯。

Linda 老师会以每天 15 分钟的沉浸式学习，结合听音与理解、记忆与联系、背诵与朗读，并适当布置作业，教你的孩子如何将英语内化成母语，自信表达，脱口而出。

这套课程，让孩子可以自己听，也可以父母陪伴孩子一起学，享受每天 15 分钟的亲子时光！

也许孩子没办法就读学费昂贵的国际学校，也许孩子请不起每日相伴左右的外语私教，但孩子也可以和别的孩子一样拥有这套英语启蒙课程。

当然这个案例并不是在"安利"这种英语课程，而是要让我们看到如何更好地学习英语。

# 结　论

　　推动当前教学方法转型、教师知识结构优化、评价学生手段提升、教学组织结构创新是坚持中国特色社会主义教育发展道路，培养德智体美劳全面发展的社会主义建设者和接班人的要求，也是顺应中国国家地位提升和对外交往程度加深的需求。

　　笔者从高校新课程结构出发，对课程结构内涵、特征以及我国现行课程结构主要问题进行分析，根据国内高校英语课程改革的现状，针对教材、教学法转型、教师知识结构等问题，提出了高校英语课程改革的思考。希望这些立足于学生全面发展的方法，能够推动高校课程结构改革，丰富高校课程结构的理论研究。做好教学课程改革，并非一日之功。衷心希望，能够与各位前辈、同仁深入探讨高校英语课程改革问题，实现高校英语课程结构的进一步优化。

# 参考文献

［1］白晓晶：《浅析 E – learning 课程结构的模式构建》，载《中国远程教育》，2012 年第 10 期。

［2］蔡基刚：《教育国际化背景下的大学英语教学定位研究》，载《外国语（上海外国语大学学报）》，2012 年第 1 期。

［3］蔡基刚：《再论我国大学英语教学发展方向：通用英语和学术英语》，载《浙江大学学报（人文社会科学版）》，2015 年第 4 期。

［4］丁晓梅：《浅论如何构建高效小学英语课堂》，载《2016 年 3 月现代教育教学探索学术交流会论文集》，2016 年。

［5］段林远：《多元化大学英语课程构建》，载《高教学刊》，2018 年第 1 期。

［6］高照、李京南：《中国学习者英语课堂焦虑情绪对比：翻转 vs. 传统》，载《外语电化教学》，2016 年第 1 期。

［7］郭晓明：《整体性课程结构观与优化课程结构的新思路》，载《教育理论与实践》，2001 年第 5 期。

［8］何永红、龚耀昌：《学校如何设计课程体系：基于课程统整的思考》，载《教育科学研究》，2014 年第 3 期。

［9］和学新、鹿星南：《我国基础教育课程结构变革的问题反思与

改进》，载《天津师范大学学报（基础教育版）》，2016 年第 1 期。

[10] 黄国君、夏纪梅：《大学英语课堂危机引发的思考及对策研究》，载《外语教学理论与实践》，2013 年第 3 期。

[11] 姜宁：《合作学习在大学英语课堂中的实践研究》，载《十三五规划科研成果汇编（第三卷）》，2018 年。

[12] 姜言霞、王磊、苏伶俐：《国际高中化学课程结构的比较研究》，载《比较教育研究》，2016 年第 2 期。

[13] 金忠伟、朱丽华：《成果导向课程结构调整路径研究》，载《职教论坛》，2016 年第 12 期。

[14] 李臣之：《学校课程顶层设计》，载《教育科学研究》，2015 年第 7 期。

[15] 李佐：《中高职一体化课程结构体系的构建与探索》，载《职教论坛》，2014 年第 27 期。

[16] 廖白玲、林上洪：《大学英语课程改革刍议》，载《中国高教研究》，2015 年第 1 期。

[17] 廖哲勋：《论中小学课程结构的改革》，载《教育研究》，1999 年第 7 期。

[18] 刘丽艳、刘永兵：《高中英语课堂环境与学习成果的关系研究》，载《外语教学理论与实践》，2012 年第 4 期。

[19] 刘晓英：《人际元功能视角下的英语课堂话语分析》，载《厦门大学外文学院第八届研究生学术研讨会论文集》，2015 年。

[20] 鲁子问：《课堂：英语核心素养植根的沃土》，载《中国教育报》，2016 年 11 月 16 日。

[21] 鲁子问：《英语课程标准结构的社会发展适应性比较研究》，载《课程·教材·教法》，2006 年第 5 期。

［22］马毅、刘永兵：《中国英语课堂话语研究——综述与展望》，载《外语教学理论与实践》，2013 年第 2 期。

［23］孟艳、黄建红：《大学课程结构优化的逻辑》，载《现代教育管理》，2015 年第 10 期。

［24］倪娟、马斌：《课程设计："课程基地"实践视域下的反思——以江苏省为例》，载《课程·教材·教法》，2015 年第 9 期。

［25］彭春霞：《用智慧激活英语课堂教学》，载《江苏教育报》，2014 年 12 月 19 日。

［26］齐曦：《大学英语转型背景下"学术英语"课程模块的构建》，载《外语界》，2015 年第 6 期。

［27］任庆梅：《大学英语课堂有效教学调查研究》，载《教育研究》，2013 年第 9 期。

［28］任庆梅：《大学英语有效课堂环境构建及评价的理论框架》，载《外语教学与研究》，2013 年第 5 期。

［29］邵华：《通识教育视野下的大学英语课程体系改革研究》，载《现代教育科学》，2014 年第 1 期。

［30］沈骑：《通识教育与大学英语课程整合模式探析》，载《江苏社会科学》，2006 年第 S1 期。

［31］沈骑：《转型期大学英语课程的价值追问》，载《外语电化教学》，2014 年第 2 期。

［32］孙倚娜、李翠英：《大学英语课程设置优化与大学英语教师的可持续发展》，载《中国外语》，2016 年第 1 期。

［33］唐凤英：《高校民语班英语课堂的跨文化传播图景——一个汉族老师在两个民语班英语课堂的教育民族志》，见《第四届中国少数民族地区信息传播与社会发展论丛》，中国文史出版社 2013 年版。

［34］唐光洁、朱德全：《偏失与重塑：专业学位研究生英语群集模块式课程设计》，载《西南大学学报（社会科学版）》，2014 年第 6 期。

［35］唐业广：《小学英语课堂有效性探讨》，载《科学导报》，2016 年 11 月 29 日。

［36］屠国元、胡东平、范丽群：《传承·发展·创新——大学英语课程设置新体系构建之思考》，载《中国外语》，2016 年第 6 期。

［37］王蓓蕾、安琳：《大学英语课堂教学评价标准探微——从"外教社杯"全国大学英语教学大赛评分标准说起》，载《外语界》，2012 年第 3 期。

［38］王后雄：《从普通高中课程结构变革看高考改革》，载《中国教育学刊》，2008 年第 4 期。

［39］王守仁：《在构建大学英语课程体系过程中建设教师队伍》，载《外语界》，2012 年第 4 期。

［40］王素敏、张立新：《大学英语学习者对翻转课堂接受度的调查研究》，载《现代教育技术》，2014 年第 3 期。

［41］魏晓红：《"中国文化失语症"现象与大学英语课堂改革》，载《外语教育与翻译发展创新研究（第七卷）》，2018 年 3 月。

［42］吴朋、秦家慧：《构建商务英语学科教学知识的研究框架》，载《外语界》，2014 年第 2 期。

［43］向明友：《试论大学英语课程体系建设》，载《中国外语》，2016 年第 1 期。

［44］徐锦芬：《大学英语课堂小组互动中的同伴支架研究》，载《外语与外语教学》，2016 年第 1 期。

［45］薛珊珊：《大学英语课堂研讨式教学方法初探》，载《黑龙江

省高等教育学会 2016 年学术年会暨理事工作会论文集（下册）》，2016 年。

[46] 闫瑞：《英语课堂教学存在的问题分析与对策研究》，载《〈教师教学能力发展研究〉科研成果集（第三卷)》，2017 年。

[47] 杨小英、陈永球、王波等：《"互联网＋"时代背景下英语课堂教学的创新研究》，载《十三五规划科研成果汇编（第四卷)》，2018 年。

[48] 杨修平：《高职行业英语课程开发的概念界定及理论依据》，载《职业技术教育》，2014 年第 11 期。

[49] 杨秀芳：《高职英语职业集群式模块课程与教学的建构——以药学类专业为例》，载《广西中医药大学学报》，2017 年第 1 期。

[50] 张伯友：《浅析情境教学法在英语课堂教学中的应用》，载《科学导报》，2011 年 12 月 18 日。

[51] 张海明、周小勇：《论大学英语教改中的课程结构变革》，载《黑龙江高教研究》，2018 年第 2 期。

[52] 张海明：《大学英语 ESP 项目课程的内涵与设计》，载《外语教学理论与实践》，2016 年第 1 期。

[53] 张晗、范雅丹、崔雷等：《国内医学信息学专业课程结构调查分析》，载《医学信息学杂志》，2015 年第 3 期。

[54] 张杰、李科、杜晓：《翻转大学英语课堂：基于现状调查的冷思考》，载《现代教育技术》，2015 年第 7 期。

[55] 张俊列：《普通高中课程结构改革的问题与对策》，载《课程·教材·教法》，2013 年第 3 期。

[56] 张娜、陈佑清：《我国学前教育课程结构现状分析》，载《教育发展研究》，2013 年第 6 期。

［57］张婷：《"情趣法"在小学英语课堂上的有效应用》，载《江苏科技报》，2018 年 5 月 14 日。

［58］张婷：《浅议基于 ISMART 平台的翻转课堂在"未来型"大学英语课堂上的应用》，载《外语教育与翻译发展创新研究（第七卷)》，2018 年。

［59］张阳：《小学英语课堂如何提升学生核心素养》，载《发展导报》，2017 年 4 月 18 日。

［60］张兆才：《初中英语课堂讨论有效性的思考》，载《学知报》，2011 年 8 月 1 日。

［61］赵玲：《小学英语课堂情境教学改进策略分析》，载《〈教师教学能力发展研究〉科研成果集（第十三卷)》，2018 年。

［62］赵文平：《校长的学校课程结构领导力探析》，载《中国教育学刊》，2013 年第 5 期。

［63］周梅：《论研究生学术英语课程建设的重要性——来自英国高校的启示》，载《研究生教育研究》，2014 年第 1 期。

［64］祝珣、马文静：《课程设置的学习者需求分析——基于大学公共英语课程的研究》，载《外语界》，2014 年第 6 期。

［65］Christos Efstathiou yand E. P, "Thompson's Concept of Class Formation and its Political Implications：Echoes of Popular Front Radicalism in The Making of the English Working Class", *Contemporary British History*, 2014, 28 (4).

Dimitris Evripidou and Çise Çavuşoğlu, "English Language Teachers' Attitudes Towards the Incorporation of Gay – and Lesbian – Related Topics in the Classroom：the Case of Greek Cypriot EFL Teachers", *Sexuality Research and Social Policy*, 2015, 12 (1).

Ismail Hakki MIRICI and F. Ozlem SAKA, "Dissemination of A proposed English Prepartory Class Model for The Black Sea Region Countries Through Internet", *The Turkish Online Journal of Distance Education*, 2004, 5 (2).

Juyoung Song, "English just is not enough!: Neoliberalism, class, and children's study abroad among Korean families" *System*, 2018, 73.

Lei ZHU, "A Research on the Role of the Mother Tongue in the Intensive English Class" *Higher Education of Social Science*, 2012, 3 (3).

Steven G. B, "MacWhinnie, Colin Mitchell. English classroom reforms in Japan: a study of Japanese university EFL student anxiety and motivation" *Asian – Pacific Journal of Second and Foreign Language Education*, 2017, 2 (1).

Xiaohua Liang, "An analysis of the nature of classroom activities: A comparative study of an immersion English class and a non – immersion English class in the mainland of China", *Frontiers of Education in China*, 23399011, 6 (2).

Yoshiyuki Nakata, Osamu Ikeno, Yuzo Kimura, Naoyuki Naganuma, Stephen Andrews, "Assessing Japanese teachers' classroom English "internationally": implications for the development of classroom English language benchmarks in Japan", *Language Testing in Asia*, 2018, 8 (1).